AF330365

SOUVENIRS

DU

PREMIER EMPIRE

PUBLIÉS

Par M. KERMOYSAN

PARIS,

IMPRIMERIE ET LIBRAIRIE ADMINISTRATIVES

DE PAUL DUPONT,

RUE DE GRENELLE-SAINT-HONORÉ, 45.

—

1860

SOUVENIRS

DU

PREMIER EMPIRE.

Un des volumes de cette collection a été consacré au récit des victoires de l'Empire. Nous voulons montrer ici l'Empereur loin des champs de bataille, au milieu de sa famille, de ses ministres, des grands hommes qui ont illustré son règne, organisant l'administration civile ; discutant ces Codes qui ont servi de modèles aux législateurs dans tous les États de l'Europe ; présidant à l'exécution de ces prodigieux travaux qui ont fondé la grandeur de la France.

Le titre donné à ce volume indique le but que nous nous sommes proposé. Notre dessein n'a été ni de faire une nouvelle biographie, ni de porter de nouveaux jugements. C'est presque toujours par le témoignage de ceux qui l'ont approché et qui ont vécu à ses côtés que nous ferons connaître l'Empereur.

Il n'y a rien qui puisse égaler la vérité, l'intérêt ou le piquant de ces récits écrits sous le coup d'une première impression et avec la vivacité de souvenirs si présents, qu'on peut dire que l'auteur est encore ému de ce qu'il a vu et entendu. Nous avons relu tous les Mémoires contemporains; nous avons eu recours également à ceux de nos plus éminents historiens qui, les premiers, ont pu se servir de documents restés longtemps inédits. Nous devons ajouter que chaque fois que nous avons pu citer l'Empereur lui-même, ses lettres, ses discours, ses conversations avec les divers personnages qui l'entouraient, nous n'avons pas manqué de le faire. C'est ainsi que nous avons composé le Recueil que nous publions aujourd'hui et qui n'est que le résumé de tous les ouvrages parus depuis quarante ans, lesquels sont en si grand nombre, que ceux-là même qui les posséderaient n'auraient pas le temps de les lire. S'il ne peut les remplacer dans leur ensemble il aura, du moins, l'avantage de donner à nos lecteurs une idée exacte de tout ce qui a été écrit de plus curieux et de véritablement digne d'intérêt sur l'époque impériale.

I.

LA FAMILLE BONAPARTE.

(1769.)

L'Empereur a fait connaître lui-même l'origine de sa famille :

« Cette famille, dit-il (1), a joué longtemps un rôle distingué dans la moyenne Italie; elle a été puissante à Trévise; on la trouve inscrite sur le Livre d'or de Bologne et parmi les patriciens florentins.

« Lorsque Napoléon, alors général de l'armée d'Italie, entra vainqueur dans Trévise, les chefs de la ville vinrent joyeusement au-devant de lui, et lui présentèrent les titres et les actes qui prouvaient que sa famille y avait joué un grand rôle.

« A l'entrevue de Dresde, avant la campagne de Russie, l'Empereur François apprit un jour à l'Empereur Napoléon, son gendre, que sa famille avait été souveraine à Trévise; qu'il en était bien sûr parce qu'il s'était fait représenter tous les documents. Napoléon lui répondit en riant qu'il

(1) *Mémorial*, t. 1er, p. 143.

n'en voulait rien savoir; qu'il préférait bien plutôt être le *Rodolphe de Hapsbourg* (1) de sa famille. François y attachait plus d'importance. Il disait qu'il était bien indifférent d'avoir été riche et de devenir pauvre, mais qu'il était sans prix d'avoir été souverain, et qu'il fallait le dire à Marie-Louise à qui cela ferait grand plaisir.

« L'Empereur disait, du reste, qu'au temps de sa puissance (2), il s'était constamment refusé à toute espèce de travail ou même de conversation à ce sujet. Sous le Consulat, il découragea trop bien la première tentative de ce genre pour que personne essayât d'y revenir. Quelqu'un publia une généalogie dans laquelle on rattachait sa famille à d'anciens rois du Nord. Napoléon fit persifler cet essai de la flatterie, dans un papier public, où l'on finissait par conclure que *la noblesse du Premier Consul ne datait que de Montenotte ou du 18 brumaire.* »

Il avait eu occasion, déjà, d'exprimer le même sentiment à propos des honneurs que les habitants de Montpellier voulaient rendre à la mémoire de son père, mort dans leur ville vingt ans auparavant. Voici la réponse qu'il fit aux notables de Montpellier qui étaient venus lui demander l'autorisation d'élever un monument à Charles Bonaparte :

« — Napoléon les remercia de leurs bonnes intentions et les refusa (3). Ne troublons point, dit-il, le repos des morts ; laissons leurs cendres tranquilles. J'ai perdu aussi mon grand-père, mon arrière-grand-père; pourquoi ne ferait-on rien pour eux ? Cela mènerait loin. Si c'était hier que

(1) Le fondateur de la dynastie impériale actuellement régnante en Autriche.

(2) *Mémorial*, t. 1er, page 48.

(3) *Mémorial*, t. 1er, p. 155.

j'eusse perdu mon père, il serait convenable et naturel que j'accompagnasse mes regrets de quelque haute marque de respect; mais il y a vingt ans; cet événement est étranger au public; n'en parlons point. »

L'Empereur, à Sainte-Hélène (1), parlait souvent de sa famille. Son père, Charles Bonaparte, était, dit-il, « fort grand de taille, beau, bien fait; son éducation avait été soignée à Rome et à Pise, où il avait étudié les lois; il avait de la chaleur et de l'énergie. En 1779, il fut député par la noblesse des États de Corse à Paris, et amena avec lui le jeune Napoléon alors âgé de dix ans. La députation arriva à Versailles : Charles Bonaparte la conduisait. Il fut consulté, et la chaleur de ses témoignages en faveur de M. Marbœuf, dont l'administration était attaquée, lui acquit l'amitié de son neveu, l'archevêque de Lyon, alors ministre des Affaires ecclésiastiques. L'archevêque ayant appris que Charles Bonaparte voulait faire entrer son fils à l'École militaire de Brienne, lui donna une recommandation spéciale pour la famille de Brienne qui résidait pendant la plus grande partie de l'année dans la province. Charles Bonaparte mourut à trente-huit ans, d'un squirre à l'estomac. Il avait éprouvé une espèce de guérison dans un voyage à Paris, mais il succomba dans une seconde attaque à Montpellier, où il fut enterré dans un des couvents de cette ville.

« Il avait eu treize enfants; huit seulement ont survécu. *Joseph*, l'aîné de tous, a été roi de Naples et d'Espagne; *Louis* a été roi de Hollande; *Jérôme* roi de Westphalie; *Elisa* grande-duchesse de Toscane; *Caroline* reine de Naples; *Pauline* princesse Borghèse. »

Quant à sa mère, l'Empereur n'en parlait qu'avec le plus

(1) *Mémorial*, t. 1er, p. 152 et suiv.

grand respect. « *Madame*, dit-il (1), avait un grand caractère, de la force d'âme, beaucoup d'élévation et de fierté. Elle était digne de tous les genres de vénération. C'était, en outre, une des plus belles femmes de son temps. Sa beauté était connue dans l'île. Paoli, au temps de sa puissance, ayant reçu une ambassade d'Alger ou de Tunis, voulut donner aux Barbaresques une idée des attraits de l'île, et en rassembla toutes les beautés. *Madame* y tenait le premier rang. Plus tard, dans un voyage pour voir son fils à Brienne, elle fut remarquée même à Paris.

« Lors de la guerre de la liberté corse, elle partagea souvent les périls de son mari, qui s'y montra fort chaud. Elle le suivit parfois, à cheval, dans les expéditions, spécialement durant sa grossesse de Napoléon. Quant à cette fermeté de caractère dont elle était douée, elle en donna la preuve lorsque Paoli voulut livrer la Corse aux Anglais. La famille Bonaparte, qui était à la tête du parti français, ne voulut jamais se prêter à ce dessein. Elle eut le fatal honneur de voir *intimer* contre elle une *marche* des habitants de l'île, c'est-à-dire d'être attaquée par la levée en masse. Douze ou quinze mille paysans fondirent des montagnes sur le village d'Ajaccio. Notre maison fut pillée, brûlée, les vignes perdues, les troupeaux détruits. *Madame*, entourée d'un petit nombre de serviteurs, fut réduite à errer quelque temps sur la côte, et dut gagner la France. Toutefois, Paoli, à qui notre famille avait été si attachée, et qui lui-même avait toujours professé une considération particulière pour *Madame*, Paoli avait essayé près d'elle la persuasion avant d'employer la force. — « Renoncez à votre « opposition, lui avait-il fait dire; elle vous perdra, vous,

(1) *Mémorial*, t. 1er, p. 158 ; t. iv, p. 2 ; t. vii, p. 196.

« les vôtres et votre fortune; les maux seront incalculables;
« rien ne pourra les réparer. » En effet, sans les chances
que nous apporta la révolution notre famille ne s'en serait
jamais relevée. *Madame* répondit en héroïne, et comme
l'eût fait Cornélie, qu'elle ne connaissait pas deux lois;
qu'elle et ses enfants ne connaissaient que celle de l'honneur et du devoir. »

On sait que l'Empereur est né le 15 août 1769. — « Sa
mère, est-il dit dans le *Mémorial* (1), quoiqu'au terme de
sa grossesse, voulut aller à la messe à cause de la solennité (l'Assomption). Elle fut obligée de revenir en toute
hâte, ne put atteindre sa chambre à coucher, et déposa son
enfant sur un de ces vieux tapis antiques à grandes figures
des héros de la fable ou de l'Iliade peut-être. C'était Napoléon.

« Napoléon, dans sa toute petite enfance, était turbulent,
vif, adroit, preste à l'extrême. Il avait, dit-il, sur Joseph
son aîné, un ascendant des plus complets. Celui-ci était
battu, mordu ; des plaintes étaient déjà portées à la mère,
et la mère grondait, ue le pauvre Joseph n'avait pas encore eu le temps d'ouvrir la bouche.

« Il arriva à l'École militaire de Brienne à l'âge d'environ dix ans. Cette époque fut pour lui celle d'un changement dans son caractère. Au rebours de toutes les histoires
qui ont donné les détails les moins exacts sur sa vie, il se
montra à Brienne doux, tranquille, appliqué et d'une grande
sensibilité. Un jour, le maître de quartier, brutal de sa
nature, sans consulter, disait Napoléon, les nuances physiques et morales de l'enfant, le condamna à porter l'habit

(1) **T.** 1er, p. 166 et suiv.

de bure et à dîner à genoux à la porte du réfectoire ; c'était une espèce de déshonneur. Napoléon avait beaucoup d'amour-propre, une grande fierté intérieure ; le moment de l'exécution fut celui d'un vomissement subit et d'une violente attaque de nerfs: Le supérieur (1), qui passait par hasard, l'arracha au supplice en grondant le maître de son peu de discernement, et le père *Patrault*, son professeur de mathématiques, accourut, se plaignant que, sans nul égard, on dégradât ainsi son meilleur mathématicien.

« A l'âge de puberté, Napoléon devint morose, sombre ; la lecture devint pour lui une espèce de passion poussée jusqu'à la rage : il dévorait tous les livres. *Pichegru* fut son maître de quartier et son répétiteur sur les quatre règles de l'arithmétique. »

Joseph, dans ses *Mémoires* (2), a apprécié ainsi le caractère de l'Empereur :

« Il réunissait en lui des qualités qui semblent devoir se combattre, le calme d'une raison éclairée avec les élans d'une imagination orientale, une bonté d'âme, une sensibilité exquise qu'il devait à son caractère naturel, qualités précieuses qu'il a cru par la suite devoir cacher sous un caractère factice qu'il s'était étudié à se donner lorsqu'il parvint au pouvoir, prétendant que les hommes ont besoin d'être conduits par un homme fort et juste comme la loi, et non par un prince dont la bonté est prise pour de la faiblesse lorsqu'elle ne repose pas sur l'inflexible justice. Aussi se dérobait-il aux demandes en grâce, aux pleurs d'une femme près de devenir veuve (3) d'enfants près de

(1) L'École de Brienne était dirigée par des religieux.
(2) T. 1er, p. 26.
(3) « Rien ne prouve mieux cette assertion, dit l'éditeur des *Mémoires*

devenir orphelins, et il a presque toujours été vaincu lorsqu'il a été attaqué par la faiblesse désarmée. Dès lors, il n'avait en vue que le jugement de la postérité. Son cœur

« de Joseph, que ce qui arriva à Berlin à la princesse d'Hatzfeld, en
« 1806. Cette malheureuse femme ayant été introduite presque de force
« par le prince Jérôme auprès de Napoléon, ce dernier ne sut pas lui
« refuser la grâce de son mari, coupable de trahison. Tout le monde
« connaît le beau trait de l'Empereur et de son plus jeune frère. »

L'Empereur lui-même a raconté le fait dans une de ses lettres à Joséphine. Voici la lettre :

6 novembre 1806, 9 heures du soir.

A l'Impératrice, à Mayence.

J'ai reçu ta lettre où tu me parais fâchée du mal que je dis des femmes (*). Il est vrai que je hais les femmes intrigantes au delà de tout. Je suis accoutumé à des femmes bonnes, douces et conciliantes ; ce sont celles que j'aime. Si elles m'ont gâté, ce n'est pas ma faute, c'est la tienne. Au reste, tu verras que j'ai été fort bon pour une qui s'est montrée sensible et bonne, Mme d'Hatzfeld. Lorsque je lui montrai la lettre de son mari, elle me dit en sanglotant avec une profonde sensibilité et naïvement : *Ah ! c'est bien là son écriture.* Lorsqu'elle lisait, son accent allait à l'âme ; elle me fit peine. Je lui dis : — *Eh bien ! Madame, jetez cette lettre au feu ; je ne serai plus assez puissant pour faire punir votre mari.* Elle brûla la lettre, et me parut bien heureuse. Son mari est depuis fort tranquille : deux heures plus tard, il était perdu. Tu vois donc que j'aime les femmes bonnes, naïves et douces ; mais c'est que celles-là seules te ressemblent.

Adieu, mon amie, je me porte bien.

NAPOLÉON.

Lettres de Napoléon à Joséphine, et de Joséphine à Napoléon, t. 1er, p. 195.

(*) L'Empereur, dans ses bulletins, avait parlé très-sévèrement de la reine de Prusse qui avait abusé de la faiblesse de son mari pour le pousser à cette guerre faite sans aucun motif.

palpitait à l'idée d'une grande et noble action qu'elle saurait apprécier. *Je voudrais être ma postérité, me disait-il un jour, et assister à ce qu'un poëte tel que le grand Corneille me ferait penser, sentir et dire.*

« Je n'ai jamais oublié, dit ailleurs Joseph (1), le moment de notre séparation à Autun (2), lorsqu'il me quitta pour aller à Brienne. J'étais tout en pleurs. Napoléon ne versa qu'une larme qu'il voulut en vain dissimuler. L'abbé Simon, sous-principal, témoin de nos adieux, me dit après son départ : *Il n'a versé qu'une larme, mais elle prouve autant de douleur de vous quitter que toutes les vôtres.* »

Le caractère de l'Empereur se révéla dès son enfance. Lui et Joseph, avant de venir en France, avaient été placés au collége d'Ajaccio, dans la classe d'un abbé Recco, dont Napoléon s'est toujours souvenu, et auquel il a légué cent mille francs par testament.

« Je me rappelle, dit Joseph (3), que les élèves étaient placés vis-à-vis les uns des autres aux deux côtés opposés de la salle, sous un immense drapeau, dont l'un portait les initiales S. P. Q. R. (4). C'était celui de Rome. L'autre était celui de Carthage. Comme l'aîné des deux enfans, le professeur m'avait placé à côté de lui, sous le drapeau romain. Napoléon, impatienté de se trouver sous le drapeau carthaginois, qui n'était pas celui du peuple vainqueur, n'eut pas de repos qu'il n'eût obtenu notre changement, ce à quoi je me prêtai de bonne grâce. Aussi m'en fut-il bien reconnaissant ; et cependant il était inquiet de l'idée d'avoir

---

(1) *Mémorial*, t. 1er, p. 26.
(2) Les deux frères avaient été placés au collége d'Autun.
(3) *Mémorial*, t. 1er, p. 41.
(4) *Senatus populus que romanus* (Le sénat et le peuple romain).

été injuste envers son frère et il fallut toute l'autorité de notre mère pour le tranquilliser. »

On a vu que Napoléon était entré à l'école de Brienne ; il y resta trois ans. Il en sortit pour entrer à l'École militaire, d'après les notes qui furent données sur lui.

« En 1783 (1), Napoléon fut un de ceux que le concours d'usage désigna à Brienne pour aller achever son éducation à l'École militaire de Paris. Le choix était fait annuellement par un inspecteur qui parcourait ces deux écoles militaires ; cet emploi était rempli par le chevalier de Keralio, officier général, auteur d'une tactique, et qui avait été le précepteur du présent roi de Bavière. C'était un vieillard aimable, des plus propres à cette fonction. Il aimait les enfants, jouait avec eux après les avoir examinés, et retenait à dîner avec lui, à la table des Minimes, ceux qui lui avaient plu davantage. Il avait pris une affection particulière pour le jeune Napoléon, qu'il se plaisait à exciter de toutes manières. Il le nomma pour se rendre à Paris, bien qu'il n'eût peut-être pas l'âge requis. L'enfant n'était fort que sur les mathématiques, et les moines représentèrent qu'il ferait mieux d'attendre à l'année suivante ; qu'il aurait ainsi le temps de se fortifier sur tout le reste, ce que ne voulut pas écouter le chevalier de Keralio, disant : « — Je sais bien ce que je fais : « si je passe par-dessus la règle, ce n'est point une faveur « de famille ; je ne connais pas celle de cet enfant ; c'est à « cause de lui-même. *J'aperçois ici une étincelle qu'on ne* « *saurait trop cultiver.* »

Ses parents en avaient déjà jugé comme le chevalier de Keralio.

(1) *Mémorial*, t. 1er, p. 179. Dictée de Napoléon.

« Dès sa plus tendre jeunesse, ils avaient fondé sur lui toutes leurs espérances (1). Son père, expirant à Montpellier, bien que Joseph fût près de lui, ne rêvait dans son délire qu'après Napoléon, qui était au loin, à son école. Il l'appelait sans cesse pour qu'il vînt à son secours *avec sa grande épée.* Plus tard, le vieil oncle (2) Lucien, au lit de mort, entouré d'eux tous, disait à Joseph : « — Tu es l'aîné « de la famille, mais en voilà le chef (montrant Napoléon), « ne l'oublie jamais. »

Joseph a raconté ces deux faits d'une manière un peu différente. Nous devons donner son récit (3).

« La longue et cruelle maladie de mon père avait singulièrement affaibli ses organes et ses facultés. C'est au point que, peu de jours avant sa mort, dans un complet délire, il s'écria que tout secours étranger ne pouvait le sauver, puisque ce Napoléon, *dont l'épée devait un jour triompher de l'Europe,* tenterait vainement de le délivrer du dragon de la mort qui l'obsédait. »

Quant à la recommandation faite par l'Archidiacre mourant à ses neveux, voici comment Joseph raconte cette scène (4) :

« Ce qu'on a publié n'est pas exact, dit-il : peu de minutes avant d'expirer, il nous réunit tous près de son lit et nous annonça sa fin prochaine avec un calme que nous admirâmes. « — Lætitia, dit-il en s'adressant à ma mère, « sèche tes larmes ; je meurs content, puisque je te vois en-

1) *Mémorial*, t. 1er, p. 175.

(2) L'archidiacre Lucien, grand-oncle de l'Empereur. Après la mort de Charles Bonaparte il avait servi de père à la famille.

(3) *Mémoires*, t. 1er, p. 29.

(4) *Mémoires*, t. ii, p. 47.

« tourée de tes enfants. Mon existence n'est plus nécessaire
« aux enfants de Charles. Joseph est aujourd'hui à la tête de
« l'administration du pays (1), ainsi il peut diriger les affaires
« de la famille. Toi, NAPOLÉON, TU SERAS UN GRAND HOMME.
« *Tu poi Napoleone serai unomone.* »

Les notes des professeurs de l'École militaire ne sont pas
moins dignes de remarque.

« Élevé moi-même à l'École militaire de Paris, dit M. de
Las-Cases (2), mais un an plus tôt que Napoléon, j'ai pu en
causer dans la suite, à mon retour de l'émigration, avec les
maîtres qui nous avaient été communs. M. *de l'Éguille*, notre
maître d'histoire, se vantait que, si l'on voulait rechercher
dans les archives de l'École militaire, on y trouverait qu'il
avait prédit une grande carrière à son élève, en exaltant dans
ses notes la profondeur de ses réflexions et la sagacité de
son jugement. M. *Domairon*, notre professeur de belles-
lettres, me disait qu'il avait toujours été frappé de la bizar-
rerie des amplifications de Napoléon; il les avait appelées
dès lors *du granit échauffé au volcan.*

« Un seul s'y trompa; ce fut M. *Baüer*, le gros et lourd
maître d'allemand. Le jeune Napoléon ne faisait rien dans
cette langue, ce qui avait inspiré à M. Baüer, qui ne suppo-
sait rien au-dessus, le plus profond mépris. Un jour que
l'écolier ne se trouvait pas à sa place, M. Baüer s'informa
où il pouvait être; on répondit qu'il subissait en ce moment
son examen pour l'artillerie. « — Mais est-ce qu'il sait quel-
« que chose? dit ironiquement l'épais M. Baüer. — Com-
« ment! mais c'est le plus fort mathématicien de l'École. —

(1) Il venait, quoique très-jeune, d'être nommé nombre du Directoire du département de la Corse.

(2) *Mémorial*, t. 1er, p. 176.

« Eh bien, j'ai toujours entendu dire et j'avais toujours pensé
« que les mathématiques n'allaient qu'aux *bêtes*. » — « Il
serait curieux, disait l'Empereur, de savoir si **M.** Baüer a
vécu assez longtemps pour jouir de son jugement. »

En 1787, Napoléon sortit de l'École militaire avec le grade
de lieutenant en second. Il fut envoyé à La Fère, puis de là
à Grenoble, en qualité de premier lieutenant. En 1792, il fut
nommé capitaine, puis chef de bataillon, ayant pour mission
d'organiser l'artillerie de la garde nationale mobile du départe-
tement du Var. Il dit qu'il travailla beaucoup pendant ces
cinq années. Lui et Joseph se voyaient souvent ; ils s'entretenaient beaucoup de leurs lectures.

« Il me faisait part des siennes, dit Joseph (1), je lui ren-
dais compte des miennes. Celles de Napoléon se rappor-
taient à des sujets d'histoire ancienne et moderne. Il lisait
sans cesse les chefs-d'œuvre de Racine, de Corneille, de
Voltaire, que nous déclamions journellement. Il avait réuni
les œuvres de Plutarque, de Platon, de Cicéron, de Corné-
lius Népos, de Tite-Live, de Tacite, traduites en français ;
celles de Montaigne, de Montesquieu, etc. Tous ces ouvrages
occupaient une malle de plus grande dimension que celle
qui contenait ses effets de toilette. Je ne nie pas qu'il n'eût
aussi les poésies d'Ossian, mais je nie qu'il les préférât à
Homère. »

(1) *Mémorial*, t. 1er, p. 32.

II.

BONAPARTE OFFICIER D'ARTILLERIE.

(1794.)

Toulon n'avait pas voulu reconnaître le pouvoir de la Convention et s'était livré aux Anglais. La Convention avait envoyé une armée pour reprendre la ville ; mais cette armée, mal commandée, s'épuisait en efforts inutiles, et il y avait longtemps déjà que le siége durait sans qu'on pût dire quand il finirait, et si on ne serait pas obligé de le lever. Il est vrai qu'on avait choisi très-singulièrement le général chargé de diriger les opérations. C'était Carteaux, ancien peintre, qui avait quitté la peinture pour se lancer dans la politique et dans la guerre. Bien qu'il s'y fût distingué à peu près autant que dans les arts, on n'avait pas laissé de le croire propre à commander des armées. On sait avec quelle facilité se formaient les états-majors à cette époque. Le duc de Rovigo raconte à ce sujet une anecdote fort piquante dans ses Mémoires (1) :

« Aux lignes de Weissembourg, dit-il, on nous fit un jour monter à cheval à huit heures du matin pour reconnaître

(1) T. 1er, page 5.

comme général de brigade un certain chef d'escadron de dragons, nommé Carlin. A onze heures, on nous y fit monter de nouveau pour le reconnaître comme général de division ! Le lendemain il était à l'ordre du jour *comme général en chef!* La perte des lignes de Weissembourg eut lieu quelques jours après, avant que le nouveau général eût eu le temps de les parcourir. Il ramena l'armée à Strasbourg, y trouva sa destitution, et s'il ne fut pas condamné à Paris c'est qu'il fut protégé par son incapacité qu'on reconnut. »

Carteaux, précisément, était un général de cette sorte. On comprend pourquoi le siége de Toulon n'avançait pas. La Convention cependant s'irritait de ces lenteurs. Ce qui manquait, c'était un officier d'artillerie habile. Après avoir consulté les notes des jeunes officiers au ministère de la Guerre, on désigna Bonaparte. Il fut nommé commandant de l'artillerie du siége au mois de septembre 1793. Quelques jours après, il était à son poste. Mais ici il faut laisser parler l'Empereur. Il a raconté dans ses *Mémoires* l'histoire de sa présentation au général Carteaux et de ses rapports avec l'état-major pendant la durée des opérations. On verra qu'en le nommant le Gouvernement avait oublié de donner des ordres pour qu'il fût bien reçu au camp.

« Napoléon, dit-il (1), arrive au quartier général ; il aborde le général Carteaux, homme superbe, doré depuis les pieds jusqu'à la tête, qui lui demande ce qu'il y a pour son service. Le jeune officier présente modestement sa lettre, qui le chargeait de venir diriger, sous ses ordres, les opérations de l'artillerie. — « C'était bien inutile, dit le bel homme, en

____

(1) *Mémorial*, t. 1er, p. 195 et suiv.

« caressant sa moustache ; nous n'avons plus besoin de rien
« pour reprendre Toulon. Cependant, soyez le bienvenu.
« Vous partagerez la gloire de le brûler demain sans en
« avoir eu la fatigue. » Et il le fit rester à souper.

« On s'asseoit trente à table. Le général seul est servi en
prince ; tout le reste meurt de faim, ce qui, dans ces temps
d'égalité, choqua étrangement le nouveau venu. Au point du
jour, le général le prend dans son cabriolet pour aller admirer, disait-il, les dispositions offensives. A peine a-t-on dépassé les hauteurs, et découvert la rade, qu'on descend de
voiture et qu'on se jette de côté dans les vignes. Le commandant d'artillerie aperçoit alors quelques pièces de canon,
quelques remuements de terre, auxquels, à la lettre, il était
impossible de rien comprendre. — « Dupas, dit fièrement
« le général, qui parlait à son aide de camp, sont-ce là
« nos batteries ? — Oui, général. — Et notre parc ? — Là,
« à quatre pas. — Et nos boulets rouges ? — Dans des bas-
« tides voisines où deux compagnies les chauffent depuis ce
« matin. — Mais comment porterons-nous ces boulets
« rouges ? dit le jeune officier d'artillerie. » Et ici les deux
hommes de s'embarrasser et de lui demander si, par ses principes, il ne saurait pas quelque remède à cela. Celui-ci, qui
eût été tenté de prendre le tout pour une mystification, si les
deux interlocuteurs y eussent mis moins de naturel, car on
était au moins à une lieue et demie du point à attaquer, em-
ploya toute la réserve, les ménagements, la gravité possible, pour leur persuader, avant de s'embarrasser de boulets
rouges, d'essayer à froid pour bien s'assurer de la portée.
Il eut bien de la peine à y réussir, encore ne fût-ce que pour
avoir très-heureusement employé l'expression technique de
coup d'épreuve qui frappa beaucoup et ramena à son avis.

On tira donc ce coup d'épreuve, mais il n'atteignit pas au tiers de la distance, et le général et Dupas de vociférer contre les Marseillais et les aristocrates qui auront malicieusement gâté les poudres. Cependant arrive à cheval le représentant du peuple, Gasparin, homme de sens, qui avait servi. Napoléon, jugeant dès cet instant toutes les circonstances favorables, et prenant son parti, se rehausse de six pieds, interpelle le représentant et le somme de lui faire donner la direction absolue de sa besogne, démontre sans ménagements l'ignorance inouïe de tout ce qui l'entoure et saisit dès ce moment la direction du siége, où, dès lors, il commanda en maître.

« Carteaux était si borné qu'il était impossible de lui faire comprendre que, pour avoir Toulon, il fallait aller l'attaquer à l'issue de la rade ; et, comme il était arrivé au commandant d'artillerie de dire parfois, en montrant ce point sur la carte, que c'était là qu'était Toulon, Carteaux le soupçonnait de n'être pas fort en géographie. Quand enfin, malgré sa résistance, l'autorité du représentant eut décidé cette attaque éloignée, ce général n'était pas sans défiance sur quelque trahison : il observait avec inquiétude que Toulon n'était cependant pas de ce côté.

« Carteaux voulut un jour forcer le commandant à placer une batterie adossée le long d'une maison qui n'admettait aucun recul. Une autre fois, revenant de la promenade du matin, il mande le commandant pour lui dire qu'il vient de découvrir une position d'où une batterie de six ou douze pièces doit infailliblement amener la prise de Toulon sous peu de jours : c'était un petit tertre d'où l'on pouvait battre à la fois trois ou quatre forts et plusieurs points de la ville. Il s'emporte sur le refus du commandant d'artillerie, qui fait observer que si la batterie battait tous les points, elle en était battue; que les douze pièces auraient affaire à cent cinquante; qu'une simple soustraction devait suffire pour lui faire connaître son désavantage. Le commandant du génie fut appelé en conciliation, et, comme il fut tout d'abord de l'avis du commandant d'artillerie, Carteaux disait qu'il n'y avait pas moyen de rien faire avec ces corps savants qui se tenaient tous par la main. Pour prévenir ces difficultés sans cesse renaissantes, le représentant décida que Carteaux ferait connaître en grand son plan d'attaque au commandant d'artillerie, qui l'exécuterait suivant les règles de son art. Voici quel fut le plan mémorable de Carteaux :

« *Le général d'artillerie foudroiera Toulon pendant*
« *trois jours, au bout desquels je l'attaquerai sur trois*
« *colonnes et je l'enlèverai.* »

« A Paris, le comité du génie trouva cetteme sure expéditive plus gaie que savante, et c'est ce qui contribua à faire rappeler Carteaux. Les projets, du reste, ne manquaient pas. Comme la prise de Toulon avait été donnée au concours des Sociétés populaires, ils abondaient de toutes parts. Napoléon en a bien reçu six cents. Quoi qu'il en soit, c'est au représentant Gasparin qu'il dut de voir son plan triompher des objections des comités de la Convention. *C'est Gasparin qui lui a ouvert la carrière* (1).

(1) Dans son testament, il a consacré un souvenir à Gasparin, pour *la protection spéciale*, ce sont les termes dont il se sert, qu'il en a reçue.

Il a honoré d'un précieux souvenir le chef de son école d'artillerie, le général Duteil, ainsi que le général en chef Dugommier, pour l'intérêt et la bienveillance dont ils lui avaient donné des preuves. (Note de M. de Las-Cases, dans le *Mémorial.*)

« Dans tous les différends que Carteaux avait avec le commandant d'artillerie, lesquels se passaient la plupart du temps devant sa femme, celle-ci prenait toujours le parti du jeune officier, disant naïvement à son mari : « Mais laisse donc faire ce jeune homme; il en sait plus que toi; il ne te demande rien; ne rends-tu pas compte? la gloire te reste. »

« Cette femme n'était pas sans beaucoup de bon sens. Retournant à Paris après le rappel de son mari, les Jacobins de Marseille donnèrent au ménage une fête superbe. Pendant le repas, il fut question du commandant d'artillerie qu'on élevait aux nues. « *Ne vous y fiez pas, dit-elle, ce* « *jeune homme a trop d'esprit pour être longtemps un sans-* « *culotte.* » Sur quoi le général de s'écrier gravement et d'une voix de stentor : « *Femme Carteaux! nous sommes* « *donc des bêtes, nous ? — Non, mon ami, je ne dis pas* « *cela; mais...., tiens, il n'est pas de ton espèce, veux-tu* « *que je te le dise.* »

« Un jour, au quartier général, on vit déboucher, par le chemin de Paris, une superbe voiture; elle était suivie d'une deuxième, troisième, dixième, quinzième, etc., etc. Tout cela avait été requis dans la capitale; plusieurs étaient des voitures de la cour. Il en sort une soixantaine de militaires d'une belle tenue, qui demandent le général en chef, et marchent à lui avec l'importance d'ambassadeurs. « — *Ci-* « *toyen général,* dit l'orateur de la bande, *nous arrivons de* « *Paris; les patriotes sont indignés de ton inaction et de* « *ta lenteur. Depuis longtemps le sol de la République est* « *violé; elle frémit de n'être pas encore vengée; elle se de-* « *mande pourquoi Toulon n'est pas encore repris? pour-* « *quoi la flotte anglaise n'est pas encore brûlée? Dans son* « *indignation, elle a fait appel aux braves; nous nous*

« *sommes présentés, et nous voilà brûlant d'impatience de*
« *remplir son attente. Nous sommes canonniers volontaires*
« *de Paris; fais-nous donner des canons; demain nous mar-*
« *chons à l'ennemi.* » Le général, déconcerté par cette in-
cartade, se retourne vers le commandant d'artillerie, qui lui
promet tout bas de le délivrer dès le lendemain de tous ces
fiers-à-bras. On les comble, et, au point du jour, le commandant d'artillerie les conduit sur la plage, et met quelques
pièces à leur disposition. Étonnés de se trouver à découvert
depuis les pieds jusqu'à la tête, ils demandent s'il n'y aura
pas quelque abri, quelque épaulement, etc. On leur répond
que c'était bon autrefois; que ce n'est plus la mode; que le
patriotisme a rayé tout cela. Mais, pendant le colloque, une
frégate anglaise vient à lâcher quelques bordées, et tous les
bravaches de s'enfuir. Alors ce ne fut plus qu'un cri dans
le camp. Les uns disparurent, le reste se fondit modestement dans les derniers rangs.

« Le commandant d'artillerie était à tout et partout. Toutes
les fois que l'ennemi tentait quelque sortie, ou forçait les
assiégeants à quelques mouvements rapides et inopinés, les
chefs de colonne et de détachements n'avaient tous qu'une
même parole : — « *Courez au commandant d'artillerie;
demandez-lui ce qu'il faut faire; il connaît les localités
mieux que personne.* » Et cela s'exécutait sans qu'aucun
s'en plaignît. Du reste, il ne s'épargnait point; il eut plusieurs chevaux tués sous lui, et reçut d'un Anglais un coup
de baïonnette à la cuisse gauche, blessure grave, qui le menaça quelque temps de l'amputation.

« Étant un soir dans une batterie, où l'un des chargeurs
venait d'être tué, il prend le refouloir et charge lui-même
huit ou dix coups. A quelques jours de là, il se trouve at-

teint d'une gale très-maligne. Muiron, son adjudant, découvre que le canonnier mort en était infecté. Le poison affecta longtemps sa santé, et faillit lui coûter la vie. De là la maigreur, l'état chétif et débile, le teint maladif du général en chef de l'armée d'Italie et de l'armée d'Egypte. Ce ne fut que beaucoup plus tard, aux Tuileries, après de nombreux vésicatoires sur la poitrine, que Corvisart lui rendit tout à fait la santé. Alors commença cet embonpoint qu'on lui a connu depuis.

« Ce furent les notes que les Comités de Paris trouvèrent au bureau d'artillerie sur Napoléon qui firent jeter les yeux sur lui pour le siége de Toulon. Ce fut réellement lui qui prit Toulon, et, cependant, il est à peine nommé dans les relations. Il tenait déjà cette ville qu'à l'armée on ne s'en doutait pas. Après avoir enlevé le Petit-Gibraltar qui, pour lui, avait toujours été la clef et le terme de toute l'entreprise, il dit au vieux Dugommier (1), « *Allez vous reposer; nous venons de prendre Toulon; vous pourrez y coucher après-demain.* » Quand Dugommier vit la chose accomplie, quand il récapitula que le jeune commandant lui avait toujours dit d'avance ce qui arriverait, ce fut alors de l'admiration et de l'enthousiasme de sa part. Il est très-vrai, ainsi qu'on le trouve dans quelques pièces du temps, qu'il instruisit les Comités de Paris qu'il avait avec lui un jeune homme auquel on devait une véritable attention, parce que, de quelque côté qu'il se tournât, il était sûrement destiné à mettre un grand poids dans la balance.

« Quant à Napoléon, son succès ne l'étonna pas trop : il en jouit avec une vive satisfaction, mais sans s'en émerveiller.

(1) Dugommier avait remplacé Carteaux.

Il en fit de même l'année suivante à Saorgio, où il accomplit en peu de jours ce qu'on tentait vainement depuis deux ans. Vendémiaire et même Montenotte ne le portèrent pas à se croire un homme supérieur. Ce n'est qu'après Lodi qu'il lui vint dans l'idée qu'il pourrait devenir, après tout, un acteur décisif sur la scène politique. Toutefois, il se rappelait qu'après vendémiaire, commandant l'armée de l'intérieur, il donna vers ce temps-là un plan de campagne qui se terminait sur la crête du *Simmering*, ce qu'il exécuta peu de temps après, lui-même, à Léoben. »

III.

BONAPARTE RAPPELÉ A PARIS. — JOSÉPHINE DE BEAUHARNAIS.

(1794.)

Dans une de ses dépêches au Comité de Salut public, Dugommier avait dit en parlant du jeune commandant d'artillerie Bonaparte : « *Il faut avancer ce jeune homme, autrement il s'avancera lui-même.* » On devait croire, en effet, qu'après le siége de Toulon ses services seraient récompensés. Il fut destitué, voici dans quelle circonstance.

« Les événements de thermidor, est-il dit dans le *Mémorial* (1), ayant amené un changement dans les Comités de la Convention, *Aubry*, ancien capitaine d'artillerie, se trouva diriger celui de la guerre, et fit un nouveau tableau de l'armée. Il ne s'y oublia pas ; il se fit général d'artillerie, et favorisa plusieurs de ses anciens camarades au détriment de la queue du corps qu'il réforma. Napoléon, qui avait à peine vingt-cinq ans, devint alors général d'infanterie et fut désigné pour le service de la Vendée. Cette circonstance lui fit quitter l'armée pour aller réclamer contre un pareil changement qui ne lui convenait sous aucun rapport. Trou-

(1) T. ıer, p. 218. — *Les événements de Thermidor,* c'est-à-dire la chute de Robespierre et de son parti.

vant Aubry inflexible et qui s'irritait de ses justes réclamations, il donna sa démission. Ses réclamations auprès d'Aubry furent une véritable scène. Il insistait avec force parce qu'il avait les faits par-devers lui. Aubry s'obstinait parce qu'il avait la puissance. Il disait à Napoléon qu'il était trop jeune et qu'il fallait laisser passer les anciens. Napoléon répondit qu'on vieillissait vite sur le champ de bataille et qu'il en arrivait. Aubry n'avait jamais vu le feu : les paroles furent très-vives. »

Aubry croyant qu'il y allait de son honneur à ne pas accepter la démission offerte par un inférieur, mais à le destituer lui-même, fit rendre aussitôt après cette entrevue l'arrêté suivant, qui mettait le général Bonaparte en disponibilité.

« Le 29 fructidor, an II de la République française une et indivisible.

« Le Comité de Salut public, arrête que le général Bonaparte sera rayé de la liste des officiers généraux employés, attendu son refus de se rendre au poste qui lui a été assigné. La neuvième Commission est chargée de l'exécution du présent arrêté.

> « *Signé* : LETOURNEUR DE LA MANCHE, MERLIN DE DOUAI,
> R. BERLIER, BOISSY, CAMBACÉRÈS, président. — Pour
> copie : A. PILLE. »

Cet arrêté mettait le jeune général dans la situation la plus fâcheuse. Le bien de sa famille avait été perdu à la suite des révolutions qui avaient troublé la Corse. Son existence à Paris était des plus modestes. Il était logé en hôtel garni rue de la Michodière avec Sébastiani et Junot, mis comme lui en disponibilité. « Mais, dit M. de Norvins, dans son his-toire (1), la détresse se fit bientôt sentir. Bonaparte fut obligé pour vivre de vendre une précieuse collection d'ou-vrages militaires. » C'est alors que, moins touché peut-être des embarras de sa position que tourmenté par son activité, il offrit de passer en Turquie pour organiser le service de l'artillerie dans l'armée du sultan. Il adressa au Gouverne-ment une note fort curieuse, et que la plupart des historiens ont eu le tort de ne pas citer; la voici (2) :

— « Dans un temps où l'Impératrice des Russies a res-serré les liens qui l'unissaient à l'Empereur (3), il est de l'intérêt de la France de faire tout ce qui dépend d'elle pour accroître les moyens militaires de la Turquie.

« Cette puissance a des milices nombreuses et braves, mais elle est fort arriérée dans la partie scientifique de l'art de la guerre.

« La formation et le service de l'artillerie, qui influe si puis-samment, dans notre tactique moderne, sur le gain des ba-tailles, et presque exclusivement dans la prise et la défense des places, est surtout la partie où la France excelle et où les Turcs sont le plus arriérés.

« Le Sultan a plusieurs fois demandé des officiers d'ar-tillerie, et, effectivement, nous en avons acheminé plusieurs, mais ils ne sont ni assez nombreux ni assez instruits pour former un résultat qui puisse être considéré comme de quelque conséquence.

« Le général Bonaparte qui, depuis sa jeunesse, est dans

____

(1) Edit. de 1852, in-4° deux colonnes.
(2) Bourrienne, t. 1er, p. 74.
(3) L'Empereur d'Autriche, alors en guerre avec la France.

artillerie, qu'il a commandée au siége de Toulon, et pen-
ant deux campagnes à l'armée d'Italie, s'offre pour passer
n Turquie avec une mission du Gouvernement.

« Il mènera avec lui six ou sept officiers de différents
enres, et qui puissent ensemble parfaitement posséder les
ifférentes parties de l'art militaire.

« Il sera utile à sa patrie dans cette nouvelle carrière, s'il
eut rendre plus redoutable la force des Turcs, perfection-
er la défense de leurs principales forteresses et en con-
truire d'autres : il aura rendu un vrai service à son
ays. »

— Il ne fut point fait de réponse à cette note, dit M. de
Bourrienne, dans ses *Mémoires*. — Mais que serait-il arrivé
i un commis de la guerre eût mis au bas : *Accordé*. Ce
not changeait peut-être la face de l'Europe. Qui sait quel
ût été le sort de Napoléon ?

Sa situation s'améliora un peu avant le 13 vendémiaire.

Doulcet de Pontécoulant, dit M. de Norvins (1) avait rem-
lacé Aubry. Les talents et les services de Bonaparte lui
taient connus. Il fut particulièrement frappé d'un rap-
ort envoyé par lui au Comité de la guerre sur une affaire
ui venait d'avoir lieu en Italie. Ayant appris que Bonaparte
tait à Paris, il le fit appeler et l'attacha au Comité topographique où se préparaient les mouvements des armées.

M. de Norvins ajoute quelques réflexions sur ce moment
si difficile de la vie de l'Empereur (2).

« Si, pendant son inactivité, dit-il, Bonaparte, sans fortune

(1) T. 1er, p. 13.
(2) *Idem*.

et sans traitement, eut beaucoup à souffrir, sa détresse tourna peut-être au profit de son génie. Absorbé dans de profondes méditations sur l'art de la guerre, ce fut alors qu'il enfanta dans l'ombre l'admirable plan de campagne qu'il développa bientôt au Comité, et qui éleva si haut la gloire de son auteur. »

« Après le 13 vendémiaire, dit l'Empereur dans ses *Mémoires* (1), Napoléon eut à réorganiser la garde nationale, qui était un objet de la plus haute importance, comptant alors cent quatre bataillons. Il forma en même temps la garde du Directoire et réorganisa celle du Corps législatif. Le peu de mois qu'il commanda l'armée de l'intérieur se trouvèrent remplis de difficultés et d'embarras attachés à l'installation d'un gouvernement nouveau, dont les membres étaient divisés entre eux et souvent en opposition avec les Conseils. Il fallait une activité, une dextérité peu communes pour surmonter tant d'obstacles. Il eut souvent à haranguer à la Halle, dans les rues, aux sections et dans les faubourgs, pendant l'horrible famine qui, à cette époque, désola la capitale. »

Il raconte à ce sujet une anecdote curieuse (2) :

« Plusieurs fois, dit-il, les faibles distributions journalières

----

(1) Montholon, t. III, p. 117. — Une partie de la garde nationale de Paris s'étant révoltée contre le Gouvernement, le général Bonaparte fut chargé de réprimer l'insurrection, ce qu'il fit avec beaucoup d'habileté et de vigueur. A la suite de cet événement, il fut nommé commandant de l'armée de l'intérieur, et appelé, en cette qualité, à réorganiser la garde nationale. C'était le 13 vendémiaire (5 ou 6 octobre 1793) que la révolte avait été vaincue, d'où vient ce nom de *journée* du 13 vendémiaire.

(2) *Mémorial*, t. Ier, p. 221.

que faisait le Gouvernement avaient manqué, ce qui avait donné lieu à des scènes populaires. Un jour, entre autres, qu'il s'était formé des attroupements nombreux à la porte des boulangers, Napoléon passait avec une partie de son état-major pour veiller à la tranquilité publique. Un gros de populace, des femmes surtout, le pressent, demandant du pain à grands cris. La foule s'augmente, les menaces s'accroissent et la situation devient des plus critiques. Une femme, monstrueusement grosse et grasse, se fait particulièrement remarquer par ses gestes et par ses paroles. « — Tout ce tas d'épaulettes, crie-t-elle, en apostrophant un « groupe d'officiers, se moque de nous. Pourvu qu'ils man- « gent et qu'ils s'engraissent, il leur est fort égal que le « pauvre peuple meure de faim. » Napoléon l'interpelle : « — La bonne, regardez-moi bien ; lequel est le plus gras « de nous deux ? » Napoléon était extrêmement maigre alors. — « J'étais un vrai parchemin, dit-il. » Un rire universel désarme la populace, et l'état-major continue sa route.

« Au reste, ajoute l'Empereur, une remarque curieuse, c'est que de tous les quartiers de la capitale, le faubourg Saint-Antoine est celui qu'on a toujours trouvé le plus facile à entendre et le plus prompt à céder aux impulsions généreuses. »

C'est vers cette époque qu'eut lieu son mariage avec Mme de Beauharnais, plus tard l'impératrice Joséphine (1). Lui-même a raconté dans quelle circonstance il connut Mme de Beauharnais.

« Ce fut pendant son commandement à Paris, dit-il, que

(1) Le 9 mars 1796.

Napoléon fit la connaissance de Mme de Beauharnais. On avait exécuté le désarmement général. Il se présenta à l'état-major un jeune homme de dix ou douze ans, qui vint le supplier de lui rendre l'épée de son père qui avait été général de la République. Ce jeune homme était Eugène de Beauharnais, depuis vice-roi d'Italie. Napoléon, touché de sa demande et des grâces de son âge, lui accorda ce qu'il demandait. Eugène se mit à pleurer en voyant l'épée de son père. Le général en fut touché et lui témoigna tant de bienveillance, que Mme de Beauharnais se crut obligée de se rendre chez lui le lendemain pour lui en faire des remerciments. Chacun connaît la grâce extrême de l'Impératrice Joséphine, ses manières douces et bienveillantes. La connaissance devint bientôt intime et tendre, et ils ne tardèrent pas à se marier. »

On sait combien l'Empereur a aimé l'Impératrice Joséphine. Il eut aussi une grande tendresse pour Marie-Louise. Il disait d'elles que l'on pouvait appeler l'une *les Grâces* et l'autre *l'Innocence*.

« Rien, disait-il (1), n'annonce plus chez les femmes le rang, la bonne éducation, le bon ton, que l'égalité de leur caractère et le constant désir de plaire. Il ajoutait qu'elles étaient tenues de se montrer toujours maîtresses d'elles-mêmes, d'être toujours en scène. Ses deux femmes, observait-il, avaient toujours été ainsi. Elles étaient assurément bien différentes dans leurs qualités et leurs dispositions; toutefois, elles s'étaient ressemblées tout à fait sur ce point. Jamais il n'avait été témoin de la mauvaise humeur de l'une

(1) *Memorial*, t. 1er, p. 406; t. II, p. 409.

ou de l'autre. Toutes deux avaient constamment été occupées à lui plaire.

« Dans aucun moment de sa vie, ajoutait-il, la première (Joséphine) n'avait de positions ni d'attitudes qui ne fussent agréables ou séduisantes. Tout ce que l'art peut imaginer en faveur des attraits était employé par elle, mais avec un tel mystère qu'on n'en savait jamais rien. L'autre (Marie-Louise), au contraire, ne comprenait même pas qu'il pût y avoir rien à gagner avec un peu d'innocents artifices. Toutes deux étaient bonnes, douces, fort attachées à leur mari. »

M. de Bourrienne, camarade de Napoléon à l'École de Brienne, et qui, avant d'être devenu le secrétaire de son cabinet, à l'époque du Consulat, était déjà son ami, fut un des premiers confidents de la passion très-vive que Mᵐᵉ de Beauharnais avait inspirée à Napoléon.

« Je revins de Sens à Paris, dit-il, après le 13 vendémiaire. Pendant le peu de temps que j'y restai, je vis Bonaparte moins souvent que par le passé. Je n'eus aucun motif d'attribuer ces relations plus rares à autre chose qu'aux grandes occupations que lui donnait sa place nouvelle. (Général de l'armée de l'intérieur). C'était à déjeuner ou à dîner que je le voyais le plus souvent. Il me fit remarquer un jour une jeune dame qui était presque en face de lui, et me demanda comment je la trouvais. Ma réponse parut lui faire grand plaisir. Il m'entretint alors beaucoup d'elle, de sa famille, de ses qualités aimables. Il me dit que probablement il l'épouserait, étant convaincu que son union avec la jeune veuve ferait son bonheur, En effet, ce fut une union dans laquelle j'ai vu, sauf quelques légers nuages, régner la plus

(1) *Mémorial*, t. 1ᵉʳ, p. 100.

grande harmonie. Bonaparte n'a jamais, à ma connaissance, donné de chagrins réels à sa femme. Mme Bonaparte avait des grâces et beaucoup de bonnes qualités. Je suis convaincu que tous ceux qui ont eu des rapports avec elle n'ont eu qu'à s'en louer; peu de personnes ont eu à s'en plaindre. Elle n'a point perdu de vrais amis pendant sa puissance, parce qu'elle n'en a oublié aucun. Elle était un peu légère, mais obligeante et bonne amie. La bienveillance était pour elle un besoin. Lorsque la fortune lui mit une couronne sur la tête, elle disait à qui voulait l'entendre qu'on lui avait prédit cet événement extrordinaire (1). Il est constant qu'elle croyait aux diseuses de bonne aventure (2). Je lui en ai souvent témoigné mon étonnement. Elle en riait volontiers et, cependant, n'abandonnait pas sa croyance. L'événement avait confirmé la prophétie ; c'était la prophétie qu'il eût fallu mettre en doute. »

Tous les témoignages se sont accordés sur l'Impératrice Joséphine. Nous devons ajouter à ces deux portraits celui qu'a fait d'elle Constant, le valet de chambre de l'Empereur, dans ses *Mémoires*. C'est à l'occasion du divorce et

---

(1) C'était, disait-on, une vieille négresse qui lui avait fait cette prédiction. L'Impératrice Joséphine était née à la Martinique.

(2) « On sait, disait l'Empereur, qu'elle croyait aux pressentiments, « aux sorciers. On lui avait prédit dans son enfance qu'elle ferait une « grande fortune ; qu'elle serait souveraine. On connaît d'ailleurs toute « sa finesse ; aussi me répétait-elle souvent, depuis, qu'aux premiers « récits d'Eugène, en sortant de chez le général, lorsqu'il lui avait « redemandé l'épée de son père, le cœur lui avait battu, et qu'elle « avait entrevu dès cet instant une lueur de destinée, l'accomplisse- « ment des prédictions, etc., etc. » (*Mémorial*, t. III, p. 402.

orsque l'Impératrice quitta les Tuileries pour se rendre à la Malmaison (1) :

« Les formalités une fois remplies, l'Impératrice prit congé de l'Empereur, et descendit dans son appartement qui était au rez-de-chaussée. D'après des arrangements convenus à l'avance, elle partit le lendemain matin pour aller s'établir à la Malmaison. De son côté, l'Empereur alla le même jour à Trianon; il ne voulut pas rester seul dans cet immense château des Tuileries, qui était encore tout plein des souvenirs de Joséphine.

« Elle descendit du rang suprême avec beaucoup de résignation, en disant qu'elle était dédommagée de la perte des honneurs par la consolation d'avoir obéi à la volonté de l'Empereur. Elle quitta la cour, *mais les cœurs ne la quittèrent point* (2). On l'avait toujours aimée parce que jamais personne ne fut si bonne. Sa prévenance envers tout le monde fut la même étant Impératrice qu'elle l'avait été auparavant. Elle donnait avec profusion, et avec tant de bonne grâce, qu'on aurait cru être impoli de ne pas accepter; on ne pouvait entrer chez elle sans en revenir comblé. Elle n'a jamais nui à personne dans le temps de sa puissance : ses ennemis même ont été protégés par elle. Il n'y a presque pas eu un jour de sa vie où elle n'ait demandé quelque grâce pour quelqu'un que souvent elle ne connaissait pas, mais qu'elle savait mériter son intérêt. Elle a établi un grand nombre de familles, et, dans ses dernières années, elle était entourée d'une peuplade d'enfants dont les mères avaient été mariées et dotées par ses bontés. La méchanceté lui reprochait un

(1) *Mémoires*, t. IV, p. 227.
(2) On a cru devoir souligner cette fin de phrase qui exprime si bien l'attachement qu'on avait pour Joséphine.

peu de prodigalité dans les dépenses ; faut-il l'en blâmer? *On n'a jamais mis le même soin à compter les éducations qu'elle payait pour des enfants de parents indigents ; on n'a point parlé des aumônes qu'elle faisait porter à domicile.* Toute sa journée se dépensait à s'occuper des autres et presque point d'elle. Tout le monde la regretta pour l'Empereur, parce qu'on savait qu'elle ne lui disait jamais que du bien de presque tout ce qui le servait. Pendant son séjour à la Malmaison, le grand chemin de Paris à ce château ne fut qu'une procession, malgré la mauvaise saison. Chacun regardait comme un devoir de s'y présenter au moins une fois la semaine. »

L'Empereur a dit de lui-même, dans ses *Mémoires*, qu'il était *le meilleur de tous les maris*, et tous ceux qui l'ont approché ont rendu le même témoignage de lui. Il avait adopté les enfants de Joséphine, et il les a toujours regardés comme les siens. On peut s'en convaincre par les trois lettres suivantes (1) qu'il écrivit à la reine Hortense (2) dans une circonstance douloureuse. On sent toute l'affection d'un père dans ce langage à la fois si noble et si touchant. La reine venait de perdre l'aîné de ses enfants. Cette perte l'avait jetée dans un accablement dont on essayait vainement de la tirer. L'Empereur lui écrivit du camp de Finkenstein où il était alors.

7 mai 1807.

Ma fille, tout ce qui me vient de La Haye m'apprend que vous n'êtes pas raisonnable ; quelque légitime que soit votre douleur, elle doit avoir des bornes. N'altérez pas votre santé. Prenez des distractions,

(1) Lettres de Napoléon et de Joséphine, t. 1er, p. 322, 328 et 389.

(2) Hortense de Beauharnais, fille de l'Impératrice Joséphine et mère de l'Empereur Napoléon III, avait épousé Louis, roi de Hollande, frère de Napoléon Ier.

et sachez que la vie est semée de tant d'écueils, et peut être la source de tant de maux, que la mort n'est pas le plus grand de tous.

Votre affectionné père,

NAPOLÉON.

2 juin 1807.

Ma fille, vous ne nous avez pas écrit un mot de votre juste et grande douleur. Vous avez tout oublié, comme si vous n'aviez plus de perte à faire. L'on dit que vous n'aimez plus rien, que vous êtes indifférente à tout. Je m'en aperçois à votre silence. Cela n'est pas bien, Hortense ; ce n'est pas ce que vous nous promettiez. Votre fils était tout pour vous. Votre mère et moi nous ne sommes donc plus rien? Si j'avais été à la Malmaison, j'aurais partagé votre peine ; j'aurais aussi voulu que vous vous rendissiez à vos meilleurs amis. Adieu, ma fille, soyez gaie. Il faut se résigner. Portez-vous bien pour remplir tous vos devoirs. Ma femme est toute triste de votre état ; ne lui faites plus de chagrin.

Votre affectionné père,

NAPOLÉON.

16 juin 1807.

Ma fille, j'ai reçu votre lettre datée d'Orléans. Vos peines me touchent, mais je voudrais vous voir plus de courage. Vivre, c'est souffrir, et l'honnête homme combat toujours pour rester maître de lui. Votre mère et moi nous avions l'espoir d'être plus que nous ne sommes dans votre cœur. J'ai remporté une grande victoire le 14 juin (1). Je me porte bien et vous aime beaucoup.

Adieu, ma fille, je vous embrasse de cœur.

NAPOLÉON.

(1) Friedland.

IV.

CONSULAT.

(1800).

————•————

Nous empruntons aux *Mémoires* très-curieux de Constant (1) tout ce qui se rapporte à cette époque de la vie de l'Empereur.

« Le général, devenu Premier Consul (2), s'installa au Luxembourg. A cette époque, il habitait la Malmaison, mais il était souvent sur la route, aussi bien que Joséphine; car leurs voyages à Paris, quand ils occupaient cette résidence, étaient très-fréquents, non-seulement pour les affaires du Gouvernement, qui y nécessitaient souvent la présence du Premier Consul, mais aussi pour aller au spectacle que le général Bonaparte aimait beaucoup, donnant toujours la préférence au Théâtre-Français et à l'Opéra italien, observation que je ne fais qu'en passant, me réservant de présenter plus tard les traits que j'ai recueillis sur les goûts et les habitudes familières de l'Empereur.

« La Malmaison, à l'époque dont je parle, était un lieu de délices, où l'on ne voyait arriver que des figures qui expri-

(1) *Mémoires* de Constant, t. 1er, p. 26 et suiv.
(2) 13 décembre 1799.

maient la satisfaction ; partout où j'allais j'entendais bénir le
nom du Premier Consul et de Mme Bonaparte. Dans le salon
de Mme Bonaparte, il n'y avait pas encore l'ombre de cette
étiquette sévère qu'il a fallu observer depuis à St-Cloud,
aux Tuileries et dans tous les palais où se trouva l'Empereur. La société était d'une élégance simple, également éloignée de la grossièreté républicaine et du luxe de l'Empire.
M. de Talleyrand était à cette époque une des personnes
qui venaient le plus assidûment à la Malmaison. Il y dînait
quelquefois, mais il y arrivait le plus ordinairement le
soir, entre huit et neuf heures, et s'en retournait à une heure,
deux heures, et quelquefois même trois heures du matin.
Tout le monde était admis chez Mme Bonaparte sur un pied
de presque égalité qui lui plaisait beaucoup. Là venaient
familièrement Murat, Duroc, Berthier et toutes les personnes qui depuis ont figuré par de grandes dignités et
même par des couronnes dans les annales de l'Empire.
Parmi les personnes que nous voyons le plus souvent, il faut
citer MM. de Volney (1), Denon (2), Lemercier (3), le général Beurnonville, Isabey (4) et un grand nombre d'autres hommes célèbres dans les lettres et dans les arts, etc.
Cette société dont la plupart des membres étaient jeunes, et
qui quelquefois était fort nombreuse, se livrait souvent à
des exercices qui rappelaient les récréations de collége. Un

(1) Membre de l'Institut, auteur du *Voyage en Syrie* ; plus tard sénateur.

(2) Peintre et archéologue ; plus tard, directeur des Musées impériaux.

(3) Membre de l'Académie française, auteur de la tragédie d'*Aga-
memnon*.

(4) Peintre qui a fait les nombreux portraits de Napoléon que l'Empereur envoyait en présent aux souverains de l'Europe.

des grands divertissements des habitants de la Malmaison était de jouer aux barres. C'était ordinairement après le dîner que Bonaparte, MM. de Lauriston, Didelot, de Luçay, de Bourrienne, Eugène, Rapp, Isabey, Mme Bonaparte et Mlle Hortense se divisaient en deux camps, où des prisonniers faits et échangés rappelaient au Premier Consul le grand jeu auquel il donnait la préférence.

« Dans ces parties de barres, les coureurs les plus agiles étaient M. Eugène (1), M. Isabey et Mlle Hortense. Quant au général Bonaparte, il tombait souvent, mais il se relevait en riant aux éclats.

« Le général Bonaparte et sa famille paraissaient jouir d'un rare bonheur, surtout quand ils étaient à la Malmaison. Cette habitation était loin, malgré l'agrément dont on y jouissait, de ressembler à ce qu'elle a été depuis. La propriété se composait du château qu'à son retour d'Egypte Bonaparte avait trouvé en assez mauvais état; d'un parc déjà fort joli, et d'une ferme dont les revenus n'excédaient pas assurément douze mille francs par an. Joséphine présida elle-même à tous les travaux qui y furent exécutés, et jamais aucune femme ne fut douée d'autant de goût.

« Dès le commencement on joua la comédie à la Malmaison. C'était un genre de délassement que le Premier Consul aimait beaucoup ; mais il ne remplit jamais d'autre rôle que celui de spectateur. Toutes les personnes attachées à la maison assistaient aux représentations, et je ne tairai point le plaisir que nous goûtions, plus peut-être que tous les autres, à voir ainsi travesties sur la scène les personnes au service desquelles nous nous trouvions. La troupe de la Malmaison, s'il

(1) Eugène de Beauharnais.

m'est permis de désigner ainsi des acteurs d'une position aussi élevée, se composait principalement de **MM.** Eugène, Jérôme Bonaparte, Lauriston, de Bourrienne, Isabey, de Mlle Hortense, de Mme Caroline Murat, et des D^lles Auguié, dont l'une a épousé depuis le maréchal Ney, et l'autre **M.** de Broc. Toutes les quatre étaient jeunes et charmantes, et peu de théâtres de Paris auraient pu réunir quatre aussi jolies actrices. Elles avaient d'ailleurs beaucoup de grâce sur la scène, et remplissaient leurs rôles avec un véritable talent. Elles étaient là presque comme dans le salon où elles avaient un ton d'une exquise délicatesse. Le répertoire ne fut pas d'abord très-varié, mais il était en général bien choisi. La première représentation, à laquelle j'assistai, était composée du *Barbier de Séville*, dans lequel **M.** Isabey jouait le rôle de *Figaro* et Mlle Hortense celui de *Rosine*, et du *Dépit amoureux*. Une fois je vis représenter *la Gageure imprévue* et *les Fausses consultations*. Mlle Hortense et **M.** Eugène jouaient parfaitement dans cette dernière pièce, et je me rappelle encore combien, dans le rôle de *Mme Leblanc*, Mlle Hortense paraissait encore plus jolie sous son costume de vieille. **M.** Eugène représentait *M. Lenoir*, et **M.** Lauriston, le *Charlatan*. Le Premier Consul, comme je l'ai dit, se bornait au rôle de spectateur ; mais il paraissait prendre à ce spectacle d'intérieur, et pour ainsi dire de famille, le plaisir le plus vif. Il riait, il applaudissait du meilleur cœur ; mais souvent aussi, il critiquait. Mme Bonaparte s'amusait également, et, quand elle n'aurait pas été fière des succès de ses enfants, qui étaient *les premiers sujets de la troupe*, il aurait suffi que ce fût un délassement agréable à son mari pour qu'elle eût l'air de s'y plaire, car son étude constante était de contribuer au bonheur du grand homme qui avait uni sa destinée à la sienne.

« Quand un jour de représentation était arrêté, il n'y avait point de *relâche*, mais souvent changement de spectacle, non pour cause d'indisposition ou d'une migraine d'actrice, comme cela arrive aux théâtres de Paris, mais pour des motifs plus sérieux. Il arrivait souvent que *M. d'Étieulette* (1) recevait l'ordre de rejoindre son régiment ; qu'une mission importante était confiée au *comte Almaviva* ; mais *Figaro* (2) et *Rosine* restaient toujours à leur poste ; et le désir de plaire au Premier Consul était d'ailleurs si général parmi tous ceux qui l'entouraient, que les doubles montraient la meilleure volonté en l'absence de leurs chefs d'emploi, et que le spectacle enfin ne manqua jamais faute d'un acteur (3). »

A côté de ces plaisirs il y avait des dangers.

« La vie de Napoléon fut souvent menacée par des conspirateurs sous le Consulat. Pendant les premiers temps, le séjour même de la Malmaison ne fut pas sûr pour lui.

Je vais raconter ce qui se passa sous mes yeux dans les premiers mois de mon séjour à la Malmaison.

« Il y avait des réparations et des embellissements à faire aux cheminées des appartements du Prémier Consul. L'entrepreneur chargé de ces travaux avait envoyé des marbriers parmi lesquels, selon toute apparence, s'étaient glissés quelques misérables gagnés par les conspirateurs.

« Les personnes attachées au Premier Consul étaient sans

(1) Personnage de comédie.

(2) Isabey.

(3) Michau, de la Comédie-Française, était le professeur de la troupe. Quand il arrivait qu'un acteur manquait de chaleur, il criait : *Chaud! chaud! chaud!* (Note de Constant.)

cesse sur le qui-vive, et exerçaient la plus grande surveillance. On crut s'être aperçu que, dans le nombre de ces
ouvriers, il se trouvait des hommes qui feignaient de travailler, mais dont l'air et la tournure contrastaient avec
leur genre d'occupation. Les soupçons n'étaient malheureusement que trop fondés, car les appartements étant prêts à
recevoir le Premier Consul, au moment où il venait les
occuper, on trouva, en y faisant une tournée, sur le canapé
où il allait s'asseoir, une tabatière en tout semblable à une
de celles qu'il portait habituellement. On s'imagina d'abord
que cette boîte lui appartenait en effet, et qu'elle avait été
oubliée là par son valet de chambre. Mais les doutes éveillés
par la tournure équivoque de quelques-uns des marbriers
ayant pris plus de consistance, on fit examiner et décom--
poser le tabac. Il était empoisonné.

« Les auteurs de cette perfidie avaient, dit-on, des intel-
ligences avec d'autres conspirateurs qui voulaient assaillir
la garde du château (la Malmaison) et enlever de force le
chef du Gouvernement.

« Tous les moments que le Premier Consul pouvait dérober
aux affaires, il venait les passer à la Malmaison. La veille
de chaque décade (1) était un jour d'attente et de fête pour
le château. Mme Bonaparte envoyait des domestiques à cheval
et à pied au-devant de son époux ; elle y allait souvent elle-
même avec sa fille et les familliers de la Malmaison. Tels

(1) Dans le calendrier républicain, encore en usage à cette époque,
la semaine avait dix jours, qui prenaient leur nom de l'ordre dans
lequel ils se suivaient : *primidi*, *duodi*, *tridi*, etc., etc., jusqu'à
décadi, qui remplaçait le dimanche. Comme la semaine eût été trop
longue, on avait décidé qu'il y aurait une demi-journée de repos, le
quintidi, lequel tenait lieu du jeudi.

étaient l'acharnement et l'audace des ennemis du Premier Consul, que le chemin, pourtant assez court, de Paris à la Malmaison, était semé de dangers et de piéges; on savait que plusieurs tentatives pour l'enlever dans ce trajet avaient été faites et pouvaient se renouveler.

« . . . Le Premier Consul paraissait toujours être sans crainte. Souvent même il se moquait un peu de la nôtre, et racontait très-sérieusement à la bonne Joséphine qu'il l'avait échappé belle sur la route ; que des hommes à visage sinistre s'étaient montrés sur son passage ; que l'un d'eux avait eu l'audace de le coucher en joue, etc., et quand il la voyait bien effrayée, il éclatait de rire et lui donnait quelques tapes ou quelques baisers sur la joue et sur le cou, en lui disant : « — N'aie pas peur, ma grosse bête ; *ils n'oseraient !* »

Bonaparte montra toute l'énergie de son sang-froid au moment du péril dont le menaça l'explosion de la *machine infernale* dans la rue Saint-Nicaise.

« Le 3 nivôse an IX (21 septembre 1800), dit Constant, l'Opéra donnait, par ordre, *la Création* d'Haydn, et le Premier Consul avait annoncé qu'il irait entendre avec toute sa famille ce magnifique oratorio. Il dîna ce jour-là avec Mme Bonaparte, sa fille, les généraux Rapp, Lauriston Lannes et Berthier. Après le dîner, qu'il expédia avec sa promptitude accoutumée, il se leva de table, suivi de ses officiers, excepté le général Rapp qui resta avec MM^mes Joséphine et Hortense. Sur les sept heures environ, le Premier Consul monta en voiture avec MM. Lannes, Berthier et Lauriston, pour se rendre à l'Opéra. Arrivé au milieu de la rue Saint-Nicaise, le piquet de cavalerie qui précédait la voiture trouva le chemin barré par une charrette qui paraissait abandonnée, et sur laquelle un tonneau était fortement attaché avec des cordes. Le chef de l'escorte fit ranger cette charrette le long des maisons à droite, et le cocher du Premier Consul, que ce petit retard avait impatienté, poussa vigoureusement ses chevaux qui partirent comme l'éclair. Il n'y avait pas deux secondes qu'ils étaient passés, que le baril que portait la charrette éclata avec un bruit épouvantable. Des personnes de l'escorte et de la suite du Premier Consul aucune ne fut tuée, mais plusieurs reçurent des blessures. Le sort de ceux qui, résidant ou passant dans la rue, se trouvèrent près de l'horrible machine, fut beaucoup plus triste encore : il en périt plus de vingt, et plus de soixante furent grièvement blessés. M. Trepsat, architecte, eut une cuisse cassée. Le Premier Consul, par la suite, le décora et le fit architecte des Invalides, en lui disant qu'il y avait assez longtemps qu'il était le plus invalide des architectes. Tous les carreaux de vitre des Tuileries furent cassés ; plusieurs maisons s'écroulèrent (1) ; toutes celles de la rue Saint-Nicaise et même quelques-unes des rues adjacentes furent fortement endommagées. Quelques débris volèrent presque dans l'hôtel Cambacérès (2). Les glaces de la voiture du Premier Consul tombèrent par morceaux.

Par le plus heureux hasard, les voitures de suite, qui devaient venir immédiatement après celle du Premier Consul, se trouvaient assez loin en arrière, et voici pourquoi.

(1) « Quarante-six maisons, dit le rapport, sont extrêmement en-
« dommagées. »

(2) L'ancien hôtel Longueville, situé sur la place du Carrousel, à l'endroit où l'on a bâti l'un des deux pavillons du nouveau palais du Louvre (pavillon Mollien).

Mme Bonaparte, après le dîner, se fit apporter un châle pour aller à l'Opéra. Lorsqu'on le lui présentait, le général Rapp en critiqua gaiement la couleur, et l'engagea à en choisir un autre. Mme Bonaparte défendit son châle, et dit au général qu'il se connaissait autant à attaquer une toilette qu'elle-même à attaquer une redoute. Cette discussion continua quelque temps sur le même ton. Dans cet intervalle, le Premier Consul, qui n'attendait jamais, partit en avant, et les misérables assassins, auteurs du complot, mirent le feu à leur machine infernale! Que le cocher eût été moins pressé; qu'il eût seulement tardé de deux secondes, c'en était fait de son maître! Qu'au contraire, Mme Bonaparte se fût hâtée de suivre son époux, c'en était fait d'elle et de toute sa suite! Ce fut ce retard d'un instant qui lui sauva la vie ainsi qu'à sa fille, à sa belle-sœur, Mme Murat, et à toutes les personnes qui devaient les accompagner. La voiture où se trouvaient ces dames débouchait de la place du Carrousel au moment où éclata la machine. Les glaces furent aussi brisées. Mme Bonaparte n'eut rien qu'une grande frayeur. Mlle Hortense fut légèrement blessée au visage par un éclat de glace. Mme Caroline Murat, qui se trouvait alors fort avancée dans sa grossesse, eut une telle peur, qu'on fut obligé de la ramener au château. On sait que le Premier Consul poussa jusqu'à l'Opéra, où il fut reçu avec d'inexprimables acclamations. Le calme peint sur sa physionomie contrastait fortement avec la pâleur et l'agitation de Mme Bonaparte, qui avait tremblé non pas pour elle, mais pour lui.

« Le cocher qui conduisit si heureusement le Premier Consul s'appelait Germain. Il l'avait suivi en Égypte, et, dans une échauffourée, il avait tué de sa main un Arabe sous les yeux du général en chef qui, émerveillé de son courage, s'était écrié : « — Diable! voilà un brave ! C'est « un César! — » Le nom lui en était resté. On a prétendu que ce brave homme était ivre lors de l'explosion. C'est une erreur que son adresse même dément d'une manière positive. Lorsque le Premier Consul devenu Empereur sortait incognito dans Paris, c'était *César* qui conduisait, mais sans livrée. On trouve dans le *Mémorial* de Sainte-Hélène que l'Empereur, parlant de *César*, dit qu'il était dans un état complet d'ivresse ; qu'il avait pris la détonation pour un salut d'artillerie, et qu'il ne sut que le lendemain ce qui s'était passé. Tout cela est inexact, et l'Empereur avait été mal informé sur le compte de son cocher. *César* mena très-vivement le Premier Consul parce que celui-ci le lui avait recommandé, et parce qu'il avait cru de son côté son honneur intéressé à ne point être mis en retard par l'obstacle que la machine infernale lui avait opposé avant l'explosion. Le soir de l'événement, je vis *César* qui n'était pas du tout dans l'état qu'on a dit, et qui me raconta lui-même une partie des détails que je viens de donner. Quelques jours après, quatre ou cinq cents cochers de fiacre de Paris se cotisèrent pour le fêter, et lui offrirent un magnifique dîner à 24 francs par tête.

« Dès que le Premier Consul fut revenu aux Tuileries, il fut entouré de tous ses officiers et de toute sa maison. Il n'y avait âme présente qui ne fût dans la plus grande anxiété. Quand il descendit de voiture, il paraissait fort calme et souriait. Il avait même comme de la gaieté. En entrant dans le vestibule, il dit à ses officiers, en se frottant les mains : « — Eh bien ! Messieurs, nous l'avons échappé

« belle (1) ! » Ceux-ci frémissaient d'indignation et de colère. Il entra ensuite dans le grand salon du rez-de-chaussée, où grand nombre de conseillers d'État et de fonctionnaires s'étaient déjà rassemblés. A peine avaient-ils commencé à lui adresser leurs félicitations qu'il prit la parole,
et sur un ton si éclatant qu'on entendait sa voix hors du
salon. On nous dit, après ce conseil, qu'il avait eu une
grave altercation avec M. Fouché, ministre de la police, à
qui il avait reproché son ignorance du complot, et qu'il
avait hautement accusé les Jacobins d'en être les auteurs.
Le ministre de la police soupçonnait les royalistes de cet
attentat. On sait que la découverte, le procès et l'exécution
de Saint-Régent et Carbon, les vrais coupables, prouva
que les conjectures du ministre étaient plus justes que
celles du chef de l'État.

(1) On lit à ce sujet une anecdote piquante dans le *Mémorial*
(t. vii, p. 245) :

« L'Empereur nous parlait, dit M. de Las Cazes, à M. de Montho-
« lon et à moi, des prodiges du début de sa carrière, et disait qu'ils
« avaient produit une grande impression dans le monde. — Une im-
« pression si grande, répliqua l'un de nous, qu'on était tenté d'y voir
« du surnaturel. Voici un fait qui le prouve, et qui dans le temps
« a été raconté dans tous les salons de Paris. Dans un quartier de
« la capitale, un nouvelliste entre tout effaré dans un cercle, annon-
« çant que Bonaparte vient de périr à l'instant. C'était au moment où
« l'explosion de la machine infernale venait d'avoir lieu. Il donne tous
« les détails, et termine en disant : — Le voilà sauté en l'air ! — Lui !
« sauter ! s'écrie aussitôt un vieil Autrichien qui se trouvait là et qui
« avait vu en Italie le général sortir presque miraculeusement des situa-
« tions les plus désespérées. — Lui ! sauter ! Allons donc ! vous
« connaissez bien votre homme ! Je gage qu'à l'heure qu'il est il se
« porte mieux que nous tous. Je le connais de longue main avec
« toutes ses drôleries ! »

« Après cette funeste catastrophe, qui porta l'inquiétude dans toute la France (1) et le deuil parmi tant de familles, toutes les polices furent activement employées à la recherche des auteurs du complot. La maison du Premier Consul fut mise en surveillance. Mais tel était le dévouement de tous au Premier Consul, telle était l'affection qu'il savait inspirer à ses entours, que nulle des personnes attachées à son service ne fut soupçonnée d'avoir trempé dans cet infâme attentat. Ni alors ni dans aucune autre affaire de ce genre, les gens de sa maison ne se trouvèrent compromis, et jamais le nom du moindre serviteur de l'Empereur ne s'est trouvé mêlé à des trames criminelles contre une vie si chère et si glorieuse.

« Le lendemain, à midi, le Premier Consul passa une grande revue sur la place du Carrousel. Une foule innombrable de citoyens s'y étaient réunis pour le voir et lui témoigner leur affection pour sa personne et leur indignation contre des ennemis qui n'osaient se montrer que par des assassinats. A peine eut-il commencé à diriger son cheval vers la première ligne des grenadiers de la garde consu-

(1) Le lendemain de l'attentat, le Corps municipal de Paris vint au nom de la Ville présenter une adresse au Premier Consul. Voici quelle fut la réponse du Premier Consul :

« J'ai été touché des preuves d'affection que le peuple m'a données « en cette circonstance. Je les mérite, parce que l'unique but de mes « désirs et de mes actions est d'accroître sa gloire. Tant que cette « poignée de brigands m'a attaqué directement, j'ai dû laisser aux « lois et aux tribunaux ordinaires le soin de leur punition ; mais, « puisqu'ils viennent, par un crime sans exemple dans l'histoire, de « mettre en danger une partie de la population de la cité, la punition « sera aussi prompte qu'exemplaire. Assurez en mon nom le peuple de « Paris que cette centaine de misérables qui ont calomnié la liberté par

laire que des acclamations s'élevèrent de toutes parts. Il parcourut les rangs au pas et très-lentement, se montrant sensible et répondant par quelques saluts simples et affectueux à cette effusion de la joie populaire. Les cris de : *Vive Bonaparte! vive le Premier Consul!* ne cessèrent qu'après qu'il eut remonté dans les appartements.

« Les conspirateurs, qui s'obstinaient avant tant d'acharnement à attaquer les jours du Premier Consul, n'auraient pu choisir une époque où les circonstances eussent été plus contraires à leurs projets qu'en 1800 et 1801, car on aimait le Premier Consul non-seulement pour ses hauts faits militaires, mais encore pour les espérances de paix qu'il donnait à la France. Ces espérances furent bientôt réalisées. Au premier bruit qui se répandit que la paix avait été conclue avec l'Autriche, la plupart des habitants de Paris se rendirent sous les fenêtres du pavillon de Flore. Des bénédictions, des cris de reconnaissance et de joie se firent entendre ; puis des musiciens, rassemblés pour donner une sérénade au chef de l'État, finirent par se former en orchestres et les danses durèrent toute la nuit. Je n'ai rien vu de plus singulier ni de plus gai que le coup d'œil de cette fête improvisée.

. . . .

« Le 19 février 1801, à une heure après-midi, le Premier Consul se rendit en pompe aux Tuileries, qu'on appelait alors le palais du Gouvernement, pour s'y installer avec

« les crimes qu'ils ont commis en son nom, seront désormais dans
« l'impuissance de faire aucun mal. Que les citoyens n'aient aucune
« inquiétude ; je n'oublierai pas que mon premier devoir est de veiller
« à la défense du peuple contre ses ennemis intérieurs et exté-
« rieurs. »

toute sa maison. Il avait avec lui ses deux collègues (1),
dont l'un, le troisième Consul, devait occuper la même résidence et s'établir au Pavillon de Flore. La voiture des Consuls était attelée de six chevaux blancs dont l'empereur
d'Allemagne avait fait présent au vainqueur d'Italie, après
la signature du traité de paix de Campo-Formio. Le sabre
que le Premier Consul portait dans cette cérémonie, et qui
était magnifique, lui avait aussi été donné par ce monarque
à la même occasion. Une chose remarquable dans cette cérémonie, c'est que les acclamations et les regards de la
foule, et même ceux des spectateurs plus distingués qui
encombraient les fenêtres de la rue Dauphine et du quai
Voltaire, ne s'adressaient qu'au Premier Consul et aux
jeunes guerriers de son brillant état-major, encore tout
noircis par le soleil des Pyramides. Au premier rang marchaient les généraux Lannes et Murat : le premier, facile à
reconnaitre à l'audace de son air et de ses manières toutes
militaires ; le second, aux mêmes qualités et à une élégance
plus recherchée dans son costume et ses armes. Son titre
nouveau de beau-frère du Premier Consul contribuait aussi
à fixer sur lui l'attention universelle.

« A son arrivée aux Tuileries, le Premier Consul s'installa dans l'appartement qu'il a occupé depuis et qui faisait partie des anciens appartements royaux. Ce logement
se composait d'une chambre à coucher, d'une salle de bain,
d'un cabinet et d'un salon dans lequel il donnait audience
le matin ; d'un second salon où se tenaient ses aides de
camp de service et qui lui servait de salle à manger, et
d'une vaste antichambre. Mme Bonaparte avait ses appar-

(1) Cambacérès et Lebrun.

tements à part au rez-de-chaussée, les mêmes aussi qu'elle a occupés comme Impératrice. Au-dessus du corps de logis habité par le Premier Consul, était le logement de **M.** de Bourrienne, son secrétaire, d'où il communiquait avec les appartements du Premier Consul par un escalier dérobé.

« Il n'y avait point encore de Cour : l'étiquette était des plus simples. On ne voyait encore ni grand maréchal, ni chambellans, ni préfets du palais, ni dames d'honneur, ni dames d'annonces, ni dames d'atours, ni pages. La maison du Premier Consul se composait seulement de M. Pfister, intendant de la maison ; de **MM.** Vénard, chef de cuisine ; Caillot, Dauger, chefs d'emploi ; Colin chef d'office. **M.** Ripeau était bibliothécaire ; **M.** Vigogne père, écuyer. Les personnes attachées au service particulier étaient **M.** Hambart (1), premier valet de chambre ; Hébert valet de chambre

---

(1) Hambart avait un dévouement absolu pour le Premier Consul, qu'il avait suivi en Egypte. Malheureusement il avait un caractère sombre et misanthropique qui le rendait extrêmement maussade et désagréable. La faveur dont jouissait Roustan (le mameluck) n'avait pas peu contribué à augmenter cette noire disposition. Il s'imaginait être l'objet d'une surveillance toute particulière. Il s'enfermait dans sa chambre une fois son service fini, et passait dans la plus triste solitude son temps de loisir. Le Premier Consul, lorsqu'il était de bonne humeur, le plaisantait de cette sauvagerie, et l'appelait en riant *mademoiselle* Hambart. — « Eh bien, Mademoiselle, que « faites-vous donc ainsi toute seule dans votre chambre ? Vous lisez « sans doute quelque mauvais roman, quelques vieux bouquins, « traitant de princesses enlevées, *et tenues en surveillance* par un « géant barbare ? » A quoi le pauvre Hambart répondait d'un air morose : « — Mon général, vous savez sans doute mieux que moi ce « que je fais, » faisant allusion à l'espionnage dont il se croyait sans cesse entouré. En dépit de ce malheureux caractère, le Premier Consul avait beaucoup de bonté pour lui.   (Note de Constant.)

ordinaire, et Roustan, mameluck du Premier Consul. Il y avait, de plus, une quinzaine de personnes pour remplir les emplois subalternes. M. de Bourrienne dirigeait tout ce monde et ordonnait les dépenses.

« Quelques jours après cette installation, il y eut au château réception du corps diplomatique. On verra, par les détails que je vais donner, combien était simple alors l'étiquette de ce qu'on appelait déjà *la Cour*.

« A huit heures du soir, les appartements de Mme Bonaparte, situés, comme je viens de le dire, dans la partie du rez-de-chaussée qui regarde le jardin, étaient encombrés de monde. C'était un luxe incroyable de plumes, de diamants, de toilettes éblouissantes. On fut obligé, à cause de la foule, d'ouvrir la chambre à coucher de Mme Bonaparte, car les deux salons étaient si pleins que la circulation devenait impossible. Lorsque, après beaucoup d'embarras et de peine, tout ce monde eut pris place, tant bien que mal, on annonça Mme Bonaparte, qui parut conduite par M. de Talleyrand. Elle avait une robe de mousseline blanche, à manches courtes, un collier de perles au cou et la tête nue; les cheveux en tresse, retenus par un peigne d'écaille, avec une négligence pleine de charme. Ses oreilles durent être agréablement frappées du murmure flatteur qui l'accueillit à son entrée. Jamais elle n'eut, je crois, plus de grâce et de majesté.

« M. de Talleyrand, toujours donnant la main à Mme Bonaparte, eut l'honneur de lui présenter les membres du corps diplomatique les uns après les autres, non point par leurs noms, mais par ceux de leurs cours. Ensuite il fit successivement avec elle le tour des deux salons. La revue du second salon était à moitié faite, lorsque entra, sans se faire annoncer, le Premier Consul, revêtu d'un uniforme extrêmement simple, la taille serrée d'une écharpe tricolore en soie, avec la frange pareille. Il portait un pantalon collant en casimir blanc, des bottes à revers et il avait son chapeau à la main. Cette mise si peu recherchée formait, au milieu de ces habits brodés, surchargés de cordons et de bijoux, que portaient les ambassadeurs étrangers, un contraste aussi imposant pour le moins que la toilette de Mme Bonaparte avec celles des dames invitées.

« Au reste, le jour de la réception de lord Cornwalis, ambassadeur d'Angleterre (1), le Premier Consul déploya la plus grande pompe. — « Il faut, avait-il dit la veille, mon« trer à ces orgueilleux Bretons que nous ne sommes pas « réduits à la besace. » — Le fait est que les Anglais, avant de mettre le pied sur le continent français, s'étaient attendus à ne trouver partout que ruines, disette et misère. On leur avait peint la France entière sous le jour le plus triste et il s'étaient crus au moment de débarquer en Barbarie. Leur surprise fut extrême quand ils virent combien de maux le Premier Consul avait déjà réparés en si peu de temps, et toutes les améliorations qu'il se proposait d'opérer encore. Ils répandirent dans leur pays le bruit de ce qu'ils appe-laient eux-mêmes les prodiges du Premier Consul, et des milliers de leurs compatriotes s'empresssèrent d'en venir juger par leurs propres yeux. Au moment où lord Cornwalis entra dans la grande salle des ambassadeurs avec les personnes de sa suite, tous ces Anglais durent être frappés de l'aspect du Premier Consul, entouré de ses deux collègues, de tout le corps diplomatique et d'une Cour militaire brillante. Au milieu de tous ces riches uniformes, le sien était remar-

(1) Envoyé à Paris après la aix d'Amiens.

quable par sa simplicité ; mais le diamant *le Régent*, qui avait été mis en gage sous le Directoire, et depuis quelques jours dégagé par le Premier Consul, étincelait à la garde de son épée. »

. . . .

C'est pendant un voyage qu'il fit cette même année (1801) en Normandie que le Premier Consul, après s'être arrêté à Ivry, et avoir visité le champ de bataille, avait ordonné le rétablissement de la colonne qui, avant la révolution, avait été érigée à Henri IV, en souvenir de la victoire remportée sur les ligueurs.

« Il dit en arrivant (1) : *Honneur à la mémoire du meil-* « *leur Français qui se soit assis sur le trône de France !* »

Voici les inscriptions qui furent gravées par son ordre sur cette colonne :

« *Napoléon Bonaparte, Premier Consul, à la mémoire* « *de Henri IV victorieux des ennemis de l'État, aux* « *champs d'Ivry, le 14 mars 1590.* »

« *L'an XI de la République française, le 7 brumaire,* « *Napoléon Bonaparte, Premier Consul, a ordonné la* « *réédification du monument destiné à consacrer le sou-* « *venir de Henri IV et de la victoire d'Ivry.* »

« *Les malheurs éprouvés par la France, à l'époque de la* « *bataille d'Ivry, étaient le résultat de l'appel fait par les* « *différents partis français aux nations espagnole et an-*

______

(1) Constant, t. 1er, p. 135.

(2) Sous la Restauration, ces inscriptions furent effacées et remplacées par celle-ci : *C'est ici le lieu où se tint Henri IV le jour de la bataille d'Ivry, le 14 mars 1590*

« *glaise. Toute famille, tout parti qui appelle les puis-*
« *sances étrangères à son secours, a mérité et méritera,*
« *jusque dans la postérité la plus reculée, la malédiction*
« *du peuple français (1).* »

C'est ici le lieu de rappeler la note écrite par le Premier Consul en marge d'une délibération du conseil municipal d'Orléans, portant qu'il serait érigé un monument en l'honneur de Jeanne d'Arc :

« Cette délibération m'est très-agréable. L'illustre Jeanne d'Arc a prouvé qu'il n'est pas de miracles que le génie français ne puisse produire dans les circonstances où l'indépendance nationale est menacée.

« Unie, la nation française n'a jamais été vaincue; mais nos voisins, abusant de la franchise et de la loyauté de notre caractère, semèrent constamment parmi nous ces dissensions, d'où naquirent les calamités de cette époque et tous les désastres que rappelle notre histoire. »

(1) NAPOLÉON, Recueil par ordre chronologique de ses lettres, proclamations, discours, etc. — 1er vol., p. 414. Firmin Didot.

V.

L'EMPIRE.

(1804.)

————◦————

PROCLAMATION DE L'EMPIRE. — LE COURONNEMENT. —
DISTRIBUTION DES AIGLES ET DES CROIX.

L'Empereur Napoléon fut proclamé Empereur des Français le 19 mai 1804 par le Sénat conservateur.

« De tous côtés, dit le duc de Rovigo dans ses *Mémoires*, on était effrayé à la seule pensée de voir périr le Premier Consul, et on s'occupa sérieusement à remédier à ce que cette forme de gouvernement présentait d'inquiétant pour nous et d'encourageant pour nos ennemis. Après avoir bien cherché et feuilleté dans les histoires de toutes les révolutions, on revint à la forme du Gouvernement monarchique, qui fixait l'hérédité, assurait sans secousse la succession au pouvoir, et détruisait au moins cette partie des espérances de nos ennemis. Ces idées prirent racine avec une promptitude étonnante : cela s'étendit en un instant jusqu'aux plus petites communes. »

Déjà le Sénat avait exprimé le vœu du rétablissement d'un pouvoir héréditaire. Il avait présenté au Premier Consul une adresse rédigée en ce sens. Quelque temps après, le Premier Consul lui avait répondu ainsi :

« Votre adresse a été l'objet de mes méditations les plus constantes. Vous avez jugé l'hérédité de la suprême magistrature nécessaire pour mettre le peuple français à l'abri des complots de nos ennemis et des agitations qui naîtraient d'ambitions rivales. Plusieurs de nos institutions vous ont en même temps paru devoir être perfectionnées pour assurer sans retour le triomphe de l'égalité et de la liberté publique, et offrir à la nation et au Gouvernement la double garantie dont ils ont besoin.

« Nous avons été constamment guidés par cette grande vérité que la souveraineté réside dans le peuple français, en ce sens que tout, tout sans exception, doit être fait pour son intérêt, pour son bonheur et pour sa gloire. C'est afin d'atteindre ce but, que la suprême magistrature, le Sénat, le Conseil d'Etat, le corps législatif, les colléges électoraux et les diverses branches de l'Administration sont et doivent être institués.

« A mesure que j'ai arrêté mon attention sur ces grands objets, je me suis convaincu davantage de la vérité des sentiments que je vous ai exprimés, et j'ai senti de plus en plus que, dans une circonstance aussi nouvelle qu'importante, les conseils de votre sagesse et de votre expérience m'étaient nécessaires pour fixer toutes mes idées.

« Je vous invite donc à me faire connaître votre pensée tout entière.

« Le peuple français n'a rien à ajouter aux honneurs et à la gloire dont il m'a environné; mais le devoir le plus sacré pour moi, comme le plus cher à mon cœur, est d'assurer à ses enfants les avantages acquis par cette révolution qui lui a tant coûté, surtout par le sacrifice de ce million de braves morts pour la défense de ses droits.

« Je désire que nous puissions dire, le 14 juillet de cette année : — « Il y a quinze ans, par un mouvement spon-
« tané, vous courûtes aux armes ; vous acquîtes la liberté,
« l'égalité et la gloire. Aujourd'hui ces premiers biens des
« nations, assurés sans retour, sont à l'abri de toutes les
« tempêtes. Ils seront conservés à vous et à vos enfants.
« Des institutions conçues et commencées au milieu des
« orages de la guerre interieure et extérieure, développées
« avec constance, viennent se terminer, au bruit des atten-
« tats et des complots de nos plus mortels ennemis, par
« l'adoption de tout ce que l'expérience des siècles et des
« peuples à démontré propre à garantir les droits que la
« nation avait jugés nécessaires à sa dignité, à sa liberté et
« à son bonheur. »

Le Sénat, sur cette réponse, se réunit et déféra par un sénatus-consulte la dignité impériale au Premier Consul en la rendant héréditaire dans sa famille. Le soir même (1), les Sénateurs, ayant à leur tête le second Consul Camba-cérès, vinrent présenter ce décret à l'Empereur, qui était alors au Palais de Saint-Cloud. Cambacérès prononça le discours suivant :

« Sire, le décret que le Sénat vient de rendre, et qu'il
« s'empresse de présenter à Votre Majesté Impériale, n'est
« que l'expression authentique d'une volonté déjà manifes-
« tée par la nation.

« Ce décret, qui vous défère un nouveau titre, et qui,
« après vous, en assure l'hérédité à votre race, n'ajoute
« rien à votre gloire ni à vos droits.

« L'amour et la reconnaissance du peuple français ont,

(1) 19 mai 1804.

« depuis quatre années, confié à Votre Majesté les rênes du
« Gouvernement, et les constitutions de l'État se reposaient
« déjà sur vous du choix d'un successeur.

« La dénomination peu importante qui vous est donnée
« n'est donc qu'un tribut que la nation paye à sa propre di-
« gnité et au besoin qu'elle sent de vous donner chaque
« jour des témoignages d'un respect et d'un attachement
« que chaque jour voit augmenter.

« Eh ! comment le peuple français pourrait-il trouver des
« bornes à sa reconnaissance, lorsque vous n'en mettez au-
« cune à vos soins et à votre sollicitude pour lui?

« Comment pourrait-il, conservant le souvenir des maux
« qu'il a soufferts quand il fut livré à lui-même, penser sans
« enthousiasme au bonheur qu'il éprouve depuis que la
« Providence lui a inspiré de se jeter dans vos bras ?

« Les armées étaient vaincues, les finances en désordre,
« le crédit public anéanti ; les factions se disputaient les
« restes de notre antique splendeur ; les idées de religion
« et même de morale s'étaient obscurcies ; l'habitude de
« donner et de reprendre le pouvoir laissait les magistrats
« sans considération et même avait rendu odieuse toute es-
« pèce d'autorité.

« Votre Majesté a paru ; elle a rappelé la victoire sous
« nos drapeaux ; elle a établi la règle et l'économie dans les
« dépenses publiques ; la nation, rassurée par l'usage que
« vous en avez su faire, a repris confiance dans ses propres
« ressources. Votre sagesse a calmé la fureur des partis ; la
« religion a pu relever ses autels ; les notions du juste et
« de l'injuste se sont réveillées dans l'âme des citoyens
« quand on a vu la peine suivre le crime et d'honorables
« distinctions récompenser et signaler les vertus.

« Enfin, et c'est là sans doute le plus grand des miracles
« opérés par votre génie, ce peuple que l'effervescence ci-
« vile avait rendu indocile à toute contrainte, ennemi de
« toute autorité, vous avez su lui faire chérir et respecter
« un pouvoir qui ne s'exerçait que pour sa gloire et son
« repos.

« Le peuple français ne prétend point s'ériger en juge des
« constitutions des autres États.

« Il n'a point de critiques à faire, point d'exemples à
« suivre ; l'expérience devient désormais sa leçon.

« Il a, pendant des siècles, goûté les avantages attachés
« l'hérédité du pouvoir ; il a fait une épreuve courte mais
« pénible du système contraire ; il rentre par l'effet d'une
« delibération libre et réfléchie dans un sentier conforme à
« son génie.

« Il use librement de ses droits pour déléguer à Votre Ma-
« jesté Impériale une puissance que son intérêt lui défend
« d'exercer par lui-même.

« Il stipule pour les générations à venir et, par un acte
« solennel, il confie le bonheur de ses neveux à des reje-
« tons de votre race.

« Ceux-ci imiteront vos vertus ; ceux-là hériteront de
« notre amour et de notre fidélité.

« Heureuse la nation qui, après tant de troubles et d'in-
« certitudes, trouve dans son sein un homme digne d'apai-
« ser la tempête des passions, de concilier tous les intérêts
« et de réunir toutes les voix !

« Heureux le Prince qui tient son pouvoir de la volonté,
« de la confiance et de l'affection des citoyens !

« S'il est dans les principes de notre constitution, et déjà
« plusieurs exemples semblables ont été donnés, de sou-

« mettre à la sanction du peuple la partie du décret qui
« concerne l'établissement d'un Gouvernement héréditaire,
« le Sénat a pensé qu'il devait supplier Votre Majesté Im-
« périale d'agréer que les dispositions organiques reçussent
« immédiatement leur exécution, et pour la gloire comme
« pour le bonheur de la République, il proclame à l'instant
« même Napoléon EMPEREUR DES FRANÇAIS (1). »

L'Empereur répondit :

« Tout ce qui peut contribuer au bien de la patrie est es-
« sentiellement lié à mon bonheur.

« J'accepte ce titre que vous croyez utile à la gloire de la
« nation.

(1) La proclamation officielle n'eut lieu que le 1er décembre 1804.
L'Empereur parla ainsi :

« Je monte au trône où m'ont appelé les vœux unanimes du Sénat,
« du peuple et de l'armée, le cœur plein du sentiment des grandes
« destinées de ce peuple que, du milieu des camps, j'ai le premier
« salué du nom de grand.

« Depuis mon adolescence, mes pensées tout entières lui sont dévo-
« lues ; et, je dois le dire ici, mes plaisirs et mes peines ne se composent
« plus aujourd'hui que du bonheur ou du malheur de mon peuple.

« Mes descendants conserveront longtemps ce trône, le premier de
« l'univers.

« Dans les camps, ils seront les premiers soldats de l'armée, sacri-
« fiant leur vie pour la défense du pays.

« Magistrats, ils ne perdront jamais de vue que le mépris des lois
« et l'ébranlement de l'ordre social ne sont jamais que le résultat
« de la faiblesse et de l'incertitude des princes.

« Vous, Sénateurs, dont les conseils et l'appui ne m'ont jamais
« manqué dans les circonstances les plus difficiles, soyez toujours les
« soutiens et les premiers conseillers de ce trône, si nécessaire au
« bonheur de ce vaste empire. »

« Je soumets à la sanction du peuple la loi de l'héré-
« dité (1).

« J'espère que la France ne se repentira jamais des hon-
« neurs dont elle environne ma famille.

« Dans tous les cas, mon esprit ne sera plus avec ma
« postérité le jour où elle cessera de mériter la confiance
« de la grande nation. »

« — Le premier acte de l'Empereur, dit M. de Bourrienne (2), le jour même de son élévation au trône impérial, fut la nomination de Joseph à la dignité de grand
électeur avec le titre d'Altesse Impériale ; de Louis à la
dignité de connétable avec le même titre, et enfin de Cambacérès et de Lebrun aux dignités d'archi-chancelier et
d'archi-trésorier de l'Empire.

« Le même jour (3), il paya un noble tribut à l'armée en
conférant le titre de maréchal de l'Empire aux généraux
qui devaient leur illustration à des victoires. C'étaient
Alexandre Berthier, Murat, Moncey, Jourdan, Masséna,
Augereau, Bernadotte, Soult, Brune, Lannes, Mortier, Ney,
Davoust, Bessières, Kellermann, Lefebvre, Pérignon et
Serrurier. »

Voici de quelle manière Constant, le valet de chambre de
l'Empereur, raconte ces événements :

« Depuis longtemps (4) l'armée et le plus grand nombre
des citoyens qui idolâtraient le héros de l'Italie et de l'Égypte,

---

(1) Des registres furent ouverts dans toutes les communes de France.
Le relevé des votes donna 3,572,329 voix pour l'Empire, et 2,569
contre.

(2) T. vi, p. 73.

(3) Norvins, p. 130. Édit. in-4°.

(4) T. ier, p. 229.

manifestaient tout haut leur désir de lui voir porter un titre digne de sa renommée et de la grandeur de la France. On savait d'ailleurs que c'était lui qui faisait tout dans l'État et que ses prétendus collègues n'étaient réellement que ses inférieurs. On trouvait donc juste qu'il devînt chef suprême de nom puisqu'il l'était de fait. J'ai bien souvent depuis sa chute entendu appeler Sa Majesté du nom d'usurpateur, et cela n'a jamais produit sur moi d'autre effet que de me faire rire de pitié (1). Si l'Empereur a usurpé le trône, il a eu plus de complices que tous les tyrans de tragédie et de mélodrame, car c'étaient les trois quarts des Français. On sait que ce fut le 18 mai que l'Empire fut proclamé, et que le Premier Consul (que j'appellerai dorénavant l'Empereur) reçut à Saint-Cloud le Sénat. Ce fut de sa bouche que l'Empereur s'entendit pour la première fois appeler SIRE. Au sortir de cette audience, le Sénat alla présenter ses hommages à l'Impératrice Joséphine. Le reste de la journée se passa en réceptions, présentations, félicitations, etc., etc. Tout le monde était ivre de joie dans le château et se faisait l'effet d'être monté subitement en grade. On s'embrassait, on se complimentait, on se faisait mutuellement part de ses espérances et de ses plans pour l'avenir; il n'y avait si mince subalterne qui ne fût saisi d'ambition; en un mot l'antichambre, sauf la différence des personnages, offrait la répétition exacte de ce qui se passait dans le salon.

« Rien n'était plus plaisant que l'embarras de tout le service lorsqu'il s'agissait de répondre aux interrogations de

(1) L'Empereur disait qu'il ne savait pas pourquoi on l'appelait usurpateur; qu'il n'avait pris la couronne à personne; *qu'elle était tombée dans le ruisseau et qu'il l'avait ramassée.*

Sa Majesté. On commençait par se tromper, puis on se reprenait pour dire plus mal encore ; on répétait dix fois en une minute : *Sire, Général, Votre Majesté, Citoyen Premier Consul.* Le lendemain, en entrant comme de coutume dans la chambre de l'Empereur, à ses questions ordinaires : *Quelle heure est-il ? Quel temps fait-il ?* je répondis : — « Sire, sept heures, beau temps. » M'étant approché de son lit, il me tira l'oreille et me frappa sur la joue en m'appelant : *Monsieur le drôle !* C'était son mot de prédilection lorsqu'il était plus particulièrement content de mon service. Sa Majesté avait veillé et travaillé fort avant dans la nuit. Je lui trouvai l'air sérieux et occupé, mais satisfait.

« Ce même jour, Sa Majesté alla tenir son premier grand lever aux Tuileries, où toutes les autorités civiles et militaires lui furent présentées. Les frères et sœurs de l'Empereur furent faits princes et princesses. Dix-huit généraux furent élevés à la dignité de maréchaux de l'Empire. Dès ce premier jour, tout prit autour de Leurs Majestés un air de cour et de puissance royale. On a beaucoup parlé de la maladresse de leurs premiers courtisans, très peu habitués au service que leur imposaient leurs nouvelles charges et aux cérémonies de l'étiquette, mais on a beaucoup exagéré là-dessus. Il y eut bien dans le commencement quelque chose de cet embarras ; mais cela dura fort peu, et MM. les chambellans et les grands officiers se façonnèrent fort bien et fort vite à leurs emplois. D'ailleurs, il se présenta pour leur donner des leçons une nuée d'hommes de l'ancienne cour qui avaient obtenu de la bonté de l'Empereur d'être rayés de la liste des émigrés, et qui sollicitèrent ardemment pour eux et pour leurs femmes les charges de la naissante cour impériale. »

La première des grandes cérémonies qui ont marqué l'époque impériale fut celle de la distribution de croix de la Légion d'honneur à l'église des Invalides. Cette cérémonie eut lieu le 14 juillet 1804. Il y avait plusieurs mois que l'Ordre était institué, mais personne n'en avait encore été décoré.

« C'était la première fois, dit Constant (1), que Leurs Majestés se montraient au peuple dans tout l'appareil de leur puissance. Le cortége traversa la grande allée des Tuileries pour se rendre à l'Hôtel des Invalides, dans l'église, qui, changée pendant la Révolution en *Temple de Mars*, avait été rendue par l'Empereur au culte catholique, et devait servir pour la magnifique cérémonie de ce jour. C'était aussi la première fois que l'Empereur usait du privilége de passer en voiture dans le jardin des Tuileries. Son cortége était superbe ; celui de l'Impératrice Joséphine n'était pas moins brillant. L'ivresse du peuple était au comble et ne pouvait s'exprimer. Je m'étais, par l'ordre de l'Empereur, mêlé dans la foule pour observer dans quel esprit elle prendrait part à la fête. Je n'entendis pas un murmure, tant était grand, quoi qu'on en ait pu dire depuis, l'enthousiasme de toutes les classes pour Sa Majesté. L'Empereur et l'Impératrice furent reçus à la porte de l'Hôtel des Invalides par le gouverneur et par M. le comte de Ségur, grand-maître des cérémonies, et à l'entrée de l'église par M. le cardinal Du Belloy, à la tête d'un nombreux clergé. Après la messe, M. de Lacépède, grand chancelier de la Légion d'honneur, prononça un discours qui fut suivi de l'appel des grands officiers de la Légion. Alors l'Empereur s'assit et se couvrit,

(1) T. 1er, p. 233.

prononça d'une voix forte la formule du serment, à la fin de laquelle tous les légionnaires s'écrièrent : *Je le jure !* et aussitôt des cris mille fois répétés dè *Vive l'Empereur !* se firent entendre dans l'église et au dehors. Une circonstance singulière ajouta encore à l'intérêt qu'excitait la cérémonie. Pendant que les chevaliers du nouvel ordre paraissaient l'un après l'autre devant l'Empereur qui les recevait, un homme du peuple, vêtu d'une veste ronde, vint se placer sur les marches du trône. Sa Majesté parut un peu étonnée et s'arrêta un instant. On interrogea cet homme qui montra son brevet. Aussitôt l'Empereur le fit approcher avec empressement et lui donna la décoration avec une vive accolade. Le cortége suivit au retour le même chemin, passant encore par le jardin des Tuileries. »

M. de Bourrienne rapporte la formule du serment prononcé par les légionnaires.

« La messe ayant été entendue, dit-il (1), M. de Lacépède, grand chancelier de la Légion d'honneur, après avoir prononcé un discours, fit l'appel des grands officiers de la Légion. Napoléon alors se couvrit comme le faisaient les anciens rois de France lorsqu'ils tenaient des lits de justice. Un silence profond, une sorte de culte religieux régna dans l'assemblée.

« — Commandants, officiers, légionnaires, citoyens, soldats, dit-il d'une voix élevée, vous jurez sur votre honneur de vous dévouer au service de l'Empire et à la conservation de son territoire et de son intégrité ; à la défense de l'Empereur, des lois de la République et des propriétés qu'elles ont consacrées ; de combattre par tous les moyens que la

(1) T. vi, p 156.

justice, la raison et les lois autorisent, toute entreprise qui tendrait à rétablir le régime féodal; enfin vous jurez de concourir de tout votre pouvoir au maintien de la liberté et de l'égalité, base première de nos institutions! Vous le jurez?

« Tous les membres de la Légion d'honneur s'écrièrent, *Je le jure!* et ajoutèrent à cette exclamation celle de *Vive l'Empereur!* avec un enthousiasme impossible à décrire et auquel se joignirent tous les assistants. »

Quelques jours après, les croix furent distribuées à l'armée réunie au camp de Boulogne pour l'expédition d'Angleterre.

« En effet, dit le duc de Rovigo (1), Napoléon s'occupait moins de tous ces honneurs nouveaux que de la continuation de son opération de Boulogne, à laquelle il travaillait le matin, le soir et la nuit; mais comme cette tête inconcevable trouvait du temps pour tout, cela ne s'apercevait pas. »

Trois jours après cette cérémonie (2), il quitta Paris pour visiter le camp de Boulogne. Il avait annoncé qu'il irait distribuer les décorations à l'armée.

(3) « Il partit de Saint-Cloud pour aller visiter ces camps redoutables qui menaçaient l'Angleterre. Il voulait montrer à l'armée son nouvel Empereur, et, en l'appelant tout entière au serment et à la récompense des braves, éterniser le souvenir de ce voyage.

« En creusant la terre pour établir la baraque de l'Empereur, on découvrit les traces d'un camp romain et des

(1) T. ii, p. 108.
(2) Celle des Invalides.
(3) Norvins, p. 131.

médailles de Guillaume le Conquérant. Une sorte de merveilleux s'attachait partout où il paraissait. L'imposante cérémonie qui se préparait fut fixée au 15 août, jour de sa fête.

« Cent mille hommes, sous les ordres du maréchal Soult, étaient réunis dans les camps de Boulogne et de Montreuil pour assister à la solennité. A la droite du port, la nature a tracé un vaste amphithéâtre faisant face à la mer. Au milieu s'élevait un tertre dans le goût antique, tel que chez les Romains on en dressait aux Césars quand ils voulaient haranguer l'armée. Ce tertre était entouré d'étendards et de drapeaux surmontés d'aigles d'or. Au centre, le trône de l'Empereur était adossé à un trophée d'armes composé de tous les drapeaux conquis dans les batailles de Lodi, d'Arcole, de Rivoli, des Pyramides, d'Aboukir et de Marengo. Une immense couronne de lauriers, sur laquelle s'agitaient les queues pourprées des guidons des beys d'Égypte, surmontait ce brillant trophée. Lorsque Napoléon parut deux mille tambours battirent aux champs; à leur roulement succéda bientôt un profond silence. Entouré de ses frères et de ses grands officiers, Napoléon prononça le serment de l'Ordre, qui fut répété avec enthousiasme.

« Après le serment, les décorations, placées dans le casque de Du Guesclin, furent distribuées aux légionnaires. En ce même moment, par une heureuse coïncidence, le capitaine de vaisseau Daugier pénétrait dans le port de Boulogne avec une division du Hâvre, forte de quarante-sept voiles, au bruit des acclamations de la terre. De nombreuses distributions aux troupes, des danses, des chants guerriers, prolongèrent dans la nuit la fête militaire. Un beau feu d'artifice attira tout à coup les regards de la croisière anglaise ; le plateau du camp de gauche, où quinze mille hommes en bataille exécutèrent un feu de file avec des cartouches à étoiles. Le même jour, on célébrait la fête de l'Empereur à Cherbourg par l'inauguration de la batterie *Napoléon*, et à Anvers par celle de l'*Arsenal maritime*. Ce vaste port de construction comptait à peine une année d'établissement, et déjà trois vaisseaux de ligne et une frégate allaient sortir de ses chantiers (1). »

La croix de la Légion remplaçait, comme on sait, les armes d'honneur données aux soldats qui s'étaient distingués par

(1) Nous devons donner aussi le récit très-intéressant que Constant a fait de la cérémonie qui eut lieu à Boulogne pour la distribution des croix de la Légion d'honneur (t. 1er, p. 263).

« A six heures du matin, plus de quatre-vingt mille hommes sor-
« tirent des quatre camps et s'avancèrent par divisions, tambours et mu-
« sique en tête, vers la plaine du Moulin-Habert, située sur la falaise
« au delà du camp de droite. Dans cette plaine, le dos tourné à la
« mer, se trouvait dressé un échafaudage élevé de quinze pieds en-
« viron au-dessus du sol. On y montait par trois escaliers, un au mi-
« lieu et deux latéraux, tous trois couverts de tapis superbes. Sur
« cet amphithéâtre, d'environ quarante pieds carrés, s'élevaient trois
« estrades. Celle du milieu supportait le fauteuil de l'Empereur, dé-
« coré de trophées et de drapeaux; l'estrade de gauche était couverte
« de siéges pour les frères de l'Empereur et pour les grands dignitaires;
« celle de droite supportait un trépied de forme antique, portant un
« casque. C'était le casque de Du Guesclin, rempli de croix et de ru-
« bans. A côté du trépied, on avait mis un siége pour l'archi-chancelier.
« A trois cents pas environ du trône, le terrain s'élevait en pente
« douce et presque circulairement. C'était sur cette pente que les
« troupes se rangèrent en amphithéâtre. A la droite du trône, sur une
« éminence, étaient jetées soixante ou quatre-vingts tentes faites avec
« les pavillons de l'armée navale. Ces tentes, destinées aux dames de la
« ville, faisaient un effet charmant; elles étaient assez éloignées du

quelque acte de bravoure. Constant donne des détails fort piquants sur la manière dont la distribution de ces armes d'honneur fut faite plusieurs fois par Napoléon, qui n'était alors que Premier Consul.

« trône pour que les spectateurs qui les remplissaient fussent obligés
« de se servir de lorgnettes. Entre ces tentes et le trône, était une par-
« tie de la garde impériale à cheval, rangée en bataille.

« Le temps était magnifique; il n'y avait pas un nuage au ciel; la
« croisière anglaise avait disparu, et sur la mer on ne voyait que la
« ligne d'embossage superbement pavoisée.

« A dix heures du matin, une salve d'artillerie annonça le départ
« de l'Empereur. Sa Majesté partit de sa baraque, entourée de plus
« de quatre-vingts généraux et de deux cents aides de camp; toute
« sa maison la suivait. L'Empereur était vêtu de l'uniforme de colonel
« général de la garde à pied. Il arriva au galop jusqu'au pied du
« trône, au milieu des acclamations universelles et du plus épouvan-
« table vacarme que puissent faire tambours, trompettes, canons, bat-
« tant, sonnant, tonnant tout ensemble.

« Sa Majesté monta sur son trône, suivie de ses frères et des grands
« dignitaires. Quand elle se fut assise, tout le monde prit place, et la
« distribution des croix commença de la manière suivante : Un aide de
« camp de l'Empereur appelait les militaires désignés, qui venaient un
« à un, s'arrêtaient au pied du trône, saluaient et montaient l'escalier
« de droite. Ils étaient reçus par l'archi-chancelier, qui leur délivrait
« leur brevet. Deux pages, placés entre le trépied et l'Empereur, pre-
« naient la décoration dans le casque de Du Guesclin et la remettaient
« à Sa Majesté, qui l'attachait elle-même sur la poitrine du brave. A
« cet instant, plus de huit cents tambours battaient un roulement, et
« lorsque le soldat décoré descendait du trône par l'escalier de gau-
« che, en passant devant le brillant état-major de l'Empereur, des fan-
« fares exécutées par plus de douze cents musiciens signalaient le
« retour du légionnaire à sa compagnie. Il est inutile de dire que le
« cri de : *Vive l'Empereur!* était répété deux fois à chaque décoration.

« La distribution, commencée à dix heures, fut terminée à trois
« heures environ. Alors, on vit les aides de camp parcourir les divi-

« Lorsque le Premier Consul (1), faisait quelques distribution d'armes d'honneur, il y avait aux Tuileries un banquet auquel étaient admis indistinctement, quels que fussent leurs grades, tous ceux qui avaient une part à ces récompenses. A ces dîners, qui se donnaient dans la grande galerie du château, il y avait quelquefois deux cents convives. C'était le général Duroc qui était le maître des cérémonies, et le Premier Consul avait soin de lui recommander d'entremêler les simples soldats, les colonels, les généraux....... Ce sont les repas les plus longs que j'aie vu faire à l'Empereur ; il y était d'une amabilité, d'un laisser-

« sions ; une salve d'artillerie se fit entendre, et quatre-vingt mille
« hommes s'avancèrent en colonnes serrées jusqu'à la distance de
« vingt-cinq ou trente pas du trône. Le silence le plus profond suc-
« céda au bruit des tambours, et l'Empereur ayant donné ses ordres,
« les troupes manœuvrèrent une heure environ. Ensuite, chaque divi-
« sion défila devant le trône pour rentrer au camp, chaque chef incli-
« nant en passant la pointe de son épée. On remarqua le prince Joseph,
« tout nouvellement nommé colonel du 4e régiment de ligne, lequel
« fit en passant à son frère un salut plus gracieux que militaire.
« L'Empereur renfonça d'un froncement de sourcils les observations
« tant soit peu critiques que ses anciens compagnons d'armes sem-
« blaient prêts à se permettre à ce sujet. Sauf ce petit mouvement,
« jamais le visage de Sa Majesté n'avait paru plus radieux.

« Au moment où les troupes défilaient, le vent, qui depuis deux
« ou trois heures soufflait avec violence, devint terrible. Un officier
« d'ordonnance accourut dire à Sa Majesté que quatre ou cinq ca-
« nonnières venaient de faire côte. Aussitôt l'Empereur quitta la plaine
« au galop, suivi de quelques maréchaux, et alla se poster sur la plage.
« L'équipage des canonnières fut sauvé, et l'Empereur retourna au
« pont de briques.

« Cette grande armée ne put regagner ses cantonnements avant huit
« heures du soir »

(1) T. Ier, p. 160.

aller parfaits; il faisait tous ses efforts pour mettre ses convives à leur aise; mais, pour un grand nombre d'entre eux,
il avait bien de la peine à y parvenir. Rien n'était plus drôle
que de voir ces bons *troupiers* se tenant à deux pieds de la
table, n'osant approcher ni de leur pain ni de leur assiette,
rouges jusqu'aux oreilles et le cou tendu du côté de leur
général comme pour recevoir le mot d'ordre. Le Premier
Consul leur faisait raconter le haut fait qui leur valait la récompense et riait quelquefois aux éclats de leurs singulières
narrations. Il les engageait à bien manger, buvant quelquefois à leur santé; mais pour quelques-uns les encouragements échouaient contre leur timidité, et les valets de pied
leur enlevaient successivement leurs assiettes sans qu'ils
y eussent touché. Cette contrainte ne les empêchait pas
d'être pleins de joie et d'enthousiasme en quittant la table.
« Au revoir, mes braves, leur disait le Premier Consul;
« baptisez-moi bien vite ces nouveaux-nés-là (montrant du
« doigt leurs sabres d'honneur). » Dieu sait s'ils s'y épar-
gnaient! »

C'est à cette époque que Napoléon institua l'ordre de la
Légion d'honneur. Il a expliqué quel avait été son but
en créant cet ordre. Il disait que l'artiste qui ajoute à la
gloire de la patrie par ses chefs-d'œuvre lui rend les
mêmes services que le manufacturier qui augmente sa richesse ou le soldat qui la défend de son épée, et que tous
ces mérites étant égaux, il ne doit y avoir nulle différence
dans les récompenses.

« Sur la Légion d'honneur (1), il dit, entre autres choses,
que la diversité des ordres de chevalerie et leur spécialité

(1) *Mémorial*, t. III, p. 279.

de récompense consacraient les castes, tandis que l'unique décoration de la Légion d'honneur, avec l'universalité de son application, était au contraire le type de l'*égalité*. L'une entretenait l'éloignement parmi les classes, tandis que l'autre devait amener la cohésion des citoyens, et son influence, ses résultats dans la grande famille pourraient devenir incalculables. C'était le centre commun, le moteur universel de toutes les ambitions diverses, la récompense et l'aiguillon de tous les efforts généreux.

« Notre éducation et nos mœurs passées, ajoutait-il, nous faisaient bien plus vaniteux que forts penseurs. Aussi bien des officiers se trouvaient-ils choqués de voir leur même décoration descendre jusqu'aux tambours, et embrasser également le juge, l'écrivain et l'artiste. Mais ce travers se fût passé. Nous marchions vite, et bientôt les militaires se seraient trouvés honorés de se voir en confraternité avec les premiers savants et les plus distingués de toutes les professions, tandis que ceux-ci se seraient sentis honorés, ennoblis, de se trouver en ligne avec ce qu'il y avait de plus vaillant, et l'ensemble eût composé vraiment la réunion de tout ce qu'il y avait de *plus honorable dans l'État* (1). »

La suite a prouvé combien les prévisions de l'Empereur étaient justes.

« Par un privilége exclusif peut-être en la personne de Napoléon, dit **M. de Las Cases** (2), plus il accorda de croix de la Légion d'honneur, et plus elles acquirent de valeur. J'estime à vingt-cinq mille peut-être le nombre de celles

---

(1) Dans le chapitre sur le Conseil d'État, nous reproduirons la discussion à laquelle donna lieu l'établissement de la Légion d'honneur, et les discours prononcés à cette occasion par le Premier Consul.

(2) *Mémorial*, t. ii, p. 371.

qu'il a distribuées, et le désir de les obtenir allait toujours croissant : c'était devenu une espèce de fureur. Après la la campagne de Wagram, il l'adressa à l'archiduc Charles, et, par un raffinement de galanterie qui n'appartenait qu'à l'Empereur, ce fut la croix d'argent, précisément celle de simple soldat, qu'il lui envoya.

« C'était, disait l'Empereur, la pratique fidèle des maximes qu'on vient de voir qui faisait de lui le m_narque vraiment national, et qui aurait rendu la quatrième dynastie vraiment constitutionnelle. « — Aussi, observait-il souvent, le peuple « du plus bas étage en avait-il l'instinct secret. » Et, à ce sujet, il racontait qu'en revenant de son couronnement d'Italie, et dans les environs de Lyon, la population accourant sur les routes, il lui prit fantaisie de monter seul et à pied la montagne de *Tarare.* Il avait défendu que personne le suivît. Se mêlant à la foule, il accosta une bonne vieille à qui il demanda ce que cela signifiait. Sur quoi, après quelques paroles de politique, il lui dit : « — Mais, la bonne, « autrefois vous aviez le tyran *Capet*, à présent vous avez « le tyran *Napoléon.* Que diable avez-vous gagné à tout « cela? » La force de l'argument, disait Napoléon, déconcerta la vieille femme un moment ; mais cependant elle se remit et lui répondit : « — Pardonnez-moi, Monsieur : « après tout, il y a une grande différence : *Nous avons* « *choisi celui-ci, et nous avions l'autre par hasard.....* » Et la bonne vieille avait raison, ajoutait l'Empereur, elle découvrait là plus d'instinct et de bon sens que bien des gens d'une grande instruction et de beaucoup d'esprit. »

Le moment était venu cependant où l'Empereur, proclamé depuis plus de six mois, allait être couronné. La cérémonie du sacre eut lieu le 2 décembre 1804, à l'église Notre-Dame. On sait que le pape Pie VII s'était rendu en France à cet effet.

« Les approches du Sacre, dit **M.** de Bourrienne (1), répandirent une grande satisfaction dans la classe commerçante des habitants de Paris. L'affluence des étrangers et des habitants de la province y était extrêmement considérable, et le retour vers l'ancien luxe et les anciens usages donnait de l'occupation à de nombreuses classes d'ouvriers qui, sous la Convention et sous le Directoire, n'avaient point trouvé à exercer leur industrie, tels que les selliers, les bijoutiers, les passementiers, les brodeurs et beaucoup d'autres. Longtemps à l'avance, on alla examiner chez l'orfévre Biennais les joyaux de la couronne impériale, tels que le sceptre, la main de justice, et cette couronne même, dont la forme légère et les feuilles d'or rappelaient moins la couronne de France que l'antique couronne des Césars. Le dépôt en fut fait au trésor de la métropole, ainsi que de tous les ornements du sacre, et l'on y déposa aussi, par ordre de Napoléon, les insignes impériaux de Charlemagne qu'il avait rapportés d'Aix-la-Chapelle.

« Le matin de ce grand jour, dit Constant (1), tout le monde au château fut sur pied de très-bonne heure, surtout les personnes attachées au service de la garde-robe. L'Empereur se leva à huit heures. Ce ne fut pas une petite affaire que de faire endosser à Sa Majesté le riche costume qui lui avait été préparé pour la circonstance, et, pendant que je l'habillais, il lui arriva souvent de maudire les bro-

(1) T. vi, p. 234.

deurs, tailleurs et fournisseurs de toute espèce. Voici quel était ce costume : bas de soie brodés en or avec la couronne impériale au-dessus des coins ; brodequins de velours blanc à lacets et brodés en or ; culotte de velours blanc brodée en or sur les coutures avec boutons et boucles en diamants aux jarretières ; la veste aussi de velours blanc brodée en or, boutons en diamants ; l'habit de velours cramoisi avec parements en velours blanc, brodé sur toutes les coutures, fermé par devant jusqu'en bas, étincelant d'or. Le demi-manteau aussi cramoisi, doublé de satin blanc, couvrant l'épaule gauche et rattaché à droite sur la poitrine avec une double agrafe en diamants. Autrefois, en pareille circonstance, c'était le grand chambellan qui passait la chemise. Il paraît que Sa Majesté ne songea point à cette loi de l'étiquette, et ce fut moi simplement qui remplis cet office, comme j'avais coutume de le faire. La chemise était une des chemises ordinaires de Sa Majesté, mais d'une baptiste fort belle ; l'Empereur ne portait que de très-beau linge. Seulement on y avait adapté des manchettes d'une superbe dentelle. La cravate était de la mousseline la plus parfaite, et la collerette en dentelle magnifique ; la toque en velours noir était surmontée de deux aigrettes blanches ; la ganse en diamants, et pour bouton *le Régent*. L'Empereur partit ainsi des Tuileries, et ce ne fut qu'à Notre-Dame qu'il mit sur ses épaules le grand manteau du Sacre. Il était de velours cramoisi parsemé d'abeilles d'or, doublé de satin blanc et d'hermine, et attaché par des torsades en or ; le poids en était d'au moins quatre-vingts livres ; et, quoiqu'il fût soutenu par quatre grands

(1) T. ii, p. 108.

dignitaires, l'Empereur en était écrasé. Aussi, de retour au château, il se débarrassa au plus vite de ce riche et gênant attirail, et, endossant son uniforme de grenadier, il disait sans cesse « — Enfin, je respire ! — » Il était certainement beaucoup plus à son aise un jour de bataille.

« Les joyaux qui servirent au couronnement de S. M. l'Impératrice, et qui consistaient en une couronne, un diadème et une ceinture, sortaient des ateliers de M. Margueritte. La couronne était à huit branches qui se réunissaient sous un globe d'or surmonté d'une croix. Les branches étaient garnies de diamants, quatre en forme de feuilles de palmier et quatre en feuilles de myrte. Autour de la courbure régnait un cordon incrusté de huit émeraudes énormes. Le bandeau qui reposait sur le front étincelait d'améthystes. Le diadème était composé de quatre rangées de perles de la plus belle eau, entrelacées de feuillages en diamants parfaitement assortis et montés avec un art aussi admirable que la richesse de la matière. Sur le front étaient plusieurs gros brillants, dont un seul pesait cent quarante-neuf grains. La ceinture enfin était un ruban d'or enrichi de trente-neuf pierres roses.

« Le sceptre de S. M. l'Empereur avait été confectionné par M. Odiot. Il était d'argent enlacé d'un serpent d'or, et surmonté d'un globe sur lequel on voyait Charlemagne assis. La main de justice et la couronne, ainsi que l'épée, étaient d'un travail exquis. La description en serait trop longue. Elles sortaient des ateliers de M. Biennais.

« A neuf heures du matin, le Pape sortit des Tuileries pour se rendre à Notre-Dame dans une voiture attelée de huit chevaux gris pommelés. Sur l'impériale était une tiare avec tous les attributs de la papauté, en bronze doré. Le premier camérier de Sa Sainteté, monté sur une mule, précédait la voiture, portant la croix en vermeil.

« Il y eut un intervalle d'une heure environ entre l'arrivée du Pape à Notre-Dame et celle de LL. MM. Leur départ se fit à onze heures précises, et fut annoncé par de nombreuses salves d'artillerie. Leurs Majestés étaient dans une voiture tout éclatante d'or et de peintures précieuses, traînée par huit chevaux de couleur isabelle, caparaçonnés avec une richesse extraordinaire. Sur l'impériale on voyait une couronne soutenue par quatre aigles, les ailes déployées. Les panneaux de cette voiture, objet de l'admiration universelle, étaient en glace au lieu d'être en bois, de sorte que le fond ressemblait beaucoup au devant. Cette similitude fut cause que Leurs Majestés, en montant, se trompèrent de côté, et s'assirent sur le devant. Ce fut l'Impératrice qui, la première, s'aperçut de cette méprise, dont elle rit beaucoup, ainsi que l'Empereur.

« Je n'entrerai pas dans la description du cortége, quoique les souvenirs que j'en ai gardés soient encore complets et récents ; mais j'aurais trop de choses à dire. Qu'on se figure dix mille hommes de cavalerie d'une superbe tenue, défilant entre deux haies d'infanterie aussi brillante, occupant chacune en longueur un espace de près d'une demi-lieue. Que l'on songe au nombre des équipages, à leur richesse, à la beauté des attelages et des uniformes, à cette multitude de musiciens jouant les marches du sacre au bruit des cloches et du canon ; qu'on ajoute l'effet produit par le concours de quatre à cinq cent mille spectateurs, et l'on sera bien loin encore d'avoir une juste idée de cette étonnante magnificence.

« Au mois de décembre il est rare que le temps soit bien

beau ; ce jour-là, cependant, le ciel sembla favoriser l'Empereur. Au moment de son arrivée à l'Archevêché, un brouillard assez épais, qui avait duré toute la matinée, se dissipa, et permit au soleil d'ajouter l'éclat de ses rayons à la splendeur du cortége. Cette circonstance singulière fut remarquée par les spectateurs et augmenta l'enthousiasme.

« Toutes les rues par lesquelles passa le cortége étaient soigneusement nettoyées et sablées. Les habitants avaient décoré la façade de leurs maisons selon leur goût, leurs moyens, en draperies, en tapisseries, en papier peint ; quelques-unes avec des guirlandes de feuilles d'if. Presque toutes les boutiques du quai des Orfévres étaient garnies de festons en fleurs artificielles.

« La cérémonie religieuse dura près de quatre heures, et dut être on ne peut plus fatigante pour les principaux acteurs. Le service de la Chambre fut obligé de se tenir constamment dans l'appartement préparé pour l'Empereur à l'Archevêché. Pourtant les curieux, — et nous l'étions tous, — se détachaient de temps en temps, et purent ainsi voir à loisir la cérémonie.

« Je n'ai peut-être jamais entendu d'aussi belle musique ; elle était de la composition de MM. Paësiello, Rose et Lesueur, maîtres de la chapelle de Sa Majesté. L'orchestre et les chœurs offraient une réunion des premiers talents de Paris. Deux orchestres à quatre chœurs, composés de plus de trois cents musiciens, étaient dirigés, l'un par M. Persuis, l'autre par M. Rey, tous deux chefs de la musique de l'Empereur. M. Laïs, premier chanteur de Sa Majesté, M. Kreutzer et M. Baillot, premiers violons au même titre, s'étaient adjoint tout ce que la chapelle impériale, tout ce que l'Opéra et les grands théâtres lyriques possédaient de talents supérieurs en instrumentistes aussi bien qu'en chanteurs et chanteuses. La musique militaire était innombrable et sous les ordres de M. Lesueur. Elle exécutait des marches héroïques dont une, commandée par l'Empereur à M. Lesueur pour l'armée de Boulogne, est encore aujourd'hui, au jugement des connaisseurs, digne de figurer au premier rang des plus belles et des plus imposantes compositions musicales. Quant à moi, cette musique me rendait pâle et tremblant : je frissonnais par tout le corps en l'écoutant.

« Sa Majesté ne voulut point que le Pape mît la main à sa couronne, et la plaça lui-même sur sa tête. C'était un diadème de feuilles de chêne et de laurier en or. L'Empereur prit ensuite la couronne destinée à l'Impératrice, et, après s'en être couvert quelques instants, la posa sur le front de son auguste épouse, à genoux devant lui. Elle versait des larmes d'émotion, et, en se relevant, elle fixa sur l'Empereur un regard de tendresse et de reconnaissance. L'Empereur le lui rendit, mais sans rien perdre de la gravité qu'exigeait une si imposante cérémonie devant tant de témoins, et malgré cette gêne, leurs cœurs se comprirent au milieu de cette brillante et bruyante assemblée. Certainement l'idée du divorce n'était point alors dans la tête de l'Empereur, et, pour ma part, je suis sûr que jamais cette cruelle séparation n'aurait eu lieu, si Sa Majesté l'Impératrice eût pu avoir encore des enfants, ou seulement si ce jeune Napoléon, fils du roi de Hollande et de la reine Hortense, ne fût pas mort dans le temps où l'Empereur songeait à l'adopter.

« Après la messe, Son Eminence le cardinal Fesch, grand

aumônier de France, porta le livre des Évangiles à l'Empereur qui, du haut de son trône, prononça le serment impérial d'une voix si ferme et si distincte que tous les assistants l'entendirent. C'est alors que, pour la vingtième fois peut-être, le cri de *Vive l'Empereur !* sortit de toutes les bouches. On chanta le *Te Deum*, et Leurs Majestés sortirent de l'église avec le même appareil qu'elles y étaient entrées. Le Pape resta dans l'église un quart d'heure environ après les Souverains, et, lorsqu'il se leva pour se retirer, des acclamations universelles le saluèrent depuis le chœur jusqu'au portail.

« Leurs Majestés ne rentrèrent au château qu'à six heures et demie, et le Pape à près de sept heures. Pour entrer à l'église, Leurs Majestés passèrent, comme je l'ai dit, par l'Archevêché, dont les bâtiments communiquaient avec Notre-Dame au moyen d'une galerie en charpente. Cette galerie, couverte en ardoises et tendue de tapisseries superbes, aboutissait à un portail, aussi en charpente, établi devant la principale entrée de l'église, et d'un style en harmonie parfaite avec l'architecture gothique de cette belle métropole. Ce portail volant reposait sur quatre colonnes décorées d'inscriptions en lettres d'or représentant les noms des trente-six principales villes de France, dont les maires avaient été députés au Couronnement. Sur le haut de ces colonnes étaient peints en relief Clovis et Charlemagne, assis sur leur trône, le sceptre à la main. Au centre du frontispice étaient figurées les armes de l'Empire ombragées par les drapeaux des seize cohortes de la Légion d'honneur. Aux deux côtés, on voyait deux tourelles surmontées d'aigles d'or. Le dessus de ce portique, ainsi que la galerie, était façonné en voûte peinte en bleu de ciel et semée d'étoiles.

« Le trône de Leurs Majestés était élevé sur une estrade demi-circulaire, couverte d'un tapis bleu parsemé d'abeilles. On y montait par vingt-deux degrés. Ce trône, drapé en velours rouge, était surmonté d'un pavillon aussi en velours rouge dont les ailes ombrageaient à gauche l'Impératrice, les princesses et les dames d'honneur ; à droite les deux frères de l'Empereur, l'archi-chancelier et l'archi-trésorier.

« Rien de plus magnifique que le coup d'œil du jardin des Tuileries le soir de cette belle journée. Le grand parterre entouré de portiques en lampions, de chaque arcade desquelles descendait une guirlande en verres de couleur ; la grande allée décorée de colonnades surmontées d'étoiles ; sur les terrasses des orangers de feu ; chaque arbre des autres allées éclairé par des lampions ; enfin, pour couronner l'illumination, une immense étoile suspendue sur la place de la Concorde, dominant tous les autres feux : c'était un palais de feu.

« A l'occasion du couronnement, Sa Majesté fit des présents magnifiques à l'église métropolitaine. On remarquait, entre autres choses, un calice en vermeil orné de bas-reliefs, composé par le célèbre Germain ; un ciboire, deux burettes avec le plateau, un bénitier et un plat d'offrande ; le tout en vermeil précieusement travaillé. D'après les ordres de Sa Majesté, transmis par le Ministre de l'intérieur, on remit aussi à M. d'Astros, chanoine de Notre-Dame, un carton contenant la Couronne d'épines, une cheville et un morceau de bois de la vraie croix ; une petite bouteille renfermant du sang de Notre-Seigneur, une dicipline en fer qui avait servi à saint Louis, et une tunique ayant également appartenu à ce roi.

« Le matin, M. le maréchal Murat, gouverneur de Paris

avait donné un déjeuner magnifique aux princes d'Allemagne qui étaient venus à Paris pour assister au couronnement. Après le déjeuner, le maréchal gouverneur les fit conduire à Notre-Dame dans quatre voitures à six chevaux, avec une escorte de cent hommes à cheval, commandée par un de ses aides de camp. Ce cortége fut particulièrement remarqué par son élégance et sa richesse.

« Le lendemain de cette journée mémorable fut un jour de réjouissances publiques. Dès le matin, une population innombrable, favorisée par un temps magnifique, se répandit sur les boulevards, sur les quais et sur les places, où l'on avait disposé des divertissements variés à l'infini.

« Les hérauts d'armes parcouraient de bonne heure les places publiques, jetant à la foule qui se pressait sur leur passage des médailles frappées en mémoire du couronnement. Ces médailles représentaient d'un côté la figure de l'Empereur, le front ceint de la couronne des Césars, avec ces mots pour légende : *Napoléon Empereur*. Au revers étaient une figure revêtue du costume de magistrat et celle d'un guerrier antique soulevant sur un bouclier un héros couronné et couvert du manteau impérial. Au-dessous on lisait : *Le Sénat et le Peuple*. Aussitôt après le passage des hérauts d'armes commencèrent les réjouissances qui se prolongèrent fort avant dans la soirée.

« On avait élevé sur la place Louis XV, qui s'appelait alors place de la Concorde, quatre grandes salles carrées en charpente et en menuiserie pour la danse et les valses. Des théâtres de pantomimes et de farces étaient placés sur les boulevards de distance en distance; des groupes de chanteurs et de musiciens exécutaient des airs nationaux et des marches guerrières; des mâts de cocagne, des danseurs de corde, des jeux de toute espèce arrêtaient les promeneurs à chaque pas, et leur faisaient attendre sans impatience le moment des illuminations et des feux d'artifice.

« Les illuminations furent admirables. Depuis la place Louis XV jusqu'à l'extrémité du boulevard Saint-Antoine, régnait un double cordon de feux de couleur en guirlandes. L'ancien Garde-Meuble, le palais du Corps législatif, resplendissaient de lumières ; les portes Saint-Denis et Saint-Martin étaient couvertes de lampions depuis le haut jusqu'en bas.

« Dans la soirée, tous les curieux se portèrent sur les quais et les ponts, afin de voir le feu d'artifice qui fut tiré sur la place de la Concorde, et surpassa en éclat tous ceux qu'on avait vus jusqu'alors. »

« Le mercredi 5 décembre, trois jours après le couronnement, l'Empereur fit au Champ-de-Mars la distribution des drapeaux.

« La façade de l'École militaire était décorée d'une galerie composée de tentes placées au niveau des appartements au premier étage. La tente du milieu, fixée sur quatre colonnes qui portaient des figures dorées représentant la victoire, couvrait le trône de Leurs Majestés. Excellente précaution, car, ce jour-là, le temps fut horrible. Le dégel avait pris subitement, et l'on sait ce que c'est qu'un dégel parisien.

« Autour du trône étaient placés les princes et les princesses, les grands dignitaires, les ministres, les maréchaux de l'Empire, les grands officiers de la couronne, les dames de la cour et le conseil d'État.

« La galerie se divisait à droite et à gauche en seize parties, décorées d'enseignes militaires et couronnées par des aigles. Ces seize parties représentaient les seize cohortes de la Légion d'honneur. La droite était occupée par le Sénat, les officiers de la Légion d'honneur, la Cour de cassation et les chefs de la comptabilité nationale. La gauche l'était par le Tribunat et le Corps législatif.

« A chaque bout de la galerie, était un pavillon. Celui du côté de la ville portait le nom de tribune impériale; il était destiné aux princes étrangers. Le corps diplomatique et les personnages étrangers de distinction remplissaient l'autre pavillon.

« On descendait de cette galerie dans le Champ-de-Mars, par un immense escalier dont le premier degré, qui faisait banquette au-dessous des tribunes, était garni par les présidents de canton, les préfets, les sous-préfets et les membres du conseil municipal. Au deux côtés de l'escalier on voyait les figures colossales de la France faisant la paix, et de la France faisant la guerre. Sur les degrés étaient rangés les colonels des régiments et les présidents des colléges électoraux des départements qui portaient les aigles impériales.

« Le cortége de Leurs Majestés sortit à midi du château des Tuileries dans l'ordre adopté pour le couronnement. Les chasseurs de la garde et l'escadron des mamelucks marchaient en avant : la légion d'élite et les grenadiers à cheval suivaient ; la garde municipale et les grenadiers de la garde formaient la haie. Leurs Majestés, étant entrées à l'École militaire, reçurent les hommages du corps diplomatique que l'on introduisit dans les grands appartements de l'École. Ensuite, l'Empereur et l'Impératrice se revêtirent de leurs ornements du Sacre et vinrent s'asseoir sur leur trône, au bruit des décharges réitérées de l'artillerie et des acclamations universelles.

« Au signal donné, les députations de l'armée, répandues sur le Champ-de-Mars, se mirent en colonnes serrées et s'approchèrent du trône au bruit des fanfares. L'Empereur s'étant levé, le plus grand silence s'établit, et d'une voix forte, Sa Majesté prononça ces paroles :

« Soldats, voilà vos drapeaux ! Ces aigles vous serviront toujours de « point de ralliement ; ils seront partout où votre Empereur jugera leur « présence nécessaire pour la défense de son trône et de son peuple.

« Vous jurez de sacrifier votre vie pour les défendre, et de les main- « tenir constamment par votre courage sur le chemin de la victoire. « Vous le jurez ! »

« *Nous le jurons !* répétèrent tous ensemble les colonels et les présidents des colléges, en balançant dans les airs les drapeaux qu'ils tenaient. *Nous le jurons !* dit à son tour toute l'armée tandis que la musique jouait la marche célèbre connue sous le nom de *Marche des Drapeaux.*

« Ce mouvement d'enthousiasme s'était communiqué aux spectateurs qui se pressaient en foule sur les gradins qui forment l'enceinte du Champ-de-Mars. Bientôt les aigles allèrent prendre la place qui leur était destinée, et l'armée vint, par divisions, défiler devant le trône de Leurs Majestés.

« Le cortége était de retour aux Tuileries à cinq heures. Il y eut un grand banquet dans la galerie de Diane. Le Pape, l'électeur souverain de Ratisbonne, les princes et princesses, les grands dignitaires, le corps diplomatique et beaucoup d'autres personnes étaient invités.

« La table de Leurs Majestés, dressée au milieu de la galerie sur une estrade, était couverte par un dais magnifique.

L'Empereur s'y assit à la droite de l'Impératrice et le Pape à sa gauche. Le service fut fait par des pages. Le grand chambellan, le grand écuyer et le colonel général de la garde se tenaient debout devant LL. MM. Le grand-maréchal, le grand-maître des cérémonies se tenaient également debout.

« Des deux côtés de la table de LL. MM. étaient celle de Leurs Altesses Impériales; celle des ministres et des grands officiers; enfin, celle de la dame d'honneur de l'Impératrice.

« Après le dîner, il y eut cercle, concert et bal.

« Le lendemain de la distribution des aigles, Son Altesse Impériale le prince Joseph présenta à LL. MM. les présidents des colléges électoraux des départements. Les présidents des colléges d'arrondissements et les préfets furent introduits ensuite et reçus par Sa Majesté.

« L'Empereur s'entretint avec la plupart des fonctionnaires des besoins de chaque département, les remercia de leur zèle à le seconder, et il leur recommanda spécialement l'exécution de la loi sur la conscription. « — Sans la « conscription, dit Sa Majesté, il ne peut y avoir ni puis-« sance, ni indépendance nationale. Toute l'Europe est as-« sujettie à la conscription. Nos succès et la force de « notre position tiennent à ce que nous avons une armée « nationale; il faut s'attacher avec soin à cet avantage. »

« Quelques jours après, la ville de Paris offrit à LL. MM. une fête dont l'éclat et la magnificence surpassaient tout ce qu'il serait possible d'en dire. L'Empereur, l'Impératrice, les princes Joseph et Louis montèrent ensemble pour s'y rendre dans la voiture du sacre. Des batteries établies sur le Pont-Neuf annoncèrent le moment où

LL. MM. mettaient le pied sur le perron de l'Hôtel de Ville.
Au même instant, des buffets chargés de pièces de volaille,
et des fontaines de vin attiraient sur la principale place de
chacune des douze municipalités de Paris une multitude
immense, dont presque chaque individu eut sa part des distributions de comestibles, grâce à la précaution qu'avaient
prise les autorités de ne donner une pièce que sur la présentation d'un bulletin. La façade de l'Hôtel de Ville était
illuminée en verres de couleurs. Ce qui me frappa le plus, ce
fut la vue d'un vaisseau percé de quatre-vingts canons, dont
les ponts, les mâts, les voiles et les cordages étaient figurés
en illuminations. Le bouquet du feu d'artifice, auquel
l'Empereur lui-même mit le feu, représentait le Saint-Bernard vomissant un volcan du milieu de ses rochers couverts
de neige. On voyait l'image de l'Empereur éclatante de lu-
mière, gravissant à cheval, à la tête de son armée, le sommet escarpé du mont. »

VI.

LES JOURNÉES DE L'EMPEREUR.

« La cour de l'Empereur, dit M. de Las Cazes (1), était bien plus magnifique sous tous les rapports que ce tout ce qu'on avait vu jusque là : cependant elle coûtait infiniment moins. La suppression des abus, l'ordre, la régularité dans les comptes faisaient cette grande différence. La chasse à quelques particularités près, inutiles ou ridicules, comme celle du faucon et autres, était aussi nombreuse, aussi splendide, aussi bruyante que celle de Louis XVI, et elle ne coûtait annuellement que 400,000 francs, tandis qu'elle revenait au Roi à 7 millions. Il en était de même de la table. L'ordre et la sévérité de Duroc, disait l'Empereur, avaient accompli des prodiges sur ce point. Sous les rois, les palais ne demeuraient point meublés; on transportait les meubles d'un palais à l'autre ; on n'en fournissait point aux gens de la cour; c'était à chacun à s'en pourvoir. Sous lui, au contraire, il n'y avait personne en service qui ne se trouvât dans la chambre qui lui était assignée aussi bien et mieux que chez lui pour tout ce qui était nécessaire ou convenable.

« L'écurie de l'Empereur coûtait trois millions; les chevaux revenaient à 3,000 francs par an l'un dans l'autre. Un page

(1) *Mém.*, t. v, p. 142.

revenait de six à huit mille francs. Cette dernière dépense était la plus forte peut-être du palais ; aussi pouvait-on vanter l'éducation qu'on leur donnait, les soins qu'on en prenait. Les premières familles de l'Empire sollicitaient pour y placer leurs enfants, et elles avaient raison, disait l'Empereur.

« La magnificence et la splendeur qui composaient cette cour sans exemple, dit ailleurs M. de Las-Cazes (1), reposaient sur un ordre et une régularité d'administration qui ont fait l'étonnement et l'admiration de tous. L'Empereur en inspectait plusieurs fois lui-même les comptes chaque année. On a trouvé tous ses châteaux réparés et embellis. Ils renfermaient pour près de QUARANTE MILLIONS DE MOBILIER ET QUATRE MILLIONS DE VAISSELLE. S'il eût joui de quelques années de paix, l'imagination a de la peine à s'arrêter sur ce qu'il aurait pu faire. (2) »

On vient de voir que l'Empereur vérifiait lui-même avec

(1) *Mémorial*, t. ii, p. 376.

(2) « L'économie que Napoléon s'attachait à faire régner dans les dépenses du Gouvernement, il la portait au plus haut point dans celles de sa maison. On ne reprochera pas à la cour impériale d'avoir manqué de magnificence, et cependant il n'appliquait pas à ces dépenses la moitié de sa liste civile. Sur les 25 millions qui lui étaient attribués, il faisait tous les ans une épargne de 12 à 15 millions. A l'aide de ces réserves, il avait réparé, embelli les anciennes résidences royales, dépenses qui avaient l'avantage de fournir du travail à nos manufactures. Il avait fait exécuter des travaux utiles de diverses sortes, dont il dégrevait ainsi les budgets de l'Etat. Jamais fortune privée ne fut administrée avec plus d'ordre, et soumise à une surveillance plus sévère, sans toutefois qu'on aperçût les traces d'une parcimonie nuisible à l'éclat et à la pompe dont le trône d'un grand Empire doit être entouré. »

(Bignon, Histoire de France, t. 1er, p. 101.)

beaucoup de soin et d'exactitude les comptes de sa maison. Il ne se contentait pas de signer les états qui lui étaient présentés. Il fallait lui rendre raison de tout, et il en était arrivé à connaître si bien le prix de chaque chose qu'on ne se serait pas hasardé à le tromper. On avait essayé d'abord, mais on vit bientôt combien c'était difficile, et l'on savait de plus combien cela pouvait être dangereux.

« Il nous parlait, dit M. de Las Cazes, des prix fous qu'on avait demandés d'abord pour les ameublements des palais impériaux, et des grandes économies qu'il y avait introduites. Il nous a donné le prix du trône, celui des ornements impériaux, etc., etc. Veut-on connaître un de ses moyens de vérification ? Après une de ses campagnes, il revenait aux Tuileries qu'on avait magnifiquement meublées en son absence. On n'eut rien de plus pressé que de lui faire voir et admirer le tout. Il s'en montrait fort satisfait. Tout à coup. s'arrêtant à une embrasure de fenêtre, devant une fort riche tenture, il demande des ciseaux, coupe un superbe gland d'or en pendant, le met froidement dans sa poche, et continue son inspection au grand étonnement de ceux qui le suivaient, incertains et cherchant à deviner son motif.

« A quelques jours de là, à son lever, il sort le gland de sa poche, et le remettant à celui qui était chargé de ses ameublements : — « Tenez, mon cher, dit-il, Dieu me garde de « penser que vous me volez ; mais on vous vole. Vous avez « payé ceci un tiers de plus que sa valeur. On vous a traité « en intendant de grand seigneur : vous eussiez pu faire « un meilleur marché si vous n'aviez pas été connu. »

« C'est que Napoléon, dans une de ses promenades mati-

____

(1) *Mémorial*, t. ii, p 130.

nales, et déguisé, ce qui lui arrivait souvent, était entré dans plusieurs magasins de la rue Saint-Denis, avait fait évaluer ce qu'il avait emporté, proposé des entreprises analogues, et amené le résultat, disait-il, à sa simple expression. Chacun connaissait son faire à cet égard, et c'était là, disait-il encore, un de ses grands moyens d'économie domestique qui, malgré une extrême magnificence, était portée au dernier degré d'exactitude et de régularité. En dépit de ses immenses occupations, il revisait lui-même ses propres comptes, mais il avait sa manière. On les lui présentait toujours par spécialité. Il s'arrêtait sur le premier article venu, le sucre par exemple, et, trouvant des milliers de livres, il prenait une plume et demandait au comptable : — Combien de personnes dans ma maison ? (Il fallait répondre sur-le-champ.) — Sire, tant. — A combien de livres de sucre les portez-vous l'une dans l'autre ? — Sire, à tant. — Il faisait aussitôt le calcul et se montrait satisfait, ou s'écriait en rejetant le papier : — Monsieur, je double votre propre estimation, et vous dépassez encore énormément. Votre compte est faux. Recommencez tout cela et montrez-moi plus d'exactitude. — Il suffisait de cette seule algarade, observait-il, pour tenir chacun dans la plus stricte régularité. Aussi disait-il parfois de son administration privée comme de son administration publique : « — J'ai « introduit un tel ordre, j'emploie de telles contre-épreuves « que je ne puis pas être volé de beaucoup. Si je, le suis, je « le laisse sur la conscience du coupable ; il n'en sera pas « étouffé, je vous assure. »

Le même ordre n'avait pu s'établir dans la maison de l'Impératrice Joséphine. « C'était dit Constant, un sujet de chagrin pour l'Empereur, et il avait fort défendu la porte de l'Impératrice à divers fournisseurs dont il connaissait par expérience la disposition à abuser de sa trop grande confiance.

« Un célèbre modiste excita un jour sa colère par des observations que personne en France, excepté cette homme, n'aurait eu la hardiesse de lui faire. L'Empereur qui avait coutume, comme je l'ai dit, de régler à la fin de chaque mois les comptes de sa maison, trouva exorbitant le mémoire du marchand de modes en question, et m'ordonna de le faire venir. Il vint en moins de dix minutes, et je l'introduisis dans la chambre de Sa Majesté, qui était à sa toilette. — Monsieur, lui dit l'Empereur, vos prix sont fous, plus fous, s'il est possible, que les niais et les sottes qui s'imaginent avoir besoin de votre industrie. Réduisez-moi cela raisonnablement, ou je me chargerai moi-même de la réduction. — Le marchand, qui tenait à la main le double de son mémoire, se mit à justifier article par article le prix de ses fournitures, et conclut cette énumération assez longue par une sorte de surprise et de regret que la somme totale ne s'élevât pas plus haut. L'Empereur, que j'habillais pendant tout ce bavardage, avait peine à contenir son impatience, et je prévoyais déjà que cette singulière scène aurait une mauvaise fin, lorsque le modiste combla la mesure en se permettant de faire observer à Sa Majesté que la somme qu'elle destinait à la toilette de l'Impératrice était insuffisante, et qu'il y avait de simples bourgeoises qui dépensaient plus que cela. J'avoue qu'à cette dernière impertinence, je tremblai pour l'impudent personnage. Cependant l'Empereur se contenta, à mon grand étonnement, de froisser dans sa main le mémoire de l'audacieux modiste, et, les bras croisés sur sa poitrine, il fit deux pas vers lui, en prononçant ce seul mot : *Vraiment !* avec un tel accent et un tel regard que le marchand se précipita vers la porte et gagna les escaliers sans attendre son règlement.

« L'année 1806, le budget du Grand Maréchal s'éleva à 2,770,841 fr., parce que les services furent augmentés et qu'il fut assigné des fonds pour l'augmentation annuelle de l'argenterie (1,000 assiettes d'argent) ; pour les objets nécessaires pour compléter le petit vermeil de LL. MM.; pour l'achat d'une batterie de cuisine, de verrerie et de faïence; pour le palais de Strasbourg et le château de Rambouillet. »

Voici de quelle manière les budgets de la maison impériale étaient arrêtés et signés par l'Empereur :

« — A la suite de la récapitulation générale de tous les services, Sa Majesté a décrété ce qui suit :

« Le trésorier général de la Couronne tiendra à la dispo-
« sition des chefs de service de notre maison les sommes
« pour lesquelles chacun d'eux est compris dans celles
« qui forment le montant général du présent budget.

« Les dépenses de tous ces services seront ordonnancées
« et payées conformément aux dispositions des décrets et
« décisions que nous avons rendus, tant sur la comptabi-
« lité de notre maison impériale que sur la destination à
« donner aux fonds ; et les chefs de service ne pourront
« sous aucun prétexte commander ou ordonner des tra-
« vaux, achats ou fournitures, que jusqu'à concurrence des
« fonds affectés à chaque article de dépense.

« De notre Palais impérial, etc.

« NAPOLÉON. »

« Des décrets spéciaux ordonnaient les dépenses extraordinaires et non prévues par le budget, par exemple, celles occasionnées par le couronnement, par le séjour des rois

de Saxe, de Bavière et de Wurtemberg à Paris ; par le
mariage, par le baptême, etc. Il est à ma connaissance que
les budgets particuliers des autres grands officiers, grand
chambellan, grand écuyer, grand veneur, grand maître des
cérémonies, ceux de l'intendant général et de l'intendant
des bâtiments étaient réglés et exécutés avec la même régularité et la même fidélité. Au moyen de ce budget général de sa maison, Napoléon savait dès le premier jour de
l'année ce qu'il dépenserait, et personne n'eût osé dépasser
les crédits qu'il avait ouverts.

« Il ne faut pas imaginer que la représentation fût mes-
quine et parcimonieuse. Les goûts de Napoléon étaient sim-
p'es et modestes, mais il aimait l'éclat et la magnificence
autour de lui. Sa cour fut toujours brillante et de bon
goût. Il y avait de l'ordre et point de gaspillage.

« A proprement parler, il n'y avait que quatre tables de
service.

« Table de l'Empereur.

« Table des officiers de service près LL. MM.

« Table des officiers de la garde et des pages.

« Table de la lectrice et des dames d'annonce de l'Impératrice :

« Celle du Grand Maréchal était servie chez lui. C'était dans
son appartement qu'avaient lieu les grands dîners diploma-
tiques, dont il faisait les honneurs avec une dignité et une
politesse remarquables.

« La desserte de la table de l'Empereur servait à celle des
femmes de chambre de l'Impératrice, des maîtres d'hôtel,
des valets de chambre de l'Empereur, etc. La desserte des
autres tables servait aux autres employés de la bouche ou
du palais. La livrée n'était pas nourrie ; elle était habillée

et recevait un écu par jour pour gage et nourriture. La petite livrée lui appartenait après une année de service, et la grande après deux années.

« Je demande pardon de ces minutieux détails : beaucoup de personnes aiment à les connaître ; ils donnent une véritable idée de la vie intérieure de Napoléon (1).

« Les attributions du Grand Maréchal du palais étaient (2) :

« Le commandement militaire dans les palais impériaux et leurs dépendances, la surveillance de leur entretien, embellissement et ameublement, la distribution des logements : le service de la bouche, les tables, le chauffage, l'éclairage, l'argenterie, la lingerie et la livrée.

« Le Grand Maréchal du palais était présent à l'ordre que S. M. donnait journellement aux colonels-généraux de sa garde. Il le recevait pour le palais et faisait à S. M. son rapport sur les événements qui pouvaient s'y être passés.

(1) « La seule observation que je crois devoir ajouter, dit M. de Beausset, c'est que, souvent préoccupé par les affaires d'Etat, il se passait plusieurs déjeuners et dîners sans qu'il y eût un seul mot prononcé. Mais je dois dire que ces moments furent rares, et que, lors même que le front de l'Empereur était sérieux, et sa bouche muette, il se montrait toujours à mes yeux juste, poli, bienveillant. J'ose affirmer qu'il y a peu d'hommes dans leur vie intérieure qui aient eu plus d'égalité dans le caractère, et plus de douceur dans les manières. Je dois ajouter enfin que si j'ai vu ses traits s'animer et sa bouche exprimer la colère dans plusieurs occasions, il m'a paru presque toujours qu'il avait raison. Son indignation prenait sa source dans des sentiments nobles et élevés. Il a fait tant d'ingrats, même dans le temps de sa puissance ! »

(Beausset, *Mémoires*. t. i^{er}, p. 14.)

(2) Les détails qui vont suivre sont tirés des *Mémoires* de Constant. — Nous les reproduisons d'autant plus volontiers que beaucoup de ces traditions du premier Empire ont été reprises par le second et sont observées aujourd'hui.

« Il proposait à S. M. la distribution du service militaire à établir pour la garde du palais. Ce service une fois fixé ne pouvait pas être dérangé sans un nouvel ordre de S. M.

« Le Grand Maréchal du palais, chargé du commandement et de la police dans les palais impériaux, commandait aux détachements de la garde impériale qui y faisaient le service. Il leur donnait la consigne et l'ordre ; il recevait le rapport des officiers qui commandaient les différents postes.

« Les officiers militaires en service dans le palais ne devaient recevoir des ordres que du Grand Maréchal du palais ou des officiers qui le représentaient.

« Il donnait les ordres pour battre la retraite ou le réveil, pour fermer ou ouvrir les grilles du palais.

« Le Grand Maréchal du palais prenait le commandement et était chargé de la police dans tous les endroits où S. M. allait en cérémonie et dans lesquels la garde impériale prenait poste.

« S. M. donnait les ordres au Grand Maréchal du palais pour les personnes qui devaient monter à cheval aux grandes parades qui avaient lieu dans l'enceinte du palais.

« Le Grand Maréchal du palais ou les officiers qui le représentaient étaient exactement prévenus des cérémonies ou fonctions qui devaient avoir lieu dans le palais, des personnes qui devaient y participer ou y assister, par les officiers qui les ordonnaient.

« Il prenait les ordres de l'Empereur pour les logements que LL. MM., leurs officiers et les gens attachés à leur service devaient occuper dans les différents palais impériaux, à l'armée et dans les voyages.

« Le Grand Maréchal du palais était chargé de la distribution des appartements et des logements dans les palais impériaux. Il réglait leur ameublement et s'adressait à l'intendant général pour en obtenir les travaux de réparation et d'entretien, et tous les meubles nécessaires.

« Comme grand officier de la maison, le Grand Maréchal du palais avait ses entrées déterminées et fixées dans les appartements habités par LL. MM. Mais lorsqu'elles n'habitaient pas un appartement il pouvait y entrer et y ordonner.

« A l'armée et en voyage, le Grand Maréchal du palais était chargé de pourvoir au logement de LL. MM.

« C'était au Grand Maréchal du palais à régler ce qui concernait les logements des hommes et des chevaux de la garde impériale qui accompagnaient S. M. dans ses voyages.

« Lorsque S. M. arrivait ou faisait sa première entrée dans un de ses palais, le Grand Maréchal la recevait à la porte, la précédait et la conduisait dans les appartements où elle pouvait désirer d'aller.

« Le Grand Maréchal du palais, comme chargé du service de la bouche, du chauffage, de l'éclairage, de l'argenterie, de la lingerie et de la livrée, ordonnait tout ce qui était relatif à ces services, et devait veiller à ce qu'ils fussent bien faits dans tous les endroits où LL. MM. pourraient se trouver.

« Il était prévenu des ordres que LL. MM. donnaient pour le service de leurs tables, et des invitations qu'elles faisaient faire. Il chargeait les préfets des détails du service.

« Lorsque LL. MM. mangeaient en grand couvert, le Grand Maréchal du palais prenait lui-même les ordres de LL. MM. pour le festin ; il les faisait exécuter par les préfets du palais, qui l'avertissaient quand le repas était servi. Il prévenait alors LL. MM., les conduisait jusqu'à la table, se plaçant à la droite et les reconduisait de même après le repas.

« Pendant le repas, il offrait à boire à l'Empereur.

« Lorsque LL. MM. mangeaient en petit couvert, dans les appartements d'honneur, et que le Grand Maréchal du palais était présent, il prenait de même les ordres de LL. MM. pour ce service et les prévenait lorsque tout était prêt.

« Le Grand Maréchal du palais nommait, avec l'agrément de S. M., et brevetait le secrétaire, les maîtres d'hôtel, les concierges et toutes les autres personnes comprises dans ses attributions, et recevait leur serment.

« Le Grand Maréchal du palais était logé et avait une table servie aux dépens de la couronne.

« Le gouverneur d'un palais était chargé, sous les ordres du grand maréchal, et pour le palais dont il était gouverneur, de tous les détails du commandement militaire et de la police du palais, de la surveillance pour l'entretien des bâtiments et de leur mobilier, de la propreté des appartements, cours et jardins, suivant tout ce qui a été dit ci-dessus pour le Grand Maréchal du palais. Il faisait défiler la garde montante; il donnait l'ordre et le mot qu'il recevait du Grand Maréchal du palais, ou, en son absence, du colonel général de service.

« Le premier préfet du palais et les préfets du palais suppléaient le Grand Maréchal pour le service de la bouche, de l'éclairage, du chauffage, de l'argenterie et de la livrée.

« Il y avait toujours un préfet du palais de service; il était relevé tous les huit jours, et, pendant son service, il était logé au palais.

« Le préfet de service devait visiter tous les jours les cuisines, caves, offices, argenteries, fourrières et magasins, afin de s'assurer si tout était tenu proprement.

« Lorsque l'intendant général passait un marché de fournitures pour la maison, le premier préfet ou l'un des préfets y était présent. Il devait discuter pour les intérêts de S. M., et s'assurer que la chose à fournir serait de la meilleure qualité. Il devait être présent à la réception de toutes les fournitures et s'assurer si elles étaient conformes à ce qui avait été arrêté par les marchés.

« Avant le coucher de l'Empereur, le préfet devait prendre les ordres pour le service du lendemain.

« Aux heures des repas, le préfet prévenait LL. MM. et les précédait pour les conduire dans le lieu où le couvert était mis. Il faisait placer les personnes invitées, et veillait à ce que le service fût bien fait. Après le repas, il précédait également LL. MM. pour les conduire dans leurs appartements.

« Le premier préfet et les préfets du palais avaient leurs entrées et leurs places désignées dans les cérémonies comme officiers civils de la maison ; ils prêtaient serment dans les mains de l'Empereur.

« Le service de la Chambre était composé de tout ce qui concernait les honneurs du palais : les audiences ordinaires, les serments qui se prêtaient dans le cabinet de l'Empereur, les entrées, les levers et couchers de S. M., les fêtes, les cercles, les théâtres du palais, la musique, les loges de l'Empereur et de l'Impératrice aux différents spectacles, la garde-robe de l'Empereur, sa bibliothèque, ses huissiers et valets de chambre.

« Le grand chambellan était le chef de tout le service de la Chambre. Il était l'ordonnateur général de toutes les dé-

6

penses de ce service. Il jouissait de tous les honneurs et de toutes les distinctions attribuées aux grands officiers par le règlement général de la maison.

« Il prenait les ordres de S. M. pour les présents qu'elle désirait faire aux têtes couronnées, princes, ambassadeurs et autres, et qui devaient être payés sur sa cassette. Il les faisait confectionner, en arrêtait le prix, et en ordonnançait le payement de même que de tous les objets soumis à sa surveillance particulière.

« Un aide de camp de l'Empereur ou un chambellan remplissait les fonctions de maître de la garde-robe. Il était désigné par S. M.

« Le maître de la garde-robe était spécialement chargé de tout ce qui la concernait : il avait l'ordonnance et la surveillance sur tous les objets qui la composaient, comme habits, linge, dentelles, chaussures, grands et petits costumes, cordons et colliers de la Légion d'honneur et autres, ainsi que des diamants, bijoux, etc., appartenant à S. M.

« Il prenait les ordres de l'Empereur sur tout ce qui concernait son habillement, et les faisait exécuter par les personnes attachées à ce service.

« S'il assistait à la toilette de l'Empereur, il devait lui passer son habit, lui attacher lui-même son cordon ou collier de la Légion d'honneur, et lui présenter son épée, son chapeau et ses gants, lorsque le grand chambellan était absent.

« S'il assistait au coucher de S. M., il devait détacher le cordon ou collier de la Légion, et recevoir l'épée, le chapeau et les gants, lorsque le grand chambellan était absent.

« Il avait la garde des diamants et bijoux qui ne faisaient

pas partie de ceux de la couronne, et avait soin de leur entretien. Quant aux diamants de la couronne, il en avait la conservation et l'entretien, mais il les remettait en garde au trésorier général de la couronne, qui ne pouvait les confier que sur la demande écrite du grand chambellan, ou sur un ordre direct de l'Empereur pour les diamants à son usage, et sur la demande écrite de la dame d'honneur ou de la dame d'atours pour les diamants à l'usage de l'Impératrice.

« Il y avait au moins quatre chambellans de service par trimestre. Il y avait toujours au palais deux chambellans de jour, dont un pour le grand appartement de représentation et un pour l'appartement d'honneur de l'Empereur. Ils étaient relevés tous les huit jours.

« Ils étaient chargés d'introduire près de S. M. les personnes qui pouvaient être admises près d'elle, ou auxquelles elle voulait parler.

« Les chambellans de jour ordonnaient seuls dans les appartements; ils avaient à leurs ordres les huissiers, valets de chambre et autres personnnes attachées aux appartements.

« C'étaient eux qui présentaient à l'Empereur toutes les demandes d'audiences particulières, et qui prévenaient de celles que S. Majesté accordait.

« Toutes les personnes qui désiraient être présentées à S. M. s'adressaient aux chambellans de jour.

« Les chambellans de jour ne quittaient les appartements que lorsque S. M. était couchée, et ils devaient y être rendus une heure avant son lever, afin de les visiter et de s'assurer s'ils étaient appropriés et disposés comme ils devaient l'être, et si les huissiers et les valets de chambre étaient à leur poste.

« L'écurie et ses différents services, les pages, les courriers, les armes de guerre de S. M., la surveillance et la direction des haras de Saint-Cloud formaient les attributions du grand écuyer.

« Il ordonnait tout ce qui était relatif aux voyages, et désignait les places que chacun devait avoir.

« Il prévenait les personnes que S. M. admettait à monter ses chevaux ou dans les voitures.

« Il accompagnait toujours S. M. à l'écurie.

« Il portait à l'armée, en l'absence du connétable, l'épée de S. M.

« Si le cheval de S. M. était tué ou venait à tomber, c'était à lui à relever S. M. et à lui offrir le sien.

« A l'armée, il logeait aussi près que possible de S. M., afin de se trouver toujours près d'elle quand elle sortait. En cortége ou en route, il allait dans la voiture qui précédait celle de S. M., celle des princes de la famille impériale ou de l'Empire.

« Dans les défilés, ou sur un pont étroit, il suivait immédiatement S. M., afin d'être à même de prendre son cheval si elle voulait mettre pied à terre, ou de la soutenir au besoin.

« Il nommait le premier et second page sur la proposition du gouverneur et l'avis des sous-gouverneur et maîtres.

« Il nommait le médecin et le chirurgien des pages, ainsi que les employés de la bouche et du service des pages. Il présentait à S. M. ceux des pages qui, ayant atteint leur dix-huitième année, étaient dans le cas de passer dans les corps de l'armée.

« Un porte-arquebuse était sous les ordres du grand écuyer, Il était spécialement chargé d'entretenir, charger et décharger les pistolets et les armes des voitures de S. M.

« Il était logé par la couronne, et se servait des gens, chevaux et voitures des écuries de S. M.

« Au grand couvert, il avançait le fauteuil de S. M. pour se mettre à table; il le retirait pour qu'elle se levât; il se tenait à sa gauche.

« Il marchait immédiatement devant S. M. quand elle sortait de ses appartements pour monter à cheval, lui donnait sa cravache, lui présentait le bout des rênes et l'étrier gauche; il la soutenait aussi pour monter à cheval.

« Il surveillait particulièrement l'instruction des pages et tout ce qui tenait à leur nourriture et à leur entretien.

« Il devait y avoir trente-six pages au moins et soixante au plus. Ils faisaient le service de LL. MM. Ils étaient âgés de quatorze à seize ans, et restaient pages jusqu'à dix-huit.

« A Paris, il y avait deux pages près de l'Empereur. Un suivait S. M. quand elle montait à cheval, ou, quand elle sortait en voiture, il se tenait derrière la voiture.

« A Saint-Cloud, il n'y avait qu'un page au palais, et un commandé à l'hôtel des pages pour le remplacer.

« Dans les audiences et les jours de messe, huit étaient de service. Ils se tenaient en haie quand S. M. rentrait dans ses appartements, et la précédaient quand elle en sortait. Ils marchaient après les huissiers.

« Quand l'Empereur se servait de la voiture de cérémonie, il en montait autant que possible derrière la voiture et six derrière le cocher.

« Si S. M. n'était point rentrée dans son palais quand il faisait nuit, les pages de service l'attendaient à la porte du vestibule pour la précéder, en portant un flambeau de cire blanche au poing, et allant jusque dans son salon de service. Ses valets de chambre se trouvaient à la porte intérieure de l'antichambre pour prendre les flambeaux.

« Les pages faisaient le service dont S. M. jugeait à propos de les charger. Les commissions leur étaient données par S. M., les princes, les princesses, ou par les aides de camp, chambellans ou écuyers de service; mais en revenant, ils devaient rendre compte directement au membre de la famille impériale qui les avait envoyés. Lorsqu'ils étaient porteurs d'un ordre de LL. MM. ou de LL. A. I., ils ne pouvaient se dispenser de le rendre directement à la personne que l'ordre concernait, fût-elle malade et même gardant le lit.

« A la chasse à courre, un des deux premiers pages suivait S. M. pour lui donner sa carabine.

« Au tir, les deux premiers pages et six autres donnaient les fusils à S. M. Ils recevaient les fusils des mains du mameluck ou des porte-arquebuses. Les valets de pied formaient la chaîne pour prendre des mains du second page les fusils que S. M. avait tirés et les remettre aux porte-arquebuses.

« Le gibier tué au tir par S. M. appartenait de droit au premier page. Les deux premiers pages suivaient de préférence S. M. à l'armée ou dans les voyages. Ils pouvaient faire le service d'aides de camp auprès des aides de camp de S. Majesté.

« Deux pages étaient de service près de l'Impératrice. Le plus ancien portait la queue de la robe de S. M. quand elle sortait de ses appartements, montait en voiture ou en descendait; l'autre précédait S. M. Tous deux l'accompagnaient quand c'était à l'extérieur, jusque dans le premier salon. En ville, quand S. M. sortait avec son piquet ou sa livrée, ils allaient derrière le cocher. Leurs fonctions, leurs rangs équivalaient à ceux des pages de l'Empereur.

« Lorsque l'Empereur ordonnait une cérémonie publique et solennelle, telles qu'ont été le Sacre, la réception des membres de la Légion d'honneur, la fête du Champ-de-Mars, l'ouverture de la session du Corps législatif, etc., le grand maître dressait le projet de cette cérémonie, en réglait le lieu, le temps, y assignait les places et les rangs de chacun, suivant les localités et l'ordre de préséance combiné par la nécessité du service.

« Lorsque ce projet était fait il le présentait à S. M. Quand le projet était approuvé par S. M., le grand maître l'envoyait aux princes, princesses, grands officiers, présidents de corps, etc.

« Le jour de la cérémonie il faisait exécuter ponctuellement toutes les parties du cérémonial, se tenait, pendant la cérémonie, en avant et près de S. M., et prenait ses ordres à chaque partie de la cérémonie.

« L'Empereur avait douze aides de camp. Ils prenaient rang entre eux, non par leur grade militaire, mais par leur ancienneté de service près de S. M.

« Il y avait toujours un aide de camp de service auprès de l'Empereur. L'aide de camp rentrant et celui sortant devaient s'y trouver et prendre ses ordres.

« L'aide de camp de jour avait toujours un cheval sellé ou une voiture attelée dans une remise du palais, et à portée pour pouvoir être à même de remplir la commission que l'Empereur voulait lui donner.

« Depuis le moment où l'Empereur était couché, l'aide de camp de nuit était plus spécialement chargé de la garde de sa personne, et il couchait dans la pièce voisine de celle dans laquelle S. M. reposait.

« Toute dépêche arrivant la nuit pour l'Empereur était remise à l'aide de camp de jour. Qui que ce fût ne pouvait entrer dans la pièce où reposait S. M. ni dans celle de l'aide de camp, et dont il tenait la porte fermée par un verrou. Il allait recevoir dans la pièce qui précédait la personne qui voulait lui parler ou lui remettre une dépêche. En revenant, il devait fermer ce verrou sur lui pour que l'on ne pût le suivre ni dans son appartement ni dans la chambre à coucher de l'Empereur, et alors seulement il frappait à la porte de l'Empereur.

« L'aide de camp de jour pouvait introduire les personnes qui avaient à parler à S. M., soit qu'elle se tînt dans le grand appartement de représentation, ou dans celui d'honneur, ou dans l'intérieur ; mais il ne le faisait que par une commission spéciale de l'Empereur.

« Dans les parades et mouvements militaires, les aides de camp marchaient devant l'Empereur ; celui du jour se tenait immédiatement devant et à six pas.

« A l'armée, les aides de camp de l'Empereur faisaient le service de chambellans.

« Le grand appartement de représentation se composait d'une salle de concert, d'un premier salon, d'un second salon, d'une salle du trône, du salon de l'Empereur et d'une galerie.

« Les pages se tenaient dans la salle de concert.

« Tous les officiers du festin d'honneur de LL. MM., ceux des maisons des princes et princesses de la famille impériale ou de l'Empire, lorsqu'ils les accompagnaient, les membres du Sénat et du Conseil d'État, les généraux de division, les archevêques et évêques entraient de droit dans le second salon.

« Les princes et princesses de la famille impériale et de l'Empire, les ministres, les grands officiers de l'Empire, les présidents du Sénat, du Corps législatif, entraient de droit dans la salle du trône.

« Lorsque l'Impératrice recevait dans la salle du trône, les dames d'honneur, d'atours et du palais avaient le droit d'y entrer.

« Les hommes et les dames saluaient le trône en traversant la salle où il était placé.

« L'Empereur et l'Impératrice seuls entraient dans le salon de l'Empereur. Toute autre personne, quels que fussent son rang et ses fonctions, n'y pouvait entrer que lorsque S. M. la faisait appeler.

« L'appartement ordinaire de l'Empereur se divisait en appartement d'honneur et en appartement intérieur.

« L'appartement d'honneur se composait d'une salle des gardes, d'un premier salon et d'un second salon.

« L'appartement intérieur se composait d'un cabinet de travail, d'un arrière-cabinet, d'un bureau topographique et d'une chambre à coucher.

« Les huissiers faisaient le service de l'appartement d'honneur, et les valets de chambre celui de l'appartement intérieur.

« Dans la salle des gardes se tenaient les pages de service et un sous-officier du piquet de la garde à cheval. Il n'y entrait aucun domestique. Un portier d'appartement en tenait la porte.

« Le chambellan de jour faisait entrer dans le premier salon, ou dans celui que lui désignait S. M., les personnes admises à son audience ou appelées pour affaires de service et travailler.

« Personne ne pouvait traverser le cabinet dans lequel S. M. travaillait ordinairement, à moins d'y être appelé par l'Empereur.

« Lorsque LL. MM. voulaient manger en grand couvert, la table était placée sur une estrade et sous un dais avec deux fauteuils ; les portes de la salle où elle était placée étaient tenues par des huissiers.

« S'il y avait des invitations à faire, le grand maître des cérémonies en était chargé. Il prévenait le grand maréchal du palais de la distribution des tables et des personnes qui devaient s'y asseoir, ainsi que de la pièce dans laquelle on devait les réunir et de l'heure.

« Le grand maréchal du palais prenait les ordres de LL. MM. pour le moment du service et les transmettait au premier préfet qui veillait à leur exécution.

« Le préfet de service envoyait lui-même à l'office et à la cuisine, et il en faisait apporter en ordre tout ce qui était nécessaire pour le service, qu'il faisait placer sur la table en sa présence.

« Le couvert de l'Empereur était placé à droite ; celui de l'Impératrice à gauche. Lorsque tout était prêt, le premier préfet avertissait le grand maréchal, qui prévenait LL. MM.

« LL. MM. étant arrivées à table, le grand chambellan devait présenter à laver à l'Empereur. Le grand écuyer lui offrait le fauteuil ; le grand maréchal lui présentait la serviette.

« Le grand aumônier venait sur le devant de la table, bénissait le dîner et se retirait.

« Les pages faisaient le service. Les carafes d'eau et de vin à l'usage de LL. MM. étaient placées sur un plat d'or, le verre sur un autre plat et à la droite de leur couvert.

« Lorsque l'Empereur demandait à boire, le premier préfet versait l'eau et le vin dans le verre, qui était offert à S. M. par le Grand Maréchal.

« Les maîtres d'hôtel posaient les plats, découpaient les mets, et faisaient offrir à LL. MM. par les pages.

« Le grand chambellan faisait verser devant lui le café dans la tasse destinée à l'Empereur ; un page le lui remettait sur un plat d'or et il l'offrait à S. M.

« Le premier chambellan de l'Impératrice offrait de même le café à S. M.

« Après le repas, le grand maréchal prenait la serviette des mains de l'Empereur ; le premier préfet celle de l'Impératrice.

« Le grand écuyer et le premier écuyer de l'Impératrice retiraient les fauteuils de LL. MM. Le grand chambellan donnait à laver à l'Empereur ; le premier chambellan à l'Impératrice.

« Si, dans la salle où mangeaient LL. MM., il était servi d'autres tables, le service en était fait par les maîtres d'hôtel et la livrée.

« Quand LL. MM. voulaient manger dans l'appartement intérieur, elles désignaient le lieu et les personnes qui devaient les servir. Il n'y avait aucune étiquette ni personne du service d'honneur.

« Avant le coucher de LL. MM., le préfet de service prenait les ordres de LL. MM. pour l'heure à laquelle elles voulaient déjeuner.

« Tous les matins, à neuf heures, l'Empereur sortait de l'intérieur de ses appartements habillé comme il devait l'être toute la journée.

« Les officiers de service étaient les premiers admis ; Napoléon donnait ses ordres pour la journée.

« Immédiatement après, les *grandes entrées* étaient introduites. Elles se composaient des personnages du plus haut
rang qui y avaient droit par leur charge ou par faveur
spéciale.

« Les officiers de la maison impériale qui n'étaient pas de
service avaient aussi l'honneur d'y être admis.

« Bien des gens, qui semblent aujourd'hui l'avoir oublié,
attachaient alors un très-grand prix à cette distinction (1).
Napoléon s'adressait successivement à chaque personne et
écoutait avec bienveillance (2) tout ce qu'on avait à lui dire.
La tournée finie, il saluait, et chacun se retirait. Souvent,
quelques personnes qui voulaient l'entretenir en particu-

(1) Tous ces détails sont tirés des *Mémoires* de M. Beausset, qui écrivait cela en 1827.

(2) Voici comment M. Bignon rend compte des audiences de Napoléon
lorsqu'il n'était que Premier Consul. (*Histoire de France*, t. ii, p. 219.)

« Les audiences du Premier Consul étaient alors très-graves et courtes.
Il laissait aux deux autres consuls le soin d'ouvrir leurs salons à
tous les fonctionnaires, aux militaires en grade et aux solliciteurs.
Pour lui, il ne prolongeait la durée de ses cercles que dans les circonstances extraordinaires, soit dans un but politique, soit quelquefois
par un sentiment de haute délicatesse, lorsqu'il voulait donner à un
personnage illustre un témoignage éclatant de considération et d'estime, comme l'accueil qu'il fit à M. Fox : « M. Fox est un homme
• supérieur qui me va très-bien, disait il. » Jamais homme d'un mérite
distingué en quelque genre que ce fût n'eut à se plaindre d'avoir été
négligé par le Premier Consul. Digne de les entendre et de les juger,
c'était sans doute un besoin pour lui d'être connu et apprécié par
eux. Aussi employait-il avec un rare succès toute la séduction de son
esprit pour les éblouir et pour les attirer. Quant aux Français appelés
à le servir, il les étonnait et les subjuguait par la facilité, la simplicité,
la patience même de sa conversation, aussi bien que par la fermeté
de ses jugements. Il les étourdissait pour ainsi dire par la variété de
ses talents. »

lier attendaient que tout le monde fût sorti, et, restant seules avec lui, en obtenait le moment d'audience qui leur était nécessaire.

« A neuf heures et demie, le déjeuner de l'Empereur était servi. Napoléon déjeunait sur un petit guéridon en acajou recouvert d'une serviette. Sobre autant *que jamais un homme ait pu l'être* (1), souvent son déjeuner ne durait pas plus de huit minutes. Quelquefois il restait plus long-temps à table lorsqu'il était en train de causer, et alors rien n'égalait la douce gaieté et le charme de sa conversation. Ses expressions étaient rapides, positives, pittoresques. J'ai dû à ce moment de mon service les heures les plus agréables de ma vie. Très-souvent je lui proposais de recevoir pendant son déjeuner quelques personnes auxquelles il avait accordé cette faveur. C'étaient, en général, des savants du premier ordre, tels que MM. Monge (2),

(1) « La table était d'un million, et pourtant le dîner de la personne de l'Empereur n'était dans ce compte que pour cent francs par jour. Jamais on n'a pu arriver à le faire manger chaud, parce qu'une fois au travail on ne savait quand il quitterait ; aussi, l'heure du dîner venue, on mettait pour lui des poulets à la broche de demi-heure en demi-heure, et l'on en a vu rôtir des douzaines avant d'atteindre celui qui lui a été présenté. (*Mémorial*, t. IV, p. 177.)

« Quelquefois l'Impératrice était forcée, pour se mettre à table, d'attendre l'Empereur qui, profondément occupé dans son cabinet, oubliait les heures. Le dîner était régulièrement servi à six heures. Il arriva qu'un jour, ou plutôt un soir, l'Empereur oublia l'avertissement qui lui avait été donné jusqu'à onze heures. En sortant de son cabinet il dit à Joséphine : « — *Mais je crois qu'il est un peu tard ?* — « *Onze heures passées*, répondit-elle en riant. — *Je croyais avoir* « *dîné*, dit Napoléon en se mettant à table. » (Beausset, *Mémoires*, t. Ier, p. 377.)

(2) L'Empereur regardait M. Monge comme l'un des plus grands géo-

Bertholet (1), Costaz (2), intendant des bâtiments de la couronne, Denon, directeur du Musée, qu'il avait emmenés avec lui pendant la campagne d'Égypte, et Corvisart. Parmi les hommes célèbres par de grands talents étaient MM. David, Gérard, Isabey (3), Talma, Fontaine, son premier architecte, etc. (4). Quelques-uns d'entre eux

mètres du siècle, et comme l'homme de France qui lui était le plus dévoué.

(1) Le plus grand chimiste de l'époque, dans le laboratoire duquel Napoléon avait étudié les principes de cette science avant son départ pour l'Egypte.

(2) M. Costaz, géomètre, membre de l'Institut d'Egypte, a été successivement membre du tribunat, préfet, intendant des bâtiments, conseiller d'Etat, directeur général des ponts et chaussées. L'Empereur a dit plusieurs fois que c'était un des hommes dont il aimait le mieux la conversation, *parce qu'elle était le plus variée.*

(3) Le célèbre peintre en miniature, fort aimé de l'Empereur.

« J'ai su qu'à l'époque de l'abdication (1814), M. Isabey, fidèle à la reconnaissance et au malheur, se rendit à Fontainebleau pour remettre à l'Empereur les portraits de l'Impératrice Marie-Louise et de son fils dans un même tableau, persuadé que cet hommage lui serait agréable. Napoléon lui en témoigna toute sa satisfaction, et, après les éloges donnés aux sentiments et aux talents de M. Isabey, il lui dit ces mots : « *Sans doute, Corvisart (le premier chirurgien de l'Em-* « *pereur), Gérard (le peintre), Fontaine et vous, vous serez appelés* « *par le roi. Servez-le comme vous m'avez toujours servi.* »

(4) « M. Fontaine, l'architecte de France le plus savant, le plus habile et le plus honnête. Dès les premiers temps de sa puissance consulaire, Napoléon ordonna à M. Fontaine de lui présenter un devis relatif à des constructions importantes. Il trouva les prix trop élevés, et, dans la chaleur de la discussion, se servit de quelques expressions dont l'extrême délicatesse de M. Fontaine fut blessée ; il crut devoir donner sa démission. Le Premier Consul demanda au ministre de l'Intérieur une liste de douze architectes en état de remplir ses vues. En tête de cette liste figurait le nom de M. Fontaine. « *Réduisez votre*

existent encore, et je suis bien assuré qu'ils s'accorderont à dire avec moi que rien n'égalait la grâce et l'amabilité de Napoléon. Doué d'un esprit abondant, d'une intelligence supérieure et d'un tact extraordinaire, c'était dans ces moments d'abandon et de causerie qu'il étonnait et enchantait le plus.

« Rentré dans son cabinet, Napoléon recevait les ministres ou les directeurs généraux qui arrivaient avec leurs portefeuilles. Ces différents travaux duraient jusqu'à six heures du soir et n'étaient jamais interrompus que les jours de conseil des ministres ou du conseil d'État. Le dîner était régulièrement servi à six heures. Aux Tuileries et à Saint-Cloud, LL. MM. dînaient seules, excepté le dimanche, où la famille impériale était admise au banquet. L'Empereur, l'Impératrice et Mme Mère étaient assis dans des fauteuils, et les autres rois, reines, princes ou princesses, etc., n'avaient que des chaises meublantes. Il n'y avait qu'un seul service relevé pour le dessert; les mets les plus simples étaient ceux que Napoléon préférait. Il ne buvait que du vin de Chambertin et le buvait rarement pur. Le service était fait par les pages secondés par les valets de chambre, les maîtres d'hôtel, les écuyers tranchants, et jamais par la livrée. Le dîner durait ordinairement de quinze à vingt mi-

« *liste à six personnes,* » dit le Premier Consul au ministre. — M. Fontaine.... etc. « *Réduisez à trois.* » — M. Fontaine.... etc. « *Bornez-vous à un seul nom.* » — M Fontaine.... etc., toujours M. Fontaine. Napoléon le fit appeler, et lui dit en lui pinçant l'oreille (c'était son geste favori quand il était content des personnes) : « *Allons, puisque vous êtes le plus habile et le plus honnête, j'en passerai par où vous voudrez.* » Et il fit bien.

(Toutes les notes qu'on vient de lire sont, sauf quelques légers changements, de M. de Beausset.)

nutes. Jamais Napoléon ne buvait ni vin de liqueur ni liqueur. Il prenait habituellement deux tasses de café pur, une le matin après son déjeuner, l'autre après son dîner. Tout ce qu'on a dit de l'abus qu'il en faisait est faux et ridicule. Pendant le dîner, le préfet du palais n'avait qu'à surveiller en grand le service et à répondre aux questions qui lui étaient adressées.

« Peu de temps après, l'Empereur rentrait dans son cabinet pour y travailler encore, car, *rarement*, disait-il, *il remettait au lendemain ce qu'il pouvait faire le jour*. L'Impératrice descendait dans les appartements par un escalier particulier qui servait de communication aux deux étages et aux deux appartements; elle entrait dans son salon, y trouvait les dames du palais de service, quelques autres dames privilégiées et les officiers de sa maison; des tables de jeu étaient dressées pour la forme et pour rompre le sérieux d'un cercle. Quelquefois Napoléon y venait par les appartements intérieurs de l'Impératrice, et causait avec autant de simplicité que d'abandon soit avec les dames du palais soit avec l'un de nous. Mais, en général, il restait peu de temps. Les officiers de son service remontaient pour assister à l'audience du *coucher*, et recevoir ses ordres pour le lendemain. Telle était la vie habituelle que menait l'Empereur aux Tuileries. Cette uniformité n'était dérangée que lorsqu'il y avait concert, spectacle ou chasse.

« Pendant les séjours à Saint-Cloud, la manière de vivre était la même; il n'y avait d'autre changement que le temps employé, dans la belle saison, à des promenades en calèche. Le conseil des ministres avait lieu tous les mercredis; les ministres étaient régulièrement invités à dîner avec **LL. MM.**

« A Fontainebleau, à Rambouillet ou à Compiègne, lorsque Napoléon allait chasser, il y avait toujours une tente dressée dans la forêt pour le déjeuner, auquel toutes les personnes du voyage étaient invitées : les dames suivaient la chasse en calèche. Ordinairement, huit ou dix personnes du voyage étaient invitées à dîner. »

Constant a donné des détails qui ne sont pas moins curieux sur les habitudes de l'Empereur dans sa vie intérieure (1) :

« A son retour d'Égypte, l'Empereur était fort maigre et très-jaune, le teint cuivré, les yeux assez enfoncés, les formes parfaites, bien qu'un peu grêles alors. J'ai trouvé fort ressemblant le portrait qu'en a fait M. Carle Vernet, dans son tableau d'*une Revue* du Premier Consul sur la place du Carrousel. Son front était très-élevé et découvert. Il avait peu de cheveux, surtout sur les tempes, mais ils étaient très-fins et très-doux. Il les avait châtains et les yeux d'un beau bleu, qui peignaient d'une manière incroyable les diverses émotions dont il était agité, tantôt extrêmement doux et caressants, tantôt sévères et presque durs ; sa bouche était très-belle ; les lèvres égales et un peu serrées, particulièrement dans la mauvaise humeur. Les dents, sans être rangées fort régulièrement, étaient blanches et très-bonnes ; jamais il ne s'en est plaint. Son nez, de forme grecque, était irréprochable, et son odorat excessivement fin. Enfin, l'ensemble de sa figure était régulièrement beau : cependant, à cette époque, sa maigreur extrême empêchait qu'on ne distinguât cette beauté des traits. Sa tête très-forte, ayant vingt-deux pouces de circonférence.

(1) *Mémoires :* passages extraits des six volumes qui composent ces *Mémoires.*

Elle était un peu plus longue que large, par conséquent un peu aplatie sur les tempes. Les oreilles étaient petites, parfaitement bien faites et bien placées. Sa taille était de cinq pieds deux pouces. Il avait le cou un peu court, les épaules effacées, la poitrine large, la cuisse et la jambe moulées. Son pied était petit; ses bras étaient bien faits et bien attachés; les mains admirables, et les ongles ne les déparaient pas; aussi en avait-il le plus grand soin, comme, au reste, de toute sa personne, mais sans afféterie. Il se rongeait souvent les ongles, mais légèrement; c'était un signe d'impatience ou de préoccupation.

« Dans ses moments, ou plutôt dans ses longues heures de travail, il avait un *tic* particulier qui semblait être un mouvement nerveux et qu'il conserva toute sa vie. Ce tic consistait à relever fréquemment et rapidement l'épaule droite, ce que les personnes qui ne connaissaient pas cette habitude interprétaient quelquefois comme un geste de mécontentement et de désapprobation, cherchant avec inquiétude comment et pourquoi elles avaient pu lui déplaire. Pour lui, il n'y songeait pas et répétait coup sur coup le même mouvement sans s'en apercevoir.

« L'Empereur mangeait très-vite; à peine s'il restait douze minutes à table. Lorsqu'il avait fini, il se levait et passait dans le salon de famille. Mais l'impératrice Joséphine restait et faisait signe aux convives d'en faire autant. Quelquefois pourtant, elle suivait S. M., et alors, sans doute, les dames du palais se dédommageaient dans leurs appartements, où on leur servait ce qu'elles désiraient.

« Un jour que le prince Eugène se levait de table immédiatement après l'Empereur, celui-ci, se retournant, lui dit : — Mais tu n'as pas eu le temps de dîner, Eugène? — Pardonnez-moi, répondit ce prince, *j'avais dîné d'avance*. Les autres convives trouvèrent que ce n'était pas la précaution inutile.

« Les mets les plus simples étaient ceux qu'il aimait le mieux. Il n'est pas vrai, comme on l'a dit, qu'il fît un usage immodéré du café. Il n'en prenait qu'une demi-tasse après son déjeuner et une autre après son dîner. Cependant, il a pu lui arriver quelquefois, lorsqu'il était dans ses moments de préoccupation, d'en prendre, sans s'en apercevoir, deux tasses de suite. Mais alors le café, pris à cette dose, l'agitait et l'empêchait de dormir; souvent aussi il lui est arrivé de le prendre froid, ou sans sucré, ou trop sucré. Pour remédier à tous ces inconvénients, l'impératrice Joséphine se chargea du soin de verser à l'Empereur son café, et l'impératrice Marie-Louise adopta aussi cet usage. Lorsque l'Empereur, après s'être levé de table, passait dans le petit salon, un page l'y suivait portant sur un plateau de vermeil une cafetière, un sucrier et une tasse. S. M. l'Impératrice versait elle-même le café, le sucrait et l'offrait à l'Empereur.

« Il n'aimait guère le vin et s'y connaissait mal. Cela me rappelle qu'un jour, au camp de Boulogne, ayant invité à sa table plusieurs officiers, S. M. fit donner de son vin au maréchal Augereau et lui demanda avec un certain air de satisfaction comment il le trouvait. Le maréchal le dégusta quelque temps en faisant claquer sa langue contre son palais, et finit par répondre : « *Il y en a de meilleur,* » de ce ton qui n'est pas des plus insinuants. L'Empereur, qui pourtant s'attendait à une autre réponse, sourit, comme le reste des convives, de la franchise du maréchal.

« Il n'est personne qui n'ait entendu dire que S. M. prenait les plus grandes précautions pour n'être point empoisonnée. C'est un conte à mettre avec celui de la cuirasse à l'épreuve de la balle et du poignard. L'Empereur, au contraire, poussait trop loin la confiance; son déjeuner était apporté tous les jours dans une antichambre ouverte à tous ceux à qui il avait accordé une audience particulière, et ils y attendaient quelquefois des heures de suite. Le déjeuner de S. M. attendait aussi fort longtemps; on tenait les plats aussi chauds que l'on pouvait jusqu'au moment où elle sortait de son cabinet pour se mettre à table. Le dîner de LL. MM. était porté des cuisines aux appartements supérieurs dans des paniers couverts, mais il n'eût point été difficile d'y glisser du poison. Néanmoins, jamais aucune tentative de ce genre n'entra dans la pensée des gens de service, dont le dévouement et la fidélité à l'Empereur, même chez les plus subalternes, surpassaient tout ce que j'en pourrais dire.

« Quelquefois, avant de faire entrer le service, S. M. me questionnait sur ce que j'avais fait la veille. Elle me demandait si j'avais dîné en ville, avec qui, si l'on m'avait bien reçu, ce que nous avions à dîner, etc., etc. Souvent aussi elle voulait savoir ce que me coûtait telle ou telle partie de mon habillement. Je le lui disais, et alors l'Empereur se récriait sur les prix, et me disait que, quand il était sous-lieutenant, tout était bien moins cher, qu'il avait souvent mangé chez Rose, restaurateur de ce temps, et qu'il y dînait fort bien pour 40 sous.

« A son lever, l'Empereur prenait habituellement une tasse de thé ou de feuilles d'oranger. S'il prenait un bain, il y entrait immédiatement au sortir du lit, et là se faisait lire par un secrétaire les dépêches et les journaux. Quand il ne prenait pas de bain, il s'asseyait au coin du feu et se faisait faire ainsi ou fort souvent faisait lui-même cette lecture. Il dictait au secrétaire les réponses et les observations que lui suggérait la lecture de ces papiers. Au fur et à mesure qu'il les avait parcourus, il les jetait sur le parquet sans aucun ordre. Le secrétaire ensuite les ramassait et les mettait en ordre pour les emporter dans le cabinet particulier. Venait la toilette, et, lorsqu'elle était achevée, on lui présentait son mouchoir, sa tabatière et une petite boîte en écaille remplie de réglisse anisé et coupé très-fin. J'ai dit ailleurs que l'Empereur se faisait habiller de la tête aux pieds : il ne mettait la main à rien, se laissant faire comme un enfant, et, pendant ce temps, il s'occupait de ses affaires. Il était né pour ainsi dire homme à valets de chambre. Général, il en avait eu jusqu'à trois, et se faisait servir avec autant de luxe que dans la plus haute fortune. Dès cette époque, il recevait tous les soins que je viens de décrire et dont il lui était presque impossible de se passer. L'étiquette n'a rien changé de ce côté : elle a augmenté le nombre de ses serviteurs, les a décorés de titres nouveaux, mais elle n'aurait pu l'entourer de plus de soins. Il ne se soumit que très-rarement à la grande étiquette royale : jamais, par exemple, le grand chambellan ne lui a passé sa chemise. Une fois seulement, au repas que la ville de Paris lui offrit lors du couronnement, le grand chambellan lui présenta à laver.

« Il n'avait point d'heure fixe pour se coucher. Tantôt il se mettait au lit à dix ou onze heures du soir ; tantôt, et le plus souvent, il veillait jusqu'à deux, trois et quatre heures du matin. Il était bientôt déshabillé, car son habitude était de jeter, en entrant dans sa chambre, chaque partie de son habillement à tort et à travers ; son habit par terre, son grand cordon sur le tapis, sa montre sur le lit, son chapeau au loin sur un meuble, et ainsi tous ses vêtements. Lorsqu'il ne s'endormait pas de suite, il faisait appeler un de ses lieutenants ou bien l'impératrice Joséphine pour lui faire la lecture. Personne ne pouvait mieux que S. **M.** s'acquitter de cet office pour lequel l'Empereur la préférait à tous ses lecteurs : elle lisait avec ce charme particulier qu'elle mettait à toutes ses actions. Par ordre de l'Empereur, on brûlait dans sa chambre, dans de petites cassolettes en vermeil, tantôt du bois d'aloës, tantôt du sucre ou **du** vinaigre. Presque toute l'année il fallait du feu dans tous les appartements. Il était habituellement très-sensible au froid. Il avait eu l'habitude en travaillant la nuit de prendre du café ou du chocolat ; mais il y avait renoncé, et, sous l'Empire, il ne prenait plus rien, sinon de temps en temps, mais très-rarement, soit du punch doux et léger comme de la limonade, soit, comme à son lever, une infusion de feuilles d'oranger ou de thé.

« La somme fixée pour la toilette de S. **M.** était de 20,000 francs, et, l'année du sacre, elle entra dans une grande colère parce que cette somme avait été de beaucoup dépassée. Ce n'était qu'en tremblant qu'on lui présentait les divers budgets de dépenses de sa maison. Toujours il retranchait et rognait, et recommandait toutes sortes de réformes. Je me souviens que, lui demandant pour quelqu'un une place de 3,000 fr. qu'il m'accorda, je le vis se récrier : « — Trois mille francs ! Mais savez-vous bien que « c'est le revenu d'une de mes communes ! Quand j'étais « sous-lieutenant, je ne dépensais pas cela. » Ce mot revenait sans cesse dans les avertissements de l'Empereur aux personnes de sa familiarité, et *quand j'avais l'honneur d'être sous-lieutenant* était souvent dans sa bouche, et toujours pour faire des exhortations ou des comparaisons d'économie.

« L'Empereur lisait quelquefois le matin les nouveautés et les romans du jour. Quand un ouvrage lui déplaisait il le jetait au feu. S'il nous trouvait le soir occupés à lire dans le petit salon, où nous l'attendions à l'heure du coucher, il regardait quels livres nous lisions, et, quand c'étaient des romans, ils étaient brûlés sans miséricorde. S. M. manquait rarement d'ajouter une petite semonce à la confiscation et de demander *si un homme ne pouvait pas faire une meilleure lecture?* Un matin qu'il avait parcouru et jeté au feu un livre de je ne sais quel auteur, Roustan se baissa pour le retirer, mais l'Empereur s'y opposa en disant : *Laisse donc brûler toutes ces sottises-là; c'est tout ce qu'elles méritent.*

« L'Empereur montait à cheval sans grâce, et je crois qu'il n'y aurait pas toujours été très-solide si l'on n'avait mis tant de soin à ne lui donner que des chevaux parfaitement dressés. Il n'était pas sur ce point de précautions que l'on ne prît. Les chevaux destinés à son service personnel passaient par un rude noviciat avant d'arriver jusqu'à l'honneur de le porter. On les accoutumait à souffrir, sans faire le moindre mouvement, des tourments de toute espèce, des coups de fouet sur la tête et sur les oreilles ; on battait le tambour ; on leur tirait aux oreilles des coups de pistolet et des boîtes d'artifice ; on agitait des drapeaux devant leurs yeux ; on leur jetait dans les jambes de lourds paquets, quelquefois même des moutons et des pourceaux. Il fallait qu'au milieu du galop le plus rapide (l'Empereur n'aimait que cette allure), il put arrêter son cheval tout court. Il ne lui fallait enfin que des chevaux brisés. M. Burdin père, écuyer de S. M., s'acquittait de sa pénible charge avec beaucoup d'adresse et d'habileté. Aussi, l'Empereur en faisait-il le plus grand cas.

« S. M. tenait beaucoup à ce que ses chevaux fussent très-beaux, et, dans les dernières années de son règne, elle ne montait que des chevaux arabes. Il y eut quelques-uns de ces nobles animaux que l'Empereur affectionna, entre autres *la Styrie*, qu'il montait au Saint-Bernard et à Marengo. Après cette dernière campagne, il voulut que son favori finît sa vie dans le luxe et dans le repos. Marengo et le Grand Saint-Bernard étaient déjà une carrière assez bien remplie. L'Empereur eut aussi, pendant quelques années, un cheval arabe d'un rare instinct et qui lui plaisait beaucoup. Tout le temps qu'il attendait son cavalier, il eût été difficile de lui découvrir la moindre grâce; mais, dès qu'il entendait le tambour battre aux champs, ce qui annonçait la présence de S. M., il se redressait avec fierté, agitait sa tête en tous sens, battait du pied, et, jusqu'au moment où l'Empereur en descendait, son cheval était le plus beau qu'on pût voir. S. M. faisait grand cas des bons écuyers; aussi rien n'était négligé pour que les pages reçussent sous ce rapport l'éducation la plus soignée. Outre qu'on les instruisait à monter solidement et avec grâce, ils pratiquaient encore des exercices de voltige, dont il semblerait qu'on dût avoir besoin seulement au Cirque-Olympique. C'était même un des écuyers de MM. Franconi qui était chargé de cette portion de l'éducation des pages.

« L'Empereur ne prenait le plaisir de la chasse qu'autant

qu'il en fallait pour se conformer aux exigences de l'usage qui font de ce royal exercice un accompagnement nécessaire du trône et de la couronne. Cependant je l'ai vu plusieurs fois s'y livrer assez longtemps pour faire croire qu'il ne s'y ennuyait pas. Il chassa un jour dans la forêt de Rambouillet depuis six heures du matin jusqu'à huit heures du soir. C'était un cerf qui avait causé cette excursion extraordinaire ; je me rappelle qu'on revint même sans l'avoir forcé. Dans une des chasses impériales de Rambouillet à laquelle assistait l'Impératrice Joséphine, un cerf poursuivi par les chasseurs vint se jeter sous la voiture de l'Impératrice. Cet asile ne le trahit pas, car S. M., touchée des larmes du pauvre animal, demanda sa grâce à l'Empereur, et la bonne Joséphine lui attacha elle-même autour du cou un collier d'argent qui devait attester sa délivrance et le protéger contre tous les chasseurs.

« Il y eut une dame de l'Impératrice qui montra un jour moins d'humanité qu'elle, et la réponse qu'elle fit à l'Empereur déplut singulièrement à celui-ci, qui aimait la douceur et la pitié dans les femmes. On chassait depuis quelques heures dans le bois de Boulogne. L'Empereur, s'approchant de la calèche de l'Impératrice Joséphine, se mit à causer avec cette dame qui portait un des noms les plus anciens et les plus nobles de France, et qui, sans l'avoir, dit-on, désiré, avait été placée auprès de l'Impératrice. Le prince de Neufchâtel vint dire que le cerf était aux abois. « — Ma- « dame, dit galamment l'Empereur à Mme de C***, que « voulez-vous qu'on fasse du cerf ? Je remets son sort entre « vos mains. — Faites-en, Sire, ce qu'il vous plaira ; je ne « m'y intéresse guère. » L'Empereur la regarda froidement, et, tournant la bride de son cheval, il s'éloigna. Il avait été choqué de cette réponse, et la répéta le soir, en termes peu flatteurs pour Mme de C***.

« L'Empereur n'appuyait pas bien son fusil sur l'épaule, et, comme il faisait charger et bourrer fort, il ne tirait jamais sans avoir un bras tout noirci. On frottait la place meurtrie avec de l'eau de Cologne, et S. M. n'y pensait plus.

« Les dames suivaient la chasse en calèche. On dressait ordinairement une table dans la forêt pour le déjeuner, auquel toutes les personnes de la chasse étaient invitées.

« S. M. aimait beaucoup le spectacle Elle avait une préférence marquée pour la tragédie française et l'opéra italien. Corneille était son auteur favori ; j'ai vu constamment sur sa table quelques volumes de ce grand poëte. Très-souvent je l'ai entendu déclamer en marchant dans sa chambre des vers de *Cinna*, ou cette tirade de la *Mort de César.*

> César, tu vas régner. Voici le jour auguste,
> Où le peuple romain, pour toi toujours injuste,
> Etc., etc.

« Sur le théâtre de Saint-Cloud, le spectacle d'une soirée n'était souvent que de pièces et de morceaux. On prenait un acte d'un opéra, un acte d'un autre, ce qui était fort contrariant pour les spectateurs que la première pièce avait commencé à intéresser. Souvent aussi on jouait des comédies, et c'était une grande joie dans la maison. L'Empereur lui-même y prenait beaucoup de plaisir. Combien de fois je l'ai vu se pâmer de rire en voyant Baptiste cadet dans les *Héritiers.* Michaut l'amusait aussi beaucoup dans *La Partie de chasse de Henri IV.*

« On a dit que S. M. prenait beaucoup de tabac, et que, pour en prendre plus vite et plus souvent, elle en mettait dans une poche de son gilet doublée de peau pour cet usage.

Ce sont autant d'erreurs. L'Empereur n'a jamais pris de tabac que dans des tabatières, et, quoiqu'il en consommât beaucoup, il n'en prenait que très-peu. Il approchait sa prise de ses narines, comme simplement pour la sentir, et la laissait tomber ensuite. Il est vrai que la place où il se trouvait en était couverte, mais les mouchoirs, témoins irrécusables en pareille matière, étaient à peine tâchés, bien qu'ils fussent blancs et de baptiste très-fine ; certes, ce ne sont pas là les marques d'un priseur. Souvent il se contentait de promener sous son nez la tabatière ouverte pour respirer l'odeur du tabac qu'elle contenait. Ses boîtes étaient étroites, ovales, à charnières, en écaille noire, doublées en or, ornées de camées ou de médailles antiques. Il avait eu des tabatières rondes; mais, comme il fallait deux mains pour les ouvrir, et que, dans cette opération, il laissait tomber tantôt la boîte, tantôt le couvercle, il s'en était dégoûté. Son tabac était râpé fort gros, et se composait ordinairement de plusieurs sortes de tabac mélangées ensemble. Souvent il s'amusait à en faire manger aux gazelles qu'il avait à Saint-Cloud. Elles en étaient très-friandes, et quoiqu'on ne peut plus sauvages pour tout le monde, elles s'approchaient sans crainte de S. M.

« L'Empereur n'eut qu'une seule fois la fantaisie d'essayer de la pipe; voici à quelle occasion. L'ambassadeur persan, ou peut-être l'ambassadeur turc, qui vint à Paris sous le consulat, avait fait présent à S. M. d'une fort belle pipe à l'orientale. Il lui prit un jour envie d'en faire l'essai, et il fit préparer tout ce qu'il fallait pour cela. Le feu ayant été appliqué au récipient, il ne s'agissait plus que de le faire communiquer au tabac; mais à la manière dont S. M. s'y prenait, elle n'en serait jamais venue à bout. Elle se contentait d'ouvrir et de fermer alternativament la bouche sans aspirer le moins du monde : — « Comment, diable ! s'écriat-elle enfin, cela n'en finit pas. » Je lui fis observer qu'elle s'y prenait mal, et je lui montrai comment il fallait faire. Mais l'Empereur en revenait toujours à son espèce de bâillement. Ennuyé de ses vains efforts, il finit par me dire d'allumer la pipe. J'obéis et la lui rendis en train. Mais à peine en eut-il aspiré une bouffée, que la fumée, qu'il n'avait pas su chasser de sa bouche, tournoyant autour du palais, lui pénétra dans le gosier et ressortit par les narines et par les yeux. Dès qu'il put reprendre haleine, « — ôtez cela ! quelle infection ! le cœur me tourne !...... » Il se sentit en effet comme incommodé pendant une heure, et renonça pour toujours à un *plaisir* « dont l'habitude n'était bonne, disait-il, qu'à dissiper les fainéants. »

« L'Empereur ne mettait dans ses vêtements d'autre recherche que celle de la finesse de l'étoffe et de la commodité. Ses fracs, ses habits, et la redingote grise si fameuse, étaient des plus beaux draps de Louviers. Sous le consulat, il portait, comme c'était alors la mode, les basques de son habit extrêmement longues. Plus tard, la mode ayant changé, on les porta plus courtes ; mais l'Empereur tenait singulièrement à la longueur des siennes, et j'eus beaucoup de peine à le décider à y renoncer. Ce ne fut que par une supercherie que j'en vins tout à fait à bout. A chaque nouvel habit que je faisais faire pour S. M. je recommandais au tailleur de raccourcir les pans d'un bon pouce, jusqu'à ce qu'enfin, sans que l'Empereur s'en aperçût, ils ne furent plus ridicules. Il ne renonçait pas plus aisément sur ce point que sur tous les autres à ses anciennes habitudes, et il voulait surtout n'être pas gêné; aussi ne brillaitil pas par l'élégance. Le roi de Naples (Murat), l'homme de France qui se mettait avec le plus de recherche, et presque toujours avec le meilleur goût, se permettait quelquefois de le plaisanter doucement sur sa toilette. « — Sire, lui disait-il, Votre Majesté s'habille trop *à la papa*. De grâce, donnez à vos fidèles sujets l'exemple du bon goût. — « Ne faut-il pas pour vous plaire, répondait l'Empereur, que je me mette comme un muscadin, comme un petit-maître, comme S. M. le roi de Naples et des Deux-Siciles? Je tiens à mes habitudes, moi. » Cependant il avait commandé une fois un fort bel habit de velours marron avec des boutons en diamants. Il descendit ainsi vêtu au cercle de S. M. l'Impératrice, mais avec une cravate noire. L'Impératrice Joséphine lui avait préparé un col en dentelle magnifique, mais toutes mes instances n'avaient pu le décider à le mettre.

« Les vestes et les culottes de l'Empereur étaient toujours de casimir blanc. Il en changeait tous les matins. On ne les lui faisait blanchir que trois ou quatre fois. Deux heures après qu'il était sorti de sa chambre, il arrivait souvent que sa culotte était toute tachée d'encre, grâce à son habitude d'y essuyer sa plume, et d'arroser tout d'encre autour de lui en secouant sa plume contre la table. Cependant, comme il s'habillait le matin pour toute la journée, il ne changeait pas pour cela de toilette, et restait en cet état le reste du jour. J'ai déjà dit qu'il ne portait jamais que des bas de soie blancs. Ses souliers, très-légers et très-fins, étaient doublées de soie. Les boucles étaient d'or, ovales, simples ou à facettes. Il portait aussi des boucles d'or aux jarretière. Jamais, sous l'Empire, je ne lui ai vu porter de pantalons.

« Toujours par suite de sa fidélité à ses anciennes habitu-des, son cordonnier était le même qui l'avait chaussé lors-qu'il était à l'École militaire. Depuis ce temps il le chaussait toujours d'après ses premières mesures sans lui en prendre de nouvelles ; aussi, ses souliers comme ses bottes étaient toujours mal faits et sans grâce. Longtemps il les porta poin-tus ; je gagnai qu'ils fussent faits en *bec de canne*, comme c'était la mode. Ses anciennes mesures se trouvèrent à la fin trop petites, et j'obtins de S. M. qu'elle s'en ferait pren-dre d'autres. Je courus aussitôt chez son cordonnier : c'était un grand simple qui avait succédé à son père. Il n'avait jamais vu l'Empereur, quoiqu'il travaillât pour lui, et fut tout stu-péfait d'apprendre qu'il fallait paraitre devant Sa Majesté. Comment oserait-il se présenter devant l'Empereur ? Quel costume fallait-il prendre ? Je l'encourageai et lui dis qu'il lui fallait un habit noir à la française avec la culotte, l'épée, le chapeau, etc., etc. Il se rendit ainsi panaché aux Tuile-ries. En entrant dans la chambre de S. M., il fit un profond salut, et demeura fort embarrassé. « — Ce n'est pas vous, « dit l'Empereur, qui me chaussiez à l'École militaire ? — « Non, Sire Votre Majesté, c'était mon père. — Et pourquoi « n'est-ce plus lui ? — Votre Majesté, parce qu'il est mort. — « Combien me faites-vous payer mes souliers ? — Votre Ma-« jesté, dix-huit francs. — C'est bien cher. — Votre Majesté « les payerait bien plus cher si élle voulait. » L'Empereur rit beaucoup de cette niaiserie et se fit prendre mesure. Les rires de S. M. avaient complétement déconcerté ce pauvre homme. Lorsqu'il s'approcha, le chapeau sous le bras, et en faisant mille saluts, son épée se prit dans ses jambes, fut rompue en deux et le fit tomber sur les genoux et sur les mains. C'était à n'y pas tenir ; aussi les rires de S. M. redoublèrent. Enfin, l'honnête cordonnier, débarrassé de sa brette, prit plus aisément mesure à l'Empereur, et se retira en faisant beaucoup d'excuses.

« L'Empereur ne portait jamais de bijoux. Il n'avait dans sa poche ni bourse ni argent, mais seulement son mouchoir, sa tabatière et sa bonbonnière.

« Il ne portait à ses habits qu'une plaque et deux croix, celle de la Légion d'honneur et celle de la Couronne de fer. Sous son uniforme et sa veste il avait un cordon rouge dont les deux bouts ne se voyaient qu'à peine. Quand il y avait cercle au château ou qu'il passait une revue, il mettait ce grand cordon sur son habit.

« Son chapeau, dont il sera inutile de décrire la forme tant qu'il existera des portraits de Sa Majesté, était de castor extrèmement fin et très-léger; le dedans était doublé de soie. Il n'y portait ni glands, ni torsades, ni plumes, mais simplement une ganse étroite de soie plate qui soutenait une petite cocarde tricolore.

« Il avait plusieurs montres de Bréguet et de Meunier; elles étaient fort simples, à répétition, sans ornements ni chiffre, le dessus couvert d'une glace, la boîte en or. Il cassait souvent sa montre en la jettant à la volée, comme je l'ai dit plus haut, sur un des meubles de sa chambre à coucher. Il avait deux réveils faits par Meunier, un dans sa voiture, l'autre au chevet de son lit. Il les faisait sonner avec une ganse de soie verte. Il en avait bien un troisième, mais il était vieux et ne pouvait servir. C'était celui qui avait appartenu au grand Frédéric et que Sa Majesté avait apporté de Berlin.

« Les épées de Sa Majesté étaient fort simples, la monture en or, avec un hibou sur le pommeau. Il s'était fait faire deux épées semblables à celle qu'il portait le jour de la bataille d'Austerlitz. Une de ces épées fut donnée à l'empereur Alexandre et l'autre au prince Eugène en 1814. Celle que l'Empereur avait à Austerlitz, et sur laquelle il avait fait graver le nom et la date de cette mémorable bataille, devait être enfermée dans la colonne de la place Vendôme : Sa Majesté l'avait encore, je crois, à Sainte-Hélène.

« Il avait aussi plusieurs sabres qu'il avait portés dans ses premières campagnes, et sur lesquels on avait fait graver les noms des batailles où il s'en était servi. Ils furent distribués à plusieurs officiers généraux par Sa Majesté.

« Lorsque l'Empereur devait quitter sa capitale pour rejoindre ses armées, ou pour une simple tournée dans les départements, jamais on ne savait bien précisément le moment de son départ. Il fallait d'avance envoyer sur diverses routes un service complet pour la chambre, la bouche, les écuries. Quelquefois ils attendaient trois semaines, un mois, et, quand Sa Majesté était partie, on faisait revenir les services restés sur les routes qu'elle n'avait point parcourues. J'ai souvent pensé que l'Empereur en usait ainsi pour déconcerter les calculs de ceux qui épiaient ses démarches et dérouter les politiques. Le jour qu'il devait partir, personne que lui ne le savait ; tout se passait comme à l'ordinaire. Après un concert, un spectacle ou tout autre divertissement qui avait réuni un grand nombre de personnes, Sa Majesté disait à son cocher : « Je pars à deux heures. » Quelquefois c'était un peu plus tôt ou un peu plus tard, mais on partait toujours à l'heure qu'il avait fixée. A l'instant l'ordre était transmis par chacun des chefs de service : tout se trouvait prêt dans le temps marqué, mais on laissait le château sens dessus dessous. Partout où logeait Sa Majesté en voyage, elle faisait payer avant de partir la dépense de sa maison et la sienne; elle faisait des présents à ses hôtes, et donnait des gratifications aux domestiques de la maison. Le dimanche, l'Empereur se faisait dire la messe par le desservant du lieu, et donnait toujours vingt napoléons, quelquefois plus, selon, pour les besoins des pauvres de la commune. Il questionnait beaucoup les curés sur leurs ressources, sur celles de leurs paroissiens, sur l'esprit et la moralité de la population. Il manquait rarement de demander le nombre des naissances, des décès, des mariages et s'il y avait beaucoup de garçons et de filles en âge d'être mariés. Si le curé répondait d'une manière satisfaisante, il pouvait compter sur les bonnes grâces de Sa Majesté; son église et ses pauvres s'en trouvaient bien, et pour lui-même, l'Empereur lui laissait à son départ, ou lui faisait expédier le brevet de la Légion d'honneur. En général Sa Majesté aimait qu'on lui répondît avec assurance et sans timidité : elle souffrait même la contradiction; on pouvait sans aucun risque lui faire une réponse inexacte; cela passait presque toujours; elle y faisait peu d'attention, mais elle ne manquait jamais de s'éloigner de ceux qui lui parlaient en hésitant et d'une manière embarrassée.

« Partout où l'Empereur résidait, il y avait toujours de service, le jour comme la nuit, un page et un aide de camp qui couchaient sur des lits de sangle. Il y avait aussi dans l'antichambre un maréchal des logis et un brigadier des écuries pour aller, quand il le fallait, faire avancer les équipages, qu'on avait soin de tenir toujours prêts à marcher; des chevaux tout sellés et bridés, et des voitures attelées de deux chevaux sortaient des écuries au premier signe de

Sa Majesté. On les relevait de service toutes les deux heures comme les sentinelles.

« J'ai dit tout à l'heure que Sa Majesté aimait les promptes réponses, et celles qui annonçaient de la vivacité dans l'esprit. Voici deux anecdotes qui me paraissent venir à l'appui de cette assertion.

« L'Empereur passait un jour une revue sur la place du Carrousel : son cheval se cabra et dans les efforts que fit Sa Majesté pour le retenir, son chapeau tomba à terre. Un lieutenant, — son nom était je crois Rabusson, — aux pieds duquel le chapeau était tombé, le ramassa et sortit du front de bandière pour l'offrir à Sa Majesté. « Merci, capitaine, » lui dit l'Empereur encore occupé à calmer son cheval. « Dans quel régiment, Sire ? » demande l'officier. L'Empereur le regarde alors avec plus d'attention, et, s'apercevant de sa méprise, dit en souriant : « Ah ! c'est juste, Monsieur, dans la garde. » Le nouveau capitaine reçut peu de jours après le brevet qu'il devait à sa présence d'esprit, mais qu'il avait auparavant bien mérité par sa bravoure et sa capacité.

« A une autre revue, Sa Majesté aperçut dans les rangs d'un régiment de ligne un vieux soldat dont le bras était décoré de trois chevrons. Elle le reconnut aussitôt pour l'avoir vu à l'armée d'Italie, et s'approchant de lui : « Eh bien ! mon brave, pourquoi n'as-tu pas la croix ? Tu n'as pourtant pas l'air d'un mauvais sujet. — Sire, répondit la vieille moustache avec une gravité chagrine, on m'a fait trois fois la queue pour la croix. — On ne te la fera pas une quatrième, » reprit l'Empereur, et il ordonna au maréchal Berthier de porter sur la liste de la plus prochaine promotion le brave, qui fut en effet bientôt décoré de la Légion d'honneur.

« Dans son intérieur, l'Empereur était presque toujours gai, aimable, causant avec les personnes de son service et les questionnant sur leur famille, leurs affaires et même leurs plaisirs (1). Il était très-facile à servir pourvu qu'on fût exact : il était même très-indulgent pour les petites fautes que pouvaient commettre les personnes du service. Toujours extrêmement poli avec tout le monde, il ne recevait de qui que ce fût le moindre service sans remercier, et n'appelait ses valets de chambre que « Monsieur. » Quand il traversait la salle où ils se tenaient, il ne passait jamais devant eux sans les saluer. Il en était de même quand l'Empereur venait chez l'Impératrice : il ne nous parlait jamais qu'avec beaucoup de politesse et souvent de bienveillance. Enfin, il prenait un tel intérêt à tout ce qui tenait à sa maison, qu'une fois qu'on y avait été attaché, même dans les rangs les plus inférieurs, personne, pas même un homme de peine ne pouvait être renvoyé sans son autorisation : il fallait qu'on lui fît un rapport. Je puis, à cette occasion, raconter un fait dont je garantis l'authenticité, sans pouvoir toutefois dire quelle est la personne de qui je le tiens.

« Un jour, sur les plaintes réitérées d'un maréchal des logis ou d'un adjudant du palais, le maréchal Duroc proposa à l'Empereur d'approuver le renvoi d'un de ses valets de pied. Sa Majesté ayant demandé pour quel motif, le grand maréchal lui dit que, d'après les rapports qui lui étaient parvenus, cet homme avait des dettes et qu'il était

(1) Tout ce qui va suivre est tiré des *Mémoires* de Mme Avrillon, femme de chambre de l'Impératrice Joséphine.

l'objet de continuelles réclamations de la part de ses créanciers. L'Empereur, et ceci prouve à quel point il entrait dans détails les plus minutieux de sa maison, demanda au maréchal Duroc depuis combien de temps cet homme était à son service, et quelle était l'origine de ses dettes. — « Songez bien, Duroc, lui dit-il en propres termes, qu'un homme ne doit pas être renvoyé légèrement de chez moi ; ce serait une flétrissure ; ensuite, il ne pourrait trouver à se placer nulle part. Faites-moi un nouveau rapport. » Le Grand Maréchal, voulant savoir la vérité par lui-même, fit venir le valet de pied, et apprit qu'en effet celui-ci avait des dettes, mais qu'elles remontaient à une époque antérieure à son entrée dans la maison de l'Empereur, et que même, il en avait déjà payé une partie sur ses appointements ; qu'il devait encore deux mille francs et qu'il était père de cinq enfants. Le maréchal, muni de ces renseignements, fit un nouveau rapport à l'Empereur. — « Vous voyez bien, lui dit Sa Majesté, qu'on a agi trop légèrement. Dites à un tel que je paye ses dettes, mais signifiez-lui en même temps que s'il en fait à mon service, il sera chassé impitoyablement. »

« L'Empereur, contre l'opinion commune, est loin d'avoir une forte constitution. Ses membres sont gros, mais ses fibres sont très-molles ; avec une poitrine fort large, il est toujours enrhumé ; son corps est soumis aux plus légères influences ; l'odeur de la peinture suffit pour le rendre malade ; certains mets, la plus petite humidité agissent immédiatement sur lui ; son corps est bien loin d'être de fer ainsi qu'on l'a cru, c'est seulement son moral. On connaît ses prodigieuses fatigues au dehors, ses perpétuels travaux au dedans ; jamais aucun souverain n'a égalé ses fatigues corporelles. Ce qu'on cite de plus fort est sa course de Valladolid à Burgos à francs-étriers — trente-cinq lieues d'Espagne en cinq heures et demie, plus de sept lieues à l'heure! L'Empereur était parti avec une nombreuse suite, à cause du danger des guérillas; à chaque pas il resta du monde en route; il arriva presque seul. On cite aussi sa course de Vienne au Simmering, dix-huit ou vingt lieues, où il se rendit à cheval, déjeuna et revint aussitôt après. On lui a vu souvent faire des chasses de trente-huit lieues; les moindres étaient de quinze. Un jour, un officier russe, arrivant en courrier de Saint-Pétersbourg, en douze ou treize jours, joignit l'Empereur à Fontainebleau, au départ de la chasse: pour délassement, il eut la faveur d'être invité à la suivre. Il n'eut garde de refuser, mais il tomba dans la forêt, et ce ne fut pas sans peine qu'on le retrouva.

« J'ai vu l'Empereur au Conseil d'État, dit M. de Las Cases, traiter les affaires huit ou neuf heures de suite, et lever la séance avec les idées aussi nettes, la tête aussi fraîche qu'au commencement. Je l'ai vu lire, à Saint-Hélène, dix ou douze heures de suite sans en paraître nullement fatigué.

« Il a supporté sans ébranlement les plus fortes secousses qu'un homme puisse éprouver ici-bas. A son retour de Moscou ou de Leipsick, après l'exposé qu'il fit au Conseil d'État, il dit : — On a répandu dans Paris le bruit que les cheveux m'avaient blanchi; vous voyez qu'il n'en est rien (montrant son front de la main), et j'espère que j'en saurai supporter bien d'autres encore. — Son physique ne se montre jamais moins susceptible que quand l'activité de l'esprit est plus grande.

« L'Empereur ne croit pas à la médecine; il ne prend aucun remède. Il s'est créé un traitement particulier. Son grand

secret avait été depuis longtemps, disait-il, de commett
un excès dans le sens opposé à son habitude présente : c'e
ce qu'il appelle ramener l'équilibre de la nature. S'il ét;
depuis quelque temps en repos, il faisait subitement u
course de soixante milles, une chasse de tout un jour. S
se trouvait, au contraire, surpris au milieu de très-grand
fatigues, il se condamnait à un repos absolu. Cette secouss
imprévue lui causait infailliblement une crise intérieure q
amenait aussitôt le résultat désiré. Cela, disait-il, ne l
avait jamais manqué.

« L'Empereur a la lymphe trop épaisse ; son sang ne ci
cule que difficilement. La nature l'a doué de deux ava
tages précieux ; l'un est de dormir dès qu'il a besoin c
repos, à quelque heure et en quelque lieu que ce soit ; l'au
tre de ne pouvoir commettre d'excès nuisibles dans le boi
et le manger. « — Si je dépassais le moindrement mon t
« rant d'eau, disait-il, je serais aussitôt malade. »

En ce qui concerne ses habitudes de travail, « peut-êtr
dit M. Bignon (1), n'a-t-il existé personne au monde, so
dans les hautes, soit dans les basses régions de la sociét
qui ait prouvé autant que Napoléon de quelle continuité, d
quelle variété, de quelle étendue de travail l'intelligenc
d'un seul homme est capable. Son grand secret, et ce secr
ne dépendait pas de sa volonté seule, il tenait à son carac
tère, c'était de se donner tout entier à l'affaire du moment
Il n'est nullement douteux que cette faculté si rare n'ait e
une extrême influence sur sa destinée. A Marengo, à Aus
terlitz, à Iéna, il n'avait qu'un seul but : la victoire. La vic
toire obtenue, sa pensée ressaisissait immédiatement tou
les intérêts dont il s'était séparé pour un seul. Ainsi les dé

(1) T. v, p. 19 et suivantes.

tails nombreux dans lesquels il entrait pour la nourriture du soldat, pour l'habillement, pour les hôpitaux, enfin pour les besoins de chaque jour, seraient impossibles à reproduire et même à indiquer. C'était au bien-être de l'armée qu'il consacrait tout ce que lui avait livré le sort des armes. Était-il informé qu'il existait des approvisionnements de vin considérables, il les faisait recueillir en payement de contributions extraordinaires. « — Il faut tout prendre, écrit-il un jour, y en eût-il pour vingt millions? mais le prendre en règle, et en donner des reçus ; *c'est le vin qui, dans l'hiver, me donnera la victoire.* Et ce n'était pas seulement aux besoins physiques qu'il s'efforçait de pourvoir. Là où il voyait un besoin moral, il s'appliquait aussi à le satisfaire. Parmi les dispositions ordonnées pour les hôpitaux, après la campagne de Prusse, il recommanda à l'intendant général de faire attacher un chapelain à l'hôpital de Stettin, de Posen et de quelques autres villes.

« La vie de Napoléon à l'armée était simple et sans éclat. Tout individu, quel que fut son grade, avait le droit de l'approcher et de lui parler. Il écoutait, questionnait et prononçait au moment même. Si c'était un refus, il était motivé de manière à en adoucir l'amertume. Je n'ai jamais pu voir sans admiration le plus simple soldat quitter son rang, lorsque son régiment défilait devant l'Empereur, s'approcher d'un pas grave, et, présentant les armes, venir jusqu'auprès de lui. Napoléon prenait toujours sa pétition, la lisait en entier, et accordait toutes les demandes justes. Ce noble privilége qu'il avait accordé à la bravoure, donnait à chaque soldat le sentiment de sa force et de ses devoirs, en même temps qu'il servait de frein pour contenir ceux des supérieurs qui auraient été tentés d'abuser du commandement.

« La simplicité des mœurs et du caractère de Napoléon était surtout remarquable dans les marches pendant lesquelles le canon se reposait. Toujours à cheval, au milieu de ses généraux, de ses braves aides de camp, des officiers de sa maison, sa gaieté, j'oserai même dire sa bonhomie, s'infiltrait dans tous les cœurs. Souvent il ordonnait de faire halte, s'asseyait sur un arbre avec le prince de Neufchâtel. Les provisions de bouche étaient étalées devant lui, et tout le monde, depuis le page jusqu'aux grands officiers, trouvait là ce qui lui était nécessaire. C'était véritablement une fête pour chacun de nous. Tous les moments de la journée étaient pour lui des moments de travail. S'il cessait un instant de consulter ses cartes géographiques, de méditer ses plans de bataille, et d'étudier les immenses combinaisons qu'il fallait employer pour faire mouvoir avec une précision mathématique des masses de quatre ou cinq cent mille hommes, alors il s'occupait de l'administration intérieure de l'Empire. Plusieurs fois dans la semaine un auditeur au Conseil d'État arrivait au quartier général, chargé du portefeuille de tous les ministères. Jamais ce travail n'était remis au lendemain. Dans la journée tout était examiné, signé et expédié; tout marchait de front. Les jours qui suivaient une action, un combat, une bataille, étaient employés à recevoir les rapports des différents corps de l'armée, à lier ensemble tous ces faits isolés, à distribuer à chacun la part de gloire qui lui appartenait, à rédiger ces immortels bulletins dont la concision et la mâle simplicité présentent un modèle de l'éloquence militaire. C'est dans ces archives brillantes que sont à jamais gravés les titres de noblesse de l'armée française. Par une singularité remarquable, ces bulletins, envoyés à Paris pour être imprimés, étaient lus et admirés de la France entière avant de parvenir à l'armée, qui n'en avait connaissance qu'à l'arrivée des journaux de la capitale. »

Le baron Fain, dans ses Mémoires, nous montre l'Empereur à Witepsk, pendant la campagne de Russie. On peut juger par quels travaux Napoléon, pendant les heures de trève, s'assurait le succès sur les champs de bataille.

« La maison qu'occupe l'Empereur (1) est celle, où demeurait le prince de Wurtemberg, qui était gouverneur de la province, et quelque mince opinion qu'on puisse se faire de cet *hôtel du Gouvernement*, la réalité est bien au-dessous encore. A l'exception de plusieurs grandes pièces convenables pour un quartier général, le reste de la distribution n'offre que des galetas ; on y trouve à peine quelques gros meubles. Mais, avec des tables et des chaises, on a bientôt fait le logement de l'Empereur : un tapis de drap vert, des cartes développées ; la boîte aux livres, le grand portefeuille, le *nécessaire*, le petit lit de fer, forment partout un ameublement qui lui suffit.

« Napoléon s'enferme dans son cabinet avec ses secrétaires Menneval, Fain, et son ingénieur-géographe Bacler-d'Albe. Ceux-ci n'expédient qu'à grand' peine les ordres de tout genre qu'il leur dicte. Le prince Berthier, major général, entre et sort à chaque instant pour communiquer les rapports qu'il remet, et emporter les réponses qu'il doit faire. Le Ministre secrétaire d'État Daru est appelé plusieurs fois dans la journée, tantôt pour présenter à la signature les actes que les ministres ont envoyés de Paris, tantôt pour rendre compte des affaires d'administration militaire con-

____
(1) Baron Fain, *Mémoires*, t. 1er.

fiées à son expérience. Chaque jour, l'estafette de Paris est ouverte, lue et répondue. La correspondance particulière avec le duc de Bassano, à Wilna, n'est pas moins régulière. A travers ces réceptions et ces départs continuels de courriers, l'intendant général, le commandant en chef de l'artillerie, duc de Frioul, chargé du détail de la garde impériale et des chefs des différents services, sont admis aussi souvent qu'ils se présentent. Un des premiers soins de l'Empereur a été d'ordonner la construction de 36 fours ; il a calculé avec le comte Mathieu Dumas qu'on doit obtenir à chaque fournée trente mille rations de pain. Il a mis le même empressement à interroger le médecin et le chirurgien en chef de l'armée sur l'état des ambulances.

« Occupé de tous ces détails, Napoléon n'en poursuit pas moins assidûment les combinaisons qui doivent pousser à bout cette campagne. La nuit est principalement réservée à ces hautes méditations. Il se lève chaque fois que son sommeil s'interrompt. Pendant ces heures silencieuses, il étudie les états de situation de ses régiments et de ses différents corps d'armée. Il les compare avec ceux de la quinzaine précédente pour connaître en détail ses pertes et les compensations qu'elles ont reçues. Il consulte avec une égale attention le bulletin des troupes en marche ; il y suit au jour le jour l'arrivée de ses renforts ; il ne laisse jamais échapper le moment de leur donner de nouveaux ordres, ou de changer leurs premières directions. Mais un des éléments de ses calculs qui le captive le plus, c'est l'état qu'il fait tenir sous ses yeux des forces de l'ennemi et de leur répartition. L'auditeur Lelorgne (1) est chargé de ce travail. Il

(1) Il devint plus tard beau-frère du baron Fain. L'Empereur le fit baron d'Ideville.

l'a commencé, sous le ministère du duc de Cadore, à l'aide de notes recueillies de longue main sur la puissance militaire de la Russie, et l'a perfectionné en dernier lieu par toutes les informations qu'il a été possible de prendre depuis l'ouverture de la campagne. L'auditeur Lelorgne entend le russe et le parle. L'Empereur veut que désormais il soit toujours à cheval auprès de lui ; que tous les gens du pays qui ont des renseignements à donner, lui soient adressés, que toutes les lettres russes qu'on intercepte lui soient remises : il l'attache à son cabinet en qualité de secrétaire-interprète, et c'est ainsi qu'à force d'ordre, de soins et de suite, il parvient à connaître l'armée ennemie à peu près aussi bien que la sienne. Il s'est pour ainsi dire approprié ce travail, et il lui échappe quelquefois de s'en targuer dans sa correspondance avec les généraux, et même dans ses bulletins.

« Après cet emploi de ses veilles, l'Empereur, tous les matins, descend à six heures sur la place. Il a reglé que chaque jour, à cette heure, une brigade de la garde viendra défiler devant lui. »

Que pouvons-nous dire de plus pour montrer quelle était l'activité de l'Empereur en campagne ? Il n'est rien qui en donne, on peut presque dire de plus étonnantes preuves, que sa correspondance militaire publiée par l'ordre de Napoléon III, et dont plusieurs volumes ont déjà paru (1). Ces volumes comprennent la première campagne d'Italie. Le nombre de lettres écrites par le jeune général de l'armée d'Italie dans cette seule campagne, soit pour ce qui concerne le mouvement des troupes, soit pour tout autre objet relatif à son commandement, s'élève à plusieurs milliers.

(1) Voir la note n° 1 à la fin du volume.

VII.

MARIE-LOUISE ET LE ROI DE ROME.

La nation désirait vivement que l'Empereur eût un héritier. Ce grand intérêt d'État dut l'emporter enfin dans le cœur de Napoléon, et il prit la résolution de se séparer de l'Impératrice Joséphine, qu'il aimait. M. Thiers a raconté en termes éloquents la pénible entrevue qui précéda cette séparation :

« Cette entrevue (1) fut longue et douloureuse. Napoléon conduisit les deux enfants de Joséphine (2) à leur mère. — Il faut que notre mère s'éloigne, répétait Eugène ; il faut que nous nous éloignions avec elle et que, tous ensemble, nous allions expier dans la retraite une grandeur éphémère qui a troublé plus qu'embelli notre existence. — Napoléon, ému, bouleversé, pleurant comme eux, leur dit qu'il fallait, au contraire, rester auprès de lui, avec leur mère, dans tout l'éclat de la situation où il voulait les maintenir, pour bien attester que Joséphine n'était ni répudiée ni disgraciée, mais sacrifiée à une nécessité

(1) T. II, p. 345.
(2) Le prince Eugène et la reine Hortense

d'État, et récompensée de son noble sacrifice par la grandeur de ses enfants et par la tendre amitié de celui qui avait été son époux. Un peu de calme succéda à ces violentes agitations, mais elles laissèrent sur le noble visage de Napoléon des traces profondes dont furent frappés ceux qui ne le croyaient capable de concevoir dans son âme impérieuse que des volontés fortes et aucune affection tendre (1). Le sacrifice étant fait, il fallait le rendre irrévocable. Le 15 décembre (1809) fut le jour choisi pour consommer la dissolution du lien civil, d'après les formalités arrêtées avec l'archi-chancelier Cambacérès.

« Le 15, au soir, toute la famille impériale se réunit dans le cabinet de l'Empereur aux Tuileries. Étaient présents l'Impératrice-mère, le roi et la reine de Hollande, le roi et la reine de Naples, le roi et la reine de Westphalie, la princesse Borghèse , l'archi-chancelier Cambacérès et le comte Regnauld de Saint-Jean d'Angély ; ces deux derniers remplissant les fonctions d'officiers de l'état civil pour la famille impériale. Napoléon, debout, tenant par la main Joséphine, qui était en pleurs, et ayant lui-même les larmes aux yeux, lut le discours suivant :

« Mon cousin le prince archi-chancelier, je vous ai expédié
« une lettre close, en date de ce jour, pour vous ordonner
« de vous rendre dans mon cabinet, afin de vous faire con-
« naitre la résolution que moi et l'Impératrice, ma très-chère
« épouse, nous avons prise. J'ai été bien aise que les rois,
« reines et princesses, mes frères et sœurs, beaux-frères

______

(1) « Pendant cette cérémonie, dit Constant, l'Empereur ne dit pas un mot, ne fit pas un geste ; il était immobile comme une statue, les yeux fixes et presque égarés. Il fut silencieux et morne toute la journée. » T. IV, p. 222.

« et belles-sœurs, ma belle-fille et mon beau-fils, devenu
« mon fils d'adoption, ainsi que ma mère, fussent présents
« à ce que j'avais à vous faire connaître.

« La politique de ma monarchie, l'intérêt et le besoin de
« mes peuples, qui ont constamment guidé mes actions,
« veulent qu'après moi je laisse à des enfants, héritiers de
« mon amour pour mes peuples, ce trône où la Providence
« m'a placé. Cependant, depuis plusieurs années, j'ai perdu
« l'espérance d'avoir des enfants de mon mariage avec ma
« bien-aimée épouse l'Impératrice Joséphine ; c'est ce qui
« me porte à sacrifier les plus douces affections de mon
« cœur pour n'écouter que le bien de l'État, et à vouloir la
« dissolution de notre mariage.

« Parvenu à l'âge de quarante ans, je puis concevoir l'es-
« pérance de vivre assez pour élever dans mon esprit et
« dans ma pensée les enfants qu'il plaira à la Providence
« de me donner. Dieu sait combien une pareille résolution
« a coûté à mon cœur ; mais il n'est aucun sacrifice qui
« soit au dessus de mon courage lorsqu'il m'est démontré
« qu'il est utile au bien de la France.

« J'ai le besoin d'ajouter que, loin d'avoir eu à me plain-
« dre, je n'ai, au contraire, qu'à me louer de l'attachement
« et de la tendresse de ma bien-aimée épouse. Elle a em-
« belli quinze ans de ma vie ; le souvenir en restera tou-
« jours gravé dans mon cœur. Elle a été couronnée de ma
« main ; je veux qu'elle conserve le rang et le titre d'Impé-
« ratrice, mais surtout qu'elle ne doute jamais de mes sen-
« timents et qu'elle me tienne toujours pour son meilleur
« et son plus cher ami. »

« Napoléon ayant cessé de parler, Joséphine, tenant un
papier dans les mains, essaya de le lire. Mais les sanglots

étouffant sa voix, elle le transmit à M. Regnault, qui lut
les paroles suivantes :

« — Avec la permission de mon cher époux, je dois dé-
« clarer que, ne conservant aucun espoir d'avoir des enfants
« qui puissent satisfaire les besoins de sa politique et l'in-
« térêt de la France, je me plais à lui donner la plus
« grande preuve d'attachement et de dévouement qui ait
« été donnée sur la terre. Je tiens tout de ses bontés ; c'est
« sa main qui m'a couronnée, et, du haut de ce trône, je
« n'ai reçu que des témoignages d'affection et d'amour du
« peuple français.

« Je crois reconnaître tous ces sentiments en consentant
« à la dissolution d'un mariage qui est désormais un ob-
« stacle au bien de la France, qui la prive du bonheur d'être
« gouvernée par les descendants d'un grand homme si évi-
« demment suscité par la Providence pour effacer les maux
« d'une terrible révolution et rétablir l'autel, le trône et
« l'ordre social. Mais la dissolution de mon mariage ne
« change rien aux sentiments de mon cœur : l'Empereur
« aura toujours en moi sa meilleure amie. Je sais combien
« cet acte, commandé par la politique et par de si grands
« intérêts, a froissé son cœur, mais, l'un et l'autre, nous
« sommes glorieux du sacrifice que nous faisons au bien de
« la patrie. »

« Après ces paroles, les plus belles qui aient été pronon-
cées en pareille circonstance, parce que, il faut le dire,
jamais de vulgaires passions ne présidèrent moins à un acte
de ce genre, après ces paroles, l'archichancelier dressa
procès-verbal de cette double déclaration, et Napoléon, embrassant Joséphine, la conduisit chez elle, et l'y laissa presque évanouie dans les bras de ses enfants. Il se rendit im-

médiatement à la salle du conseil, ou, conformément aux constitutions de l'Empire, un conseil privé était réuni pour rédiger le sénatus-consulte qui devait prononcer la dissolution du mariage de Napoléon et de Joséphine. Le sénatus-consulte rédigé dut être porté le lendemain au Sénat.

« Il le fut, en effet, et ce grand corps, réuni par ordre de l'Empereur, s'assembla pour recevoir la déclaration des deux augustes époux, et statuer sur leur résolution. La séance commença par la réception du prince Eugène comme Sénateur. Nommé à l'époque de son départ pour l'Italie, il n'avait pas encore pris possession de son siége. — « Ma
« mère, ma sœur et moi, dit-il, nous devons tout à l'Empe-
« reur. Il a été pour nous un véritable père ; il trouvera
« en nous dans tout les temps des enfants dévoués et des
« sujets soumis.

« Il importe au bonheur de la France que le fondateur
« de cette quatrième dynastie vieillisse environné d'une des-
« cendance directe, qui soit notre garantie à tous, comme le
« gage de la gloire de la patrie.

« Lorsque ma mère fut couronnée devant toute la nation
« par les mains de son auguste époux, elle contracta l'obli-
« gation de sacrifier toutes ses affections à l'intérêt de
« la France. Elle a rempli avec courage, noblesse et dignité
« ce premier des devoirs. Son âme a été souvent atten-
« drie en voyant en butte à de pénibles combats le cœur
« d'un homme accoutumé à maitriser la fortune, et à mar-
« cher d'un pas toujours ferme à l'accomplissement de ses
« grands dessins. Les larmes qu'a coûtées cette résolution
« à l'Empereur suffisent à la gloire de ma mère. Dans la
« situation où elle va se trouver, elle ne sera pas étran-
« gère par ses vœux et ses sentiments aux nouvelles pros-

« pérités qui nous attendent, et ce sera avec une satisfac-
« tion mêlée d'orgueil qu'elle verra tout ce que ses sacrifices
« auront produit d'heureux pour la patrie et pour l'Em-
« pereur. »

« Le senatus-consulte fut adopté séance tenante. Il prononçait la dissolution du mariage contracté entre l'Empereur
Napoléon et l'Impératrice Joséphine, maintenait à celle-ci
le rang d'Impératrice couronnée, lui attribuait un revenu
de deux millions, et rendait obligatoires pour les successeurs
de Napoléon les dispositions qu'il ferait en sa faveur sur la
liste civile. — Ces dispositions furent le don d'une pension
annuelle d'un million payée par la liste civile, indépendamment des deux millions payés par le trésor de l'État ; l'abandon en toute propriété des châteaux de Navarre, de la Malmaison, et d'une foule d'objets précieux. »

La nouvelle de la dissolution du mariage émut beaucoup
les cours de l'Europe. Il n'en était pas une qui n'aspirât
à l'honneur d'une alliance avec Napoléon.

« Lorsque les intérêts de la France et de l'Empire, dit
Napoléon (1), — portèrent l'Empereur et l'Impératrice Joséphine à rompre des liens qui leur étaient également chers,
les plus grands souverains de l'Europe briguaient l'alliance
de Napoléon. Sans des difficultés religieuses, et les retards
occasionnés par la distance, il est probable qu'une princesse
de Russie aurait occupé le trône de France. L'archiduchesse
Marie-Louise, mariée à l'Empereur par procuration donnée
au prince Charles, à Vienne, le 11 mars 1810, et à Paris le
2 avril suivant, monta sur le trône de France. Ce mariage combla de joie les peuples de France et d'Autriche. Aussitôt que

______
(1) *Mémorial*, t. VI, p. 227.

l'Empereur d'Autriche eut appris à Vienne qu'il était question du mariage de l'Empereur Napoléon, il témoigna sa surprise qu'on ne pensât pas à sa maison. Il n'était question que d'une princesse de Russie ou de Saxe. L'Empereur François s'en expliqua avec le comte de Narbonne, gouverneur de Trieste, qui en ce moment était à Vienne. Des instructions à ce sujet avaient été envoyées par le cabinet de Vienne au prince Schwartzemberg, son ambassadeur à Paris. Un conseil privé fut convoqué aux Tuileries en février 1810. Le Ministre des relations extérieures y communiqua les dépêches du duc de Vicence, ambassadeur en Russie. Il en résultait que l'Empereur Alexandre était très disposé à donner sa sœur, la grande-duchesse Anne, mais paraissait attacher de l'importance à ce qu'il lui fût accordé l'exercice public de son culte et une chapelle du rit grec. Les dépêches de Vienne firent connaître les désirs de cette cour. Il y eut partage d'opinions : l'alliance de la Russie, celle de la Saxe, celle de l'Autriche furent appuyées. Le vote de la majorité du conseil fut pour le choix d'une archiduchesse d'Autriche. Comme le prince Eugène avait été le premier à ouvrir cette opinion, l'Empereur, en levant la séance à deux heures du matin, l'autorisa à en faire part au prince Schwartzemberg. Le contrat fut signé dans la journée. Le courrier qui porta cette nouvelle à l'Empereur d'Autriche, a surpris agréablement. Cette négociation commença et finit en un jour. »

Le mariage ayant été conclu à Vienne, il fallait disposer tout pour l'arrivée de la nouvelle Impératrice en France.

« Dans les premiers jours de mars, le prince de Neufchâtel partit pour Vienne, chargé de faire officiellement la demande de la main de l'Impératrice. Le prince épousa, au nom de l'Empereur, l'archiduchesse Marie-Louise, qui partit sans délai pour la France. La petite ville de Braunau, frontière de l'Autriche et de la Bavière, avait été désigné pour la remise de sa Majesté, et bientôt la route de Strasbourg fut couverte de voitures qui conduisaient à Braunau la maison de la nouvelle Impératrice. Voici de quelles personnes elle fut primitivement composée :

« Le prince Aldobrandi Borghèse, premier écuyer, en remplacement du général Ordener, nommé gouverneur du château de Compiègne; le comte Beauharnais, chevalier d'honneur.

« Dame d'honneur, Madame de Montebello (1), dame d'atour, Madame la comtesse de Luçay.

« Dames du palais, Mesdames les duchesses de Bassano et de Rovigo, et Mesdames les comtesses de Montmorency, de Mortemart, de Talhouet, de Lauriston, Duchâtel, de Bouillé, de Montalivet, de Perron, de Lascaris, de Noailles, de Brignolles, de Gentile, de Canisy (depuis duchesse de Vicence).

(1) « La vieille noblesse, occupée à médire dans le faubourg Saint-Germain, s'émut elle-même, et une nouvelle portion sembla prête à s'en détacher pour se rendre à l'époux d'une archiduchesse d'Autriche. Il y eut des ralliements nouveaux, car on pouvait bien servir celui que la plus grande famille régnante de l'univers consentait à adopter pour gendre. Cet empressement était tel qu'il faisait naître un danger, celui d'offusquer les grandeurs récentes nées de la révolution et de l'Empire. Napoléon fit preuve d'un tact parfait dans la composition de la maison de la jeune Impératrice en choisissant pour sa première dame d'honneur la duchesse de Montebello, veuve du maréchal Lannes, tué à Essling par un boulet autrichien ! Tout le monde devait approuver cet acte de gratitude, et la personne choisie, par sa conduite, par sa distinction, non pas héréditaire, mais personnelle, méritait le rôle élevé qu'on lui destinait. »

(Thiers, Histoire du Consulat.)

« La petite ville de Braunau offrait malheureusement peu de ressources dans une circonstance ausssi pompeuse et qui devait réunir deux cours aussi nombreuses.

« Il n'y avait aucune maison convenable pour établir le palais. On fut obligé d'en louer plusieurs attenant l'une à l'autre, et de faire percer les murailles pour y faire construire des portes d'étage en étage et agrandir ainsi les apportements et faciliter les communications. En deux jours tout fut prêt : la corbeille et les présents de noce, dont la magnificence était admirable, furent étalés et disposés dans un des premiers salons de l'Impératrice. Tout ce que le luxe le mieux entendu, le bon goût et la richesse purent offrir d'élégant et de recherché, fut déployé avec ordre. Tous les vêtements, le linge avaient été faits à Paris d'après les propres modèles à l'usage de S. M. l'Impératrice.

« A une petite lieue de la ville, sur l'extrême limite des deux frontières, il avait été construit une maison en bois, divisée en trois salons; un du côté de l'Autriche, un autre du côté de la France, et celui du milieu plus grand que les deux autres. Ce dernier salon fut déclaré neutre et devait servir pour la cérémonie de la remise. Du côté de la France on entrait dans le salon neutre par une porte à deux battants placée au milieu du panneau. Du côté de l'Autriche, il avait été élevé un dais magnifique sous lequel était un fauteuil de drap d'or. Ce trône faisait face à la porte d'entrée de France : deux portes latérales étaient disposées de ce même côté. Sur la droite du trône était une table ronde placée dans la ligne centrale, couverte d'un riche tapis, et sur laquelle devaient se faire les signatures des procès-verbaux de remise.

« Il fut donné un règlement particulier au chevalier d'honneur, comte de Beauharnais, par lequel il lui était enjoint de ne point user des prérogatives de sa place, et de ne point offrir la main à l'Impératrice lorsqu'elle monterait ou descendrait les escaliers. Napoléon était jaloux de témoigner sa galanterie et son respect à sa jeune épouse.

« Les formalités remplies, le prince Trauttmansdorff demanda à Sa Majesté la permission de lui baiser la main en prenant congé d'elle. Cette faveur lui fut accordée, et pendant que les commissaires comptaient la dot (500,000 francs en ducats d'or), recevaient les joyaux et les diamants, etc., nous vîmes, avec attendrissement, passer tout le cortége autrichien, selon le rang des personnes, s'approcher du trône, s'incliner et baiser la main de la princesse chérie dont ils allaient se séparer. Tous les serviteurs, même du rang le plus inférieur, furent admis à porter à ses pieds l'hommage de leur respect, de leurs regrets et de leurs vœux pour son bonheur. Les yeux de Sa Majesté étaient mouillés de larmes, et cette sensibilité lui gagna tous les cœurs.

« Arrivée à Braunau, l'Impératrice quitta tous ses vêtements étrangers, et fut complétement habillée d'objets français, conformément à l'étiquette convenue. Elle reçut ensuite le serment de ses dames, de son chevalier d'honneur et de son premier écuyer. La cour autrichienne, qui avait été engagée à passer le reste de cette mémorable journée à *Braunau*, pour voir encore Sa Majesté, fut logée et invitée à dîner avec la cour de France. Les honneurs furent faits par le prince de Neufchâtel et la duchesse de Montebello. Après son dîner, l'Impératrice passa dans notre salon et y reçut les derniers adieux de la cour de son père.

« Je partis le soir même, et je précédai Sa Majesté qui devait partir de grand matin pour Munich. Chaque soir, en arrivant dans les lieux où elle devait passer la nuit, elle trouvait un envoyé chargé de lui remettre une lettre de l'Empereur.

« A son entrée sur le territoire français, l'Impératrice trouva à Strasbourg le premier page de l'Empereur, qui lui apportait une lettre, des fleurs les plus rares et des faisans de sa chasse. Elle s'y reposa deux jours, et fut dans le cas de parler pour la première fois aux autorités locales qui lui furent présentées. Le clergé surtout fut touché des derniers mots qu'elle lui adressa. Après quelques remercîments pour les vœux qu'on lui adressait, elle ajouta : *Je me recommande à vos prières.* Après avoir traversé Châlons, déjeuné à Sillery, chez le comte de Valence, traversé Reims, nous étions au dernier relai qui devait nous conduire à Soissons, où nous devions passer la nuit et faire toutes les dispositions qui étaient prescrites par un beau règlement bien circonstancié, bien rédigé pour l'entrevue qui devait avoir lieu le lendemain. Mais l'impatience de l'Empereur dérangea tout le protocole, et nous fûmes menés rondement à travers Soissons pour arriver à Compiègne. J'avais l'honneur d'être dans la voiture de mesdames de Montmorency, de Mortemart et de l'évêque de Metz. Il me parut que ces dames ne furent pas plus satisfaites que moi de passer devant un excellent dîner qui nous attendait à Soissons. Nous arrivâmes à Compiègne à minuit.

« L'Empereur s'était échappé furtivement du palais de Compiègne, enveloppé dans sa redingote grise, et accompagné seulement du roi de Naples. Il sortit du parc par une petite porte, monta dans une calèche sans armoiries et conduite par des gens sans livrée. Cette escapade eut pour effet de simplifier singulièrement le cérémonial qui avait été réglé pour l'entrevue du lendemain. Le programme disait :

« *Lorsque LL. MM. se rencontreront dans la tente du milieu* (où elles devaient entrer en même temps par deux côtés opposés), *l'Impératrice s'inclinera pour se mettre à genoux; l'Empereur la relèvera, l'embrassera, et LL, MM. s'assiéront.*

« Quelle que soit la déférence et le respect qu'un mari puisse exiger de sa femme, il aurait été fort dur pour la fille des Césars de satisfaire à cet article du cérémonial. La brusque entrevue rendit inutile cette fâcheuse exigence.

« Napoléon, courant au devant de sa jeune épouse, avait dépassé Soissons, et était arrivé à Courcelles au moment où les courriers de l'Impératrice faisaient disposer le relai qui devait mener sa voiture. Il fit ranger sa calèche, et, pour se garantir de la pluie qui tombait, il s'abrita sous le porche de l'église située à moitié d'une petite côte du village. Il se tenait à l'écart avec le roi de Naples. Lorsque la voiture de l'Impératrice fut arrivée, et pendant qu'on changeait les chevaux, il se précipita sur la portière et l'ouvrit lui-même; l'écuyer de service, qui l'avait reconnu, et qui n'était pas dans le secret de l'incognito, s'empressa de baisser le marche-pied et d'annoncer l'Empereur. Sa Majesté, qui en fut passablement contrariée, lui dit : « N'avez-vous pas vu que je vous faisais signe de vous taire? » Mais ce petit moment d'humeur passa comme un éclair. L'Empereur se jeta au cou de l'Impératrice qui tenait à la main le portrait de son époux, à qui elle dit avec un aimable sourire, en regardant alternativement l'Empereur et son image : « Votre portrait n'est pas flatté. » L'Empereur ordonna sur-le-champ d'aller en toute hâte vers Compiègne, où il arriva à dix heures du soir.

« Le mariage civil de LL. MM. fut célébré au palais de Saint-Cloud, le dimanche 1er avril, à deux heures après-midi. Le lendemain eut lieu, dans la grande galerie du Louvre, la cérémonie du mariage religieux. Une circonstance assez singulière, c'est qu'il faisait, le dimanche soir, un assez beau temps à Saint-Cloud, tandis que les rues de Paris étaient inondées d'une pluie effroyable et continuelle. Le lundi, au contraire, il plut à Saint-Cloud, et le temps fut magnifique à Paris, comme pour ne rien ôter à la pompe du cortége et à l'éclat des merveilleuses illuminations de la soirée. « L'étoile de l'Empereur, disait-on dans le langage du temps, l'a emporté deux fois sur les vents de l'équinoxe. »

« La ville de Paris présentait le lundi soir un spectacle tel qu'on pouvait s'y croire dans un lieu d'enchantement. Je n'ai jamais vu d'aussi brillantes illuminations. C'était une suite de décorations magiques. Les maisons, les hôtels, les palais, les églises, tout était éblouissant; jusqu'aux tours des églises qui, illuminées aussi, semblaient des étoiles, des comètes suspendues dans les airs. Les hôtels des grands dignitaires de l'Empire, des ministres, des ambassadeurs d'Autriche et de Russie, du duc d'Abrantès, rivalisaient d'éclat et de goût. La place Louis XV présentait un coup d'œil admirable. Du milieu de cette place, entourée d'orangers en feu, les yeux se portaient alternativement sur les magnifiques décorations des Champs-Élysées, du Garde-Meuble, du Temple de la Gloire (la Madeleine), des Tuileries et du Corps législatif. Le palais du Corps législatif figurait le Temple de l'Hymen. Le transparent du fronton représentait la Paix unissant les augustes époux. A leurs côtés étaient deux génies portant des boucliers,

où l'on voyait les armes des deux empires ; à la suite
venaient des magistrats, des guerriers, le peuple leur présentant des couronnes. Aux deux extrémités étaient la
Seine et le Danube, entourés d'enfants, image de fécon-
dité. Les douze colonnes du péristile de ce perron étaient
illuminées. Les colonnes étaient réunies l'une à l'autre par
des lustres. Les statues qui ornent le péristyle étaient
éclairées. Le pont Louis XV, par lequel on se rendait
an Temple de l'Hymen était lui-même une avenue dont
la double rangée de feux, de verres de couleur, d'obé-
lisques, de plus de cent colonnes surmontées chacune
d'une étoile et réunies par des guirlandes de verres de
couleur en spirales, produisait un éclat à peine supportable à la vue. La coupole du dôme de Sainte-Geneviève
était aussi magnifiquement éclairée. Toutes les côtes étaient
marquées par un double rang de lampions. Entre ces colonnes étaient des aigles, des chiffres en verres de couleurs, des guirlandes de feu attachées à des torches de
l'hymen. Le péristyle du dôme était éclairé par des lustres
disposés entre chaque colonne, et, ces colonnes n'étant
pas éclairées, les lustres paraissaient suspendus dans les
airs. La lanterne était tout en feu, et toute cette masse
éclatante était surmontée d'un trépied représentant l'autel
de l'Hymen, d'où s'échappait une flamme immense produite par des matières bitumineuses, et au dessus de la
plate-forme de l'Observatoire, une immense étoile, isolée
de la plate-forme, et que la variété des verres de couleurs qui
la formaient faisait scintiller comme un vaste diamant, se
détachant sur un ciel noir. Le palais du Sénat attirait aussi
un grand nombre de curieux. Les spectacles merveilleux
se rencontraient à chaque pas.

« La ville de Paris fit hommage à S. M. l'Impératrice d'une toilette encore plus magnifique que celle qui avait été offerte autrefois à l'Impératrice Joséphine. Tout était en vermeil, jusqu'au fauteuil et à la psyché. Les dessins des diverses pièces de ce meuble vraiment admirable avaient été tracés par les premiers artistes, et l'élégance et le fini des ornements surpassaient encore la richesse du métal. Le présent qui fut fait à Napoléon se composait d'un magnifique service de table également en vermeil. C'est le même qui servait au grand couvert et qui fut remis depuis au trésor royal, comme faisant partie du mobilier de la Couronne, que, d'après les dispositions de Napoléon, il s'était engagé à représenter.

« L'Impératrice Marie-Louise avait à peine dix-neuf ans à l'époque de son mariage ; ses cheveux étaient blonds, ses yeux bleus et doux, sa démarche noble et sa taille imposante. Sa main et son pied auraient pu servir de modèles ; enfin, toute sa personne respirait la jeunesse, la santé et la fraicheur. Elle était timide et se tenait dans une réserve de hauteur devant la cour ; mais on la disait affectueuse et amicale dans l'intimité. Ce qu'il y a de certain, c'est qu'on la disait fort tendre avec l'Empereur et dévouée à toutes ses volontés. Dans la première entrevue, l'Empereur lui avait demandé quelles recommandations on lui avait faites à son départ de Vienne ? « — D'être à vous, avait répondu l'Im- « pératrice, et de vous obéir en toutes choses (1). »

« Cependant elle avouait à l'Empereur que, dans les premiers moments où il était question de ce mariage, elle ne pouvait se défendre d'une certaine frayeur, à cause de tout

____

(1) *Mémorial*, t. i. p. 147

le mal qu'elle avait entendu dire de Napoléon parmi les siens; sur quoi, quand elle rappelait tout cela, ses oncles, les archiducs, qui la poussaient fort à cette union, lui répondaient : — *Tout cela n'était vrai que quand il était notre ennemi; il ne l'est plus aujourd'hui.*

« Du reste, ajoutait l'Empereur (1), pour donner une idée de la bienveillance pour nous avec laquelle on élevait cette famille, il y avait un des trois jeunes archiducs qui brûlait souvent ses poupées, en disant qu'il *rôtissait* Napoléon. Il est vrai qu'il disait depuis qu'il l'aimait beaucoup à présent, parce qu'il donnait bien de l'argent à sa sœur Louise pour lui acheter des joujoux.

« L'Empereur accordait 500,000 francs à Marie-Louise pour sa toilette; mais, jamais, à beaucoup près, elle n'a dépensé cette somme. Elle avait peu de goût dans ses ajustements, et se serait habillée sans grâce si elle n'avait été conseillée. L'Empereur assistait à sa toilette tous les jours pour qu'elle fût bien. Il lui faisait essayer des parures et les essayait lui-même sur la tête, le cou, les bras, se décidant toujours pour ce qu'il y avait de plus magnifique.

« L'Empereur prit d'abord les plus grandes précautions pour que personne ne pût approcher l'Impératrice que devant témoin. Il y avait eu, du temps de l'Impératrice Joséphine, quatre dames dont l'unique emploi était d'*annoncer* les personnes qui étaient reçues par S. M. La bonté excessive de Joséphine l'empêcha souvent de réprimer les jalouses prétentions de quelques personnes de sa maison; de là vinrent entre les dames du palais et les dames d'annonces des rivalités et des débats sans fin. L'Empereur avait conçu beau-

____

(1) *Mémorial*, t. I, p. 147.

coup d'humeur de toutes ces tracasseries, et, pour se les éviter à l'avenir, il choisit parmi les dames chargées de l'éducation des filles des membres de la Légion d'honneur, dans la maison d'Écouen, quatre nouvelles dames d'annonces pour Marie-Louise. La préférence fut d'abord donnée à des filles ou veuves de généraux, et l'Empereur décida que les places vacantes appartiendraient de droit aux meilleures élèves de la Maison impériale d'Écouen, et seraient la récompense de leur bonne conduite. Quelque temps après, le nombre de ces dames ayant été porté à six, ce furent deux élèves de Mme Campan qui furent nommées. Ces six dames changèrent ensuite leur premier titre contre celui de premières dames de l'Impératrice. Mais ce changement ayant indisposé les dames du palais, et excité leurs réclamations auprès de l'Empereur, celui-ci décida que les dames d'annonces prendraient le titre de *premières femmes de chambre*. Grandes réclamations des dames d'annonces à leur tour. Elles plaidèrent leur cause elles-mêmes devant l'Empereur, et il leur donna le titre de *lectrices* de l'Impératrice pour concilier les deux parties belligérantes.

« Les dames d'annonces, ou premières dames, ou premières femmes de chambre, ou lectrices, comme il plaira au lecteur de les appeler, avaient sous leurs ordres six femmes de chambre qui n'entraient chez l'Impératrice que quand la sonnette les y appelait. Celles-ci habillaient, chaussaient et coiffaient le matin S. M. Mais les six premières n'avaient rien à faire à la toilette, excepté pour les diamants dont elles étaient spécialement chargées. Hormis M. de Menneval, secrétaire des commandements de l'Impératrice, et M. de Bagouhai, intendant de ses dépenses, aucun homme n'était admis dans les appartements de l'Impératrice sans un ordre de l'Empereur. Les dames même, excepté la dame d'honneur et la dame d'atours, n'y étaient reçues qu'après avoir obtenu un rendez-vous de l'Impératrice. Les dames de l'intérieur étaient chargées de faire exécuter les règlements, et elles étaient responsables de leur exécution. Une d'elles assistait aux leçons de musique, de dessin, de broderie, que prenait l'Impératrice. Elle écrivait ses lettres sous sa dictée ou par son ordre.

« L'Empereur voulut que S. M. l'Impératrice apprît à monter à cheval. Elle alla au manége de Saint-Cloud; plusieurs personne de la maison étaient dans la tribune pour la voir prendre sa première leçon. J'étais de ce nombre, et je vis la tendre sollicitude que l'Empereur témoignait pour sa jeune épouse. Elle était montée sur un cheval doux et fort bien dressé. L'Empereur ne quittait pas sa main, et marchait à côté d'elle pendant que M. Jardin père tenait la bride du cheval. Au premier pas que fit la monture, l'Impératrice se mit à crier de frayeur, et l'Empereur lui disait : — Allons, Louise, sois brave; que peux-tu craindre? ne suis-je pas là? La leçon se passa en encouragements d'un côté et en frayeur de l'autre. Le lendemain, l'Empereur donna ordre de faire sortir les personnes qui étaient dans les tribunes, parce que cela intimidait l'Impératrice. Elle ne tarda pas toutefois à s'aguerrir, et finit par être fort bonne cavalière. Elle faisait souvent des courses dans le parc avec les dames d'honneur, et Mme la duchesse de Montebello qui montait aussi à cheval avec grâce. Une calèche suivait l'Impératrice avec quelques dames. Aldobrandini, son écuyer, ne la quittait pas dans les promenades.

« A huit heures du matin, on ouvrait les rideaux et les persiennes à moitié dans l'appartement de l'Impératrice Marie-

Louise; on lui donnait les journaux qu'elle parcourait. Ensuite on lui servait du chocolat ou du café, avec une espèce
de pâtisserie que l'on nomme *conque;* elle faisait ce premier déjeuner dans son lit. A neuf heures, Marie-Louise se
levait, faisait sa toilette du matin, et recevait les personnes
qui avaient droit aux petites entrées. Tous les jours, en l'absence de l'Empereur, l'Impératrice montait dans l'appartement de Mme de Montebello, sa dame d'honneur, et suivie
de son service, qui se composait du chevalier d'honneur et
de quelques dames du palais. En rentrant dans ses appartements, après la promenade, elle prenait un léger repas de
pâtisserie et de fruits. Après avoir pris ses leçons de dessin, de peinture et de musique, elle commençait sa grande
toilette. De six à sept heures, elle dinait avec l'Empereur,
ou, en son absence, avec Mme de Montebello. La soirée se
passait en réceptions, ou en concerts, spectacles, etc. L'Impératrice se retirait à onze heures. Une de ses femmes de
chambre couchait toujours dans l'appartement qui précédait
la chambre à coucher. Ses habitudes étaient quelque fois
dérangées quand l'Empereur était présent; mais, seule, elle
était ponctuelle dans tout et faisait exactement les mêmes
choses aux mêmes heures. Son service particulier paraissait lui être fort attaché.

« Le portrait de la duchesse de Montebello ornait la chambre de l'Impératrice avec tous ceux de la famille d'Autriche.
Pendant la guerre qui eut lieu entre l'Empereur et les em-
pereurs d'Autriche et de Russie, le portrait de François II
fut retiré, et fut, je pense, mis en pénitence dans quelque
coin. »

« La grossesse de Marie-Louise avait été exempte d'accident et promettait une heureuse délivrance (1). Ce moment était attendu par l'Empereur avec une impatience à laquelle la France toute entière s'associait depuis longtemps. C'était alors une chose curieuse à observer que l'état de l'esprit public au commencement du mois de mars, quand le peuple, incertain encore du sexe de l'enfant qui devait naître, formait toutes sortes de conjectures, et faisait des vœux ardents et unanimes pour que cet enfant fût un fils qui recueillît le vaste héritage de la gloire impériale. Le 19 mars, à sept heures du soir, l'Impératrice sentit les premières douleurs. Dès ce moment, tout le palais fut en émoi. On fit part de cette nouvelle à l'Empereur. Il envoya de suite chercher M. Dubois, qui demeurait au château depuis quelque temps, et dont les soins étaient si précieux en cette circonstance. Toute la maison particulière de l'Impératrice, ainsi que Mme de Montesquiou, étaient dans l'appartement. L'Empereur, sa mère, ses sœurs, MM. Corvisart, Bourdois, Ivan, étaient dans un salon voisin.

« L'Empereur entrait fréquemment, encourageant sa jeune épouse. Dans l'intérieur du palais, l'attente était vive, passionnée, bruyante ; c'était à qui aurait la première nouvelle de l'accouchement.

« Les douleurs, qui avaient été faibles pendant toute la nuit, se calmèrent tout à fait à cinq heures du matin. M. Dubois, ne voyant rien qui annonçât un accouchement très-prochain, le dit à l'Empereur, qui renvoya tout le monde, et alla se mettre au bain.

« L'anxiété qu'il éprouvait lui avait rendu nécessaire ce

(1) Constant, *Mémoires.*

moment de repos; il était tout ému. Il me dit combien l'Impératrice souffrait. « — Mais, ajouta-t-il, elle est pleine de force et de courage. — »

« L'Impératrice, accablée de fatigue, dormit quelques instants. De vives douleurs l'éveillèrent; elles augmentèrent toujours sans amener la crise exigée par la nature, et M. Dubois acquit la triste certitude que l'accouchement serait difficile et laborieux. Il y avait à peine un quart d'heure que Sa Majesté était au bain lorsqu'il se fit annoncer, et entra dans l'appartement la figure toute décomposée. Il dit à l'Empereur que, sur mille accouchements, il ne s'en présentait peut-être qu'un seul comme celui de l'Impératrice, et qu'il craignait de ne pouvoir sauver en même temps la mère et l'enfant. « — Allons, dit l'Empereur, ne perdez pas « la tête, M. Dubois; sauvez la mère, ne pensez qu'à la « mère. Je vous suis. » Il sortit précipitamment du bain, me laissant à peine le temps de l'essuyer, et descendit aussitôt. Je sus qu'il embrassa tendrement l'Impératrice, lui recommanda de prendre courage, et lui tint la main pendant quelque temps. Mais ne pouvant résister à son émotion, il se retira dans un salon voisin; et là, prêtant l'oreille au moindre bruit, il passa un quart d'heure dans des angoisses cruelles. Il fallut employer des ferrements. Marie-Louise s'en aperçut, et dit avec une douleureuse amertume : — « Parce que je suis Impératrice, faut-il donc me sacrifier? » Mme de Montesquiou, qui lui tenait la tête, lui dit : « — Cou- « rage, Madame; j'ai passé par là; je vous assure que vos « jours ne sont pas en danger. »

« Le travail dura vingt-six minutes et fut très-douloureux. L'enfant s'était présenté par les pieds; il fallut de grands efforts pour lui dégager la tête. L'Empereur attendait dans le cabinet de toilette, pâle comme la mort, et paraissant hors de lui. Enfin l'enfant vint au monde. L'Empereur alors se précipita dans l'appartement, embrassant l'Impératrice avec une extrême tendresse, sans même fixer un regard sur l'enfant que l'on croyait mort. En effet, il resta sept minutes, sans donner aucun signe de vie. On lui souffla quelques gouttes d'eau-de-vie dans la bouche ; on le frappa légère-ment du plat de la main sur tout le corps, on le couvrit de serviettes chaudes ; enfin, il poussa un cri.

« L'Empereur s'élança des bras de l'Impératrice pour em-brasser ce fils dont la naissance était pour lui la dernière et la plus haute faveur de la fortune. Il paraissait au comble de la joie ; il quittait alternativement la mère pour le fils et le fils pour la mère, et ne pouvait se rassasier de la vue de l'un et de l'autre. Quand il remonta dans l'appartement pour s'habiller, son visage rayonnait de joie. En m'apercevant, il me dit : « — Eh bien, Constant, nous avons un gros garçon ! Il s'est fait joliment tirer l'oreille, par exemple ! » Il l'annon-çait ainsi à toutes les personnes qu'il rencontrait. C'est dans ces effusions de joie domestique que j'ai pu apprécier com-bien cette grande âme que l'on ne croyait sensible qu'à la gloire sentait profondément les jouissances de la famille.

« Dès l'instant où le bourdon de Notre-Dame, et les clo-ches des différentes paroisses de Paris s'étaient fait entendre au milieu de la nuit, jusqu'à celui où le canon annonça l'heureuse délivrance de l'Impératrice, une extrême agita-tion se manifesta dans Paris. Au point du jour, la foule s'était portée sur les Tuileries. Les cours, les quais étaient encombrés. Chacun attendait avec anxiété le premier coup de canon. Mais ce spectacle n'avait pas seulement lieu aux

Tuileries et dans les quartiers voisins : à neuf heures et demie on voyait le peuple, dans les rues les plus éloignées du château, sur tous les points de Paris, compter avec émotion les coups de canon. Le vingt-deuxième coup, qui annonçait la naissance d'un garçon, fut salué par des acclamations générales. Au silence de l'attente, qui avait suspendu comme par enchantement la marche des personnes répandues dans tous les quartiers de la ville, succéda un mouvement d'enthousiame impossible à décrire. Dans ce vingt-deuxième coup de canon était toute une dynastie, tout un avenir. Les chapeaux volaient en l'air ; on courait au-devant les uns des autres ; on s'embrassait sans se connaître ; on criait : *Vive l'Empereur !* De vieux soldats versaient des larmes de joie en pensant qu'ils avaient contribué de leurs sueurs et de leurs fatigues à préparer l'héritage du roi de Rome, et que leurs lauriers allaient ombrager le berceau d'une dynastie.

« Napoléon, caché derrière un rideau, à une des fenêtres de l'Impératrice, jouissait du spectacle de la joie populaire et en était profondément attendri. De grosses larmes coulaient dans ses yeux ; il vint en cet état embrasser son fils. Jamais la gloire ne lui avait fait verser une larme ; mais le bonheur d'être père avait amolli cette âme que les plus éclatantes victoires et les transports de l'admiration publique semblaient à peine effleurer. Au bout de quelques heures l'événement qu'attendaient avec une égale impatience la France et l'Europe était devenu la fête particulière de toutes les familles.

« A dix heures et demie, Mme Blanchard partit en ballon pour répandre dans les villes et villages où elle devait passer la nouvelle de la naissance du roi de Rome.

« Le télégraphe annonçait de toutes parts cet heureux événement, et, à deux heures après-midi, on avait déjà reçu les réponses de Lyon, de Lille, de Bruxelles, d'Anvers, de Brest et de plusieurs autres grandes villes de l'Empire. Cette réponse était, comme on le pense, parfaitement d'accord avec les sentiments de la capitale.

« Pour répondre à l'empressement de la foule qui se pressait continuellement aux portes du palais afin d'avoir des nouvelles de l'Impératrice et de son auguste enfant, il avait été décidé qu'un des chambellans de service se tiendrait du matin jusqu'au soir dans le premier salon du grand appartement pour recevoir les personnes qui se présenteraient et leur donner connaissance du bulletin que les médecins de Sa Majesté devaient remettre deux fois par jour. Au bout de quelques heures des courriers extraordinaires étaient déjà sur toutes les routes portant aux Cours étrangères la nouvelle de l'accouchement de l'Impératrice ; des pages de l'Empereur avaient été chargés de cette mission auprès du Sénat d'Italie et des corps municipaux de Milan et de Rome. Des ordres furent donnés dans les villes de guerre et dans les ports pour qu'on y tirât les mêmes salves qu'à Paris, et pour que les flottes fussent pavoisées. Une belle soirée favorisa ces réjouissances particulières de la capitale. Les maisons avaient été spontanément illuminées. Ceux qui cherchent à deviner par les apparences extérieures quelle est la pensée d'un peuple dans les événements de ce genre, remarquèrent que les derniers étages des maisons situées dans les faubourgs étaient aussi éclairés que les hôtels les plus somptueux et les plus belles maisons de la capitale.

« Dans la soirée du 20 mars, à neuf heures, le roi de

Rome fut ondoyé dans la chapelle des Tuileries ; la cérémonie était magnifique. L'Empereur Napoléon, entouré des Princes et Princesses et de toute sa cour, le plaça au milieu de la chapelle sur un fauteuil surmonté d'un dais avec un Prie-Dieu. On avait placé entre l'autel et la balustrade, sur un tapis de velours, un socle de granit surmonté d'un magnifique vase en vermeil, formant les fonts baptismaux. L'Empereur était grave, mais la tendresse paternelle répandait sur sa figure un air de bonheur ; on eût dit qu'il se sentait soulagé à moitié du fardeau de l'Empire en voyant l'auguste enfant qui semblait destiné à le reprendre un jour des mains de son père. Quand il s'approcha des fonts baptismaux, pour présenter l'enfant à l'ondoiement, il y eut un moment de silence et de recueillement religieux qui faisait un contraste touchant avec la gaieté bruyante qui, au même moment, animait au dehors une foule immense, que le spectacle d'un très-beau feu d'artifice et de magnifiques illuminations avaient amassée de tous les points de Paris dans le voisinage des Tuileries.

« Des ennemis de l'Empereur ont prétendu qu'il n'était pas capable de sentiments tendres, et que le bonheur d'être père n'allait pas jusqu'au fond de cette âme, dévorée d'ambition, disaient-ils. Je puis citer entre mille traits une petite anecdote qui me touche particulièrement et que j'ai d'autant plus de plaisir à raconter que, en même temps qu'elle répond victorieusement aux calomnies dont je parle, elle prouve la bienveillance particulière dont m'honorait Sa Majesté. Comme père, comme fidèle serviteur, j'éprouve une satisfaction douce quoique douloureuse à la consigner dans ses Mémoires. Napoléon aimait beaucoup les enfants. Un jour il me demande de lui amener le mien : je sortis

pour l'aller chercher. Sur ces entrefaites, M. de Talleyrand
fut introduit près de l'Empereur. La conversation dura
longtemps; mon enfant s'ennuyait d'attendre; je le recon-
duisis près de sa mère. Quelque temps après il fut atteint du
croup. Cette cruelle maladie contre laquelle Sa Majesté
avait cru devoir faire un appel spécial à la Faculté de Paris,
enlevait beaucoup d'enfants à leurs familles. Le mien mourut à Paris; nous étions alors au château de Compiègne.
J'en reçus la triste nouvelle au moment de descendre à la
toilette. J'étais trop accablé de cette perte pour me rendre
à mon devoir. L'Empereur fit demander ce qui m'empêchait
de venir, et comme on lui rapporta que je venais d'apprendre la mort de mon fils, il dit avec bonté : « — Ce pauvre
« Constant! Quelle horrible douleur! Nous autres pères,
« nous savons ce que c'est. »

« A quelque temps de là ma femme alla voir l'Impératrice
Joséphine à la Malmaison. Cette aimable princesse daigna
la recevoir seule dans le petit salon qui précédait la chambre
à coucher; elle la fit asseoir auprès d'elle et essaya de la
consoler par de touchantes paroles. Elle dit que ce malheur ne frappait pas que nous; qu'elle-même avait perdu
son petit-fils par suite de la même maladie. En disant cela
elle se mit à pleurer, car ce souvenir venait de réveiller
dans son âme de récentes douleurs. Ma femme baigna de
ses larmes les mains de cette excellente princesse. Joséphine
ajouta mille choses attendrissantes, tâchant d'alléger ses
peines en les partageant, et de ramener ainsi la résignation
dans le cœur de la pauvre mère.

« La cérémonie du baptême du roi de Rome, et les fêtes
dont elle fut accompagnée furent célébrées à Paris avec

une pompe digne de leur objet. Des préparatifs magnifique avaient été faits.

« La cérémonie s'accomplit avec une solennité inusitée. Après le baptême, l'Empereur prit son fils entre ses bras et le montra aux assistants. Aussitôt les acclamations, qui jusque-là avaient été comprimées par la sainteté de la cérémonie et la majesté du lieu, éclatèrent de toutes parts. Les prières achevées, LL. MM. se rendirent à l'Hôtel-de-Ville, à huit heures du soir, et y furent reçues par le Corps municipal. Un concert brillant et un banquet somptueux leur avait été offerts par la ville de Paris.

« Tout à coup, pendant la fête, il survint une pluie abondante qui mit en émoi tous les spectateurs. Leurs Majestés, protégées par le dais, ne s'aperçurent pas d'abord de la pluie. L'Empereur causait alors avec le maire de Lyon. Celui-ci se plaignait du peu d'écoulement des étoffes de cette ville. Napoléon voyant tomber une pluie effroyable, dit à ce fonctionnaire : « Je vous réponds que demain il y aura des commandes considérables. » Il rit beaucoup de cette pluie et du désordre qu'elle occasionna, disant que cela ferait gagner les fabricants.

« Aussitôt après sa naissance, le roi de Rome avait été confié à une nourrice d'une constitution robuste, prise dans la classe du peuple. Cette femme ne pouvait ni sortir du palais, ni recevoir aucun homme; les précautions les plus sévères avaient été prises à cet égard. On lui faisait faire pour sa santé des promenades en voiture, et alors même elle était accompagnée de plusieurs femmes.

« Voici comment Marie-Louise en usait avec son fils. Le matin, vers neuf heures, on portait le roi chez sa mère : elle le prenait dans ses bras, le caressait quelques instants, puis elle le rendait à sa nourrice et se mettait à lire les journaux. L'enfant s'ennuyant, la gouvernante l'emmenait. A quatre heures, c'était le tour de la mère d'aller visiter son fils. Marie-Louise descendait dans les appartements du roi, emportant avec elle un petit ouvrage de broderie auquel elle travaillait avec distraction. Vingt minutes après, on venait la prévenir que M. Isabey ou M. Prudhon étaient arrivés pour la leçon de dessin ou de peinture. Elle remontait alors chez elle.

« Les traits du roi de Rome offraient un mélange fort agréable de ceux de son père et de sa mère. Ce qu'on remarquait en lui, c'était une grande bonté et beaucoup d'attachement pour les personnes qui l'entouraient. Il aimait beaucoup une jeune et jolie personne, fille d'une première dame, Mlle Fanny Soufflot, qui ne le quittait presque pas. Il voulait toujours la voir parée ; il demandait à l'Impératrice Marie-Louise ou à sa gouvernante, Mme la comtesse de Montesquiou, quelques colifichets qui lui semblaient jolis, et qu'il voulait donner à sa jeune amie. Il lui faisait promettre de le suivre à la guerre quand il serait grand, et lui disait de ces mots charmants qui peignent un bon cœur.

« On avait laissé près du *petit roi* (comme il se nommait lui-même) un jeune enfant appartenant aussi à une première dame ; c'était, je crois, Albert Froment. Un matin qu'ils jouaient ensemble dans le jardin sur lequel ouvrait l'appartement du roi, à Saint-Cloud, Mlle Fanny les veillant sans gêner leurs jeux, Albert voulait la brouette du roi ; celui-ci résiste ; Albert le frappe. Le roi lui dit aussitôt : — « Si on te voyait ! Mais je ne le dirai pas. »

« Un jour il était aux fenêtres du château avec sa gouvernante, s'amusant beaucoup à voir passer le monde et montrant du doigt à sa gouvernante ce qui attirait le plus son attention. En regardant au bas de ses fenêtres, il aperçut une femme en deuil qui tenait par la main un petit garçon de trois à quatre ans, aussi en deuil. Ce petit enfant tenait à la main une pétition qu'il montrait de loin au prince, et paraissait le supplier de la recevoir. Ces vêtements noirs intriguèrent fort le jeune prince. Il demanda à sa gouvernante *pourquoi le pauvre petit était habillé tout en noir ?* — «Sans doute, c'est que son papa est mort,» lui répondit la gouvernante. L'enfant manifesta un vif désir de parler au petit solliciteur. Mme de Montesquiou, qui avait surtout à cœur de favoriser dans son jeune élève cette disposition à la bonté, donna l'ordre qu'on fît monter la mère et l'enfant. Cette femme était la veuve d'un brave homme qui avait été tué dans la dernière campagne. Cette perte l'avait réduite à la misère ; elle sollicitait une pension de l'Empereur. Le jeune prince prit la pétition et promit de la remettre à son papa. Le lendemain il va présenter ses devoirs à son père, comme à l'ordinaire, et lui remet toutes les pétitions de la veille dont il était chargé. Une seule fut remise à part, c'était celle de son petit protégé. — « Papa, « dit-il à son père, voici une pétition d'un petit garçon dont « le papa est mort à cause de toi : donne-lui une pension.» Napoléon embrassa son fils. Le brevet de la pension fut expédié dans la journée. C'est là, sans contredit, le trait d'une âme de bien bonne heure excellente.

« Sa première éducation d'enfance fut très-facile. Madame de Montesquiou avait pris sur lui un grand empire; elle le devait à la manière tout à la fois douce et grave dont elle le reprenait quand il faisait quelque faute. L'enfant était généralement docile; cependant il avait quelque fois de violents accès de colère. La gouvernante avait adopté un moyen excellent pour l'en corriger; c'était de demeurer impassible, laissant se calmer d'elle-même ses petites fureurs. Quand l'enfant revenait à lui, une observation faite avec sévérité, et onction en faisait un petit Caton pour tout le reste de la journée. Un jour qu'il se roulait à terre en poussant de grands cris sans vouloir écouter les remontrances de sa gouvernante, celle-ci ferma les fenêtres et les contrevents. L'enfant, que ce changement imprévu étonne, oublie ce qui l'avait contrarié, et lui demande pourquoi elle agissait ainsi. « — C'est de peur qu'on ne vous entende — répondit-elle. Croyez-vous que les Français voudraient d'un prince tel que vous, s'ils savaient que vous vous mettez en colère? — » Crois-tu qu'on m'ait entendu, s'écria-t-il, j'en serais bien fâché. Pardon, *Maman Quiou* (c'est ainsi qu'il l'appelait) je ne le ferai plus.

« L'Empereur aimait passionnément son fils : il le prenait dans ses bras toutes les fois qu'il le voyait, l'enlevait violemment de terre, puis l'y ramenait, puis l'enlevait encore, s'amusant beaucoup de sa joie. Il le taquinait, le portait devant une glace, et lui faisait souvent mille grimaces dont l'enfant riait jusqu'aux larmes. Lorsqu'il déjeunait, il le mettait sur ses genoux, trempait un doigt dans la sauce, le lui faisait sucer et lui en barbouillait le visage. La gouvernante grondait; l'Empereur riait plus fort, et l'enfant, qui prenait plaisir au jeu, demandait dans sa joie bruyante que son père recommençât. C'était là le bon moment pour faire arriver des pétitions au château; elles étaient toujours bien accueillies grâce au crédit tout-puissant du petit médiateur.

« L'Empereur, dans ses tendresses, était quelquefois plus enfant que son fils. Le jeune prince n'avait encore que quatre mois que son père mettait sur ce joli nourrisson son chapeau à trois cornes. L'enfant pleurait; alors l'Empereur l'embrassait avec une force et un plaisir qu'il n'appartient qu'à un père tendre de ressentir. Il lui disait : —« Quoi, Sire, « vous pleurez ! Un roi pleure ! fi donc ! comme cela « est vilain. » — Il avait un an quand, un jour à Trianon, sur la pelouse devant le château, je vis l'Empereur qui avait placé la ceinture de son épée sur l'épaule du roi et son chapeau sur sa tête. Il le mettait à quelque distance, tendant ses bras à l'enfant qui marchait jusqu'à lui en chancelant. Quelquefois ses petits pieds s'embarrassaient dans l'épée de son père. Il fallait voir alors avec quel empressement Sa Majesté étendait les bras pour lui éviter une chute.

« Une fois, dans son cabinet, l'Empereur était couché sur le tapis. Le roi, à cheval sur ses jambes, montait par saccades jusqu'au visage de son père, et alors l'embrassait. Une autre fois, l'enfant vient dans le salon du Conseil, qui était fini. Les Conseillers et les Ministres y étaient encore. Le roi courut dans les bras de son père sans faire attention à d'autres qu'à lui. L'Empereur lui dit : —« Sire, vous n'avez pas salué ces Messieurs. » — L'enfant se retourna; salua avec grâce, et son père l'enleva dans ses bras. Quand il venait voir l'Empereur, il courait dans les appartements de manière à laisser Madame de Montesquiou loin derrière lui. Il disait à l'huissier du cabinet. — « Ouvrez-moi, je veux « voir papa. — L'huissier lui répondit : Sire, je ne puis « vous ouvrir. — Mais je suis le petit roi. — Sire, je n'ou- « vrirai pas. » Pendant ce moment, sa gouvernante arrivait.

et, fier alors de sa protection, il disait : — « Ouvrez, le
« petit roi le veut. »

« L'Empereur disait au roi de Rome, quand il était
effrayé de son bruit et de ses menaces : — « Comment,
« comment! Un roi ne doit pas avoir peur. »

« Un jour, madame de Montesquiou reçut l'ordre de l'Empereur de conduire le petit roi à Bagatelle. Joséphine y
était. Elle avait obtenu la faveur de voir cet enfant dont la
naissance avait été si fêtée dans toute l'Europe. On sent
combien l'amour de Joséphine pour Napoléon était désinté-
ressé, et de quel œil elle voyait tout ce qui pouvait augmenter et surtout consolider sa fortune. Il entrait même
dans les vœux qu'elle faisait pour lui lors du divorce qu'il
fût heureux dans son intérieur, et que sa nouvelle épouse
lui donnât cet enfant, ce premier-né de sa dynastie dont
elle n'avait pas pu le rendre père.

« Le royal enfant lui fut présenté. Je ne sache rien de plus
touchant que la joie de cette excellente femme à la vue du
fils de Napoléon. Elle fixa d'abord sur lui des regards
mouillés de larmes; puis elle le prit dans ses bras, et le
pressa contre son cœur avec une inexprimable tendresse. Il
n'y avait là ni témoins indiscrets qui se fissent un plaisir de
curiosité en observant les sentiments de Joséphine, ni étiquette ridicule qui gênât l'expression de cette scène si tendre : c'était une scène de vie bourgeoise ; Joséphine y allait
de tout cœur. A la façon dont elle caressait cet enfant, on
eût dit qu'il s'agissait d'un enfant vulgaire, et non d'un fils
des Césars, comme disaient ses flatteurs ; non du fils dont
le berceau venait d'être entouré de tant d'honneurs, et qui
était roi en venant au monde. Joséphine le baigna de ses
larmes et lui dit quelques-uns de ces mots enfantins par

lesquels une mère sait se faire comprendre et aimer de son nouveau-né. Il fallut enfin se séparer. L'entrevue avait été courte, mais qu'elle avait été bien remplie par Joséphine ! Ce fut alors que l'on put juger par sa joie de la sincérité de son sacrifice, en même temps que, par quelques soupirs étouffés, on put juger de son étendue. »

VIII

LES TRAVAUX DE LA PAIX.

L'ADMINISTRATION CIVILE. — LES FINANCES. — LE CONSEIL D'ÉTAT. — LE CODE. — LA LÉGION D'HONNEUR. — IN- STRUCTION PUBLIQUE ET CULTES. — TRAVAUX PUBLICS. — LES LETTRES, LES SCIENCES ET LES ARTS.

L'Empereur s'est montré plus grand encore, s'il est possible, dans le gouvernement civil que dans la guerre, et la France ne lui doit pas moins de reconnaissance pour son administration que pour la gloire dont il l'a dotée par ses victoires. Pour bien l'apprécier sur ce point, il faut se rappeler quelle était la situation de la France au moment où il prit en main les rênes du gouvernement. M. Thiers a tracé le tableau de cette situation, qui n'était autre chose que le désordre et la ruine, de quelque côté qu'on se tournât. Nous laissons parler l'éloquent historien :

« L'administration, en France, dit M. Thiers, se trouvait en 1799 dans un désordre affreux. La guerre extérieure avait été un peu moins malheureuse sur la fin de la dernière campagne (1); mais nos soldats se trouvaient dans un dé-

(1) Pendant l'expédition d'Égypte, et lorsque le général Bonaparte était éloigné de l'Europe, l'Autriche nous avait de nouveau déclaré la guerre. Cette guerre avait été on ne peut plus malheureuse. Toutes les armées levées par le Directoire avaient été battues, et la France

nûment absolu. Ils n'étaient ni payés, ni habillés, ni nour-
ris. . . . . L'armée d'Italie, depuis les désastres de
Novi et de la Trebbia, repliée sur l'Apennin, dans un pays
stérile, ravagé par la guerre, était en proie à la maladie et
à la disette la plus affreuse. Ces soldats, qui avaient soutenu les plus grands revers sans en être ébranlés, et avaient
montré dans la mauvaise fortune une constance à toute
épreuve, couverts de haillons, consumés par la fièvre et la
faim, demandaient l'aumône sur les routes de l'Apennin,
réduits à dévorer les fruits peu nourrissants que portent les
terres arides de ces contrées. Il y avait des divisions qui
étaient privées de solde depuis dix-huit mois. On levait
quelques vivres au moyen des réquisitions; mais quant aux
fusils, aux canons, aux munitions de guerre, qu'on ne se
procure pas avec des réquisitions, nos soldats en manquaient totalement. Les chevaux, déjà insuffisants pour les
services de l'artillerie et de la cavalerie, avaient presque
tous été détruits par les maladies et par la faim.

« Tels étaient les résultats d'une administration faible,
désordonnée, et surtout d'une affreuse gêne financière. Cette
gêne était la cause principale du dénûment et des revers
de nos armées. Au dedans la Vendée de nouveau insur-
gée, au dehors les principales puissances de l'Europe en
armes rendaient le péril doublement pressant. Il fallait, par
la création de quelques moyens financiers, envoyer un premier secours aux armées affamées; il fallait les réorgani-

eût été envahie sans la victoire de Zurich, remportée par Masséna.
Mais cette victoire, qui nous sauvait de l'invasion, nous laissait toujours sur la défensive devant l'Europe. Elle n'avait pas réduit nos
ennemis à nous demander la paix, et n'avait ramené à l'intérieur ni
la sécurité ni la prospérité.

ser, les reporter en avant, ajouter de nouvelles victoires à celles qu'on avait remportées dans la dernière campagne. Il fallait surtout enlever aux cabinets étrangers cette idée d'une prochaine dissolution de la France, qui rendait les uns si confiants dans le résultat de la guerre, les autres si défiants dans leurs relations avec nous, et tout cela ne pouvait s'obtenir que d'un gouvernement fort, qui sait contenir les partis et imprimer aux esprits l'unité d'impulsion sans laquelle il n'y a dans les efforts qu'on tente pour se sauver ni ensemble, ni énergie, ni succès. »

Mais ces ressources, dont on avait un si grand besoin, comment les obtenir? Depuis longtemps l'État ne recevait plus rien. Comme il n'y avait plus d'agriculture, plus de commerce, il n'y avait plus d'argent, et par conséquent plus d'impôt. Il fallait créer tout un nouveau système financier qui, sans fouler le contribuable, rétablît le revenu public. C'est ce que fit le Premier Consul, par une suite de mesures que **M.** Thiers a exposées en quelques pages admirables de clarté (1).

« Dans tous les pays où il existe des contributions sur les propriétés et sur les personnes, ce que nous nommons en France *contributions directes*, il faut un état des propriétés avec évaluation de leur produit, un état nominatif des personnes avec évaluation de leurs facultés pécuniaires. Il faut tous les ans modifier ces états, suivant la translation des propriétés de main en main, suivant la naissance, la mort, le déplacement des personnes. Il faut ensuite répartir tous les ans entre les propriétés et les personnes la somme d'impôts qui a été décrétée; il faut enfin une perception tout à la fois

(1) T. ler, p. 33 et suiv.

exacte pour assurer les rentrées, prudente pour ménager les contribuables. Rien de tout cela n'existait en l'an viii (1799, première année du Consulat).

« Le cadastre, ouvrage de quarante années écoulées, n'était pas commencé. Il y avait d'anciens registres dans quelques communes, et un état général des propriétés entrepris sous la Constituante. Ces données, fort peu exactes, étaient cependant mises à profit. Mais les opérations qui consistent à réviser les états des propriétés et des personnes dans leurs mutations incessantes, et à répartir annuellement entre elles la somme décrétée de l'impôt ; ces opérations qui constituent simplement ce qu'on appelle la confection des rôles, étaient livrées aux administrations municipales, dont rien n'égalait la désorganisation et l'incurie.

« La perception n'était pas dans un moindre désordre. Elle avait été adjugée au rabais à ceux qui offraient de percevoir à moindres frais. Ces adjudicataires versaient les fonds perçus dans les mains de préposés qui servaient d'intermédiaires entre eux et le receveur général. Ils étaient les uns et les autres en débet ; le désordre qui présidait à toutes choses ne permettait guère de les surveiller. D'ailleurs, la non confection des rôles leur fournissait toujours une excuse plausible pour le retard des versements, et l'agiotage un moyen de s'acquitter en papiers dépréciés. En un mot, ils recevaient peu, et versaient encore moins.

« Sur l'avis de M. Gaudin (1), on ne craignit pas de revenir à certaines pratiques de l'ancien régime que l'expérience avait démontrées bonnes et utiles. Sur le modèle amélioré de l'ancienne administration des vingtièmes, on créa l'a-

(1) Le ministre des finances nommé par le Premier Consul, depuis duc de Gaëte.

gence des contributions directes, toujours repoussée jusque-
là par la fâcheuse idée de laisser aux administrations locales
le soin de s'imposer elles-mêmes. Un directeur et un inspecteur par département, huit cent quarante contrôleurs
répandus en plus ou moins grand nombre dans les arrondissements, devaient exécuter eux-mêmes le travail des
rôles, c'est-à-dire composer la liste des propriétés et des
personnes, constater les changements survenus dans l'année, et leur appliquer la portion de revenu qui leur revenait.
Ainsi, au lieu des cinq mille commissaires cantonaux réduits à solliciter auprès des communes la confection des
rôles, on devait avoir quatre-vingt-dix-neuf directeurs,
quatre-vingt-dix-neuf inspecteurs et huit cent quarante
contrôleurs exécutant eux-mêmes le travail, et coûtant à
l'État trois millions au lieu de cinq. On espérait qu'en six
semaines cette administration serait complétement organi-
sée, et qu'en deux ou trois mois elle aurait achevé le tiers
restant à faire des rôles de l'année précédente, tous ceux de
l'année courante et tous ceux de l'année prochaine.

« Il fallait le courage de vaincre quelques préventions, et le
général Bonaparte n'était pas homme à s'arrêter devant des
préventions. Les commissions législatives, discutant à huis
clos, adoptèrent le programme proposé, après quelques observations. Des garanties furent accordées à ceux des contribuables qui auraient des réclamations à élever, garanties
qui se trouvèrent assurées depuis avec plus de précision au
moyen de l'institution des conseils de préfecture. La base
de toute contribution régulière se trouva ainsi rétablie.

« Aujourd'hui, grâce à l'ordre parfait que l'Empire et les
gouvernements postérieurs ont successivement introduit
dans nos finances, le recouvrement des fonds du Trésor

s'exécute avec une facilité et une régularité qui ne laissen
plus rien à désirer. Mais à l'époque dont nous racontons
l'histoire, l'impôt rentrait mal et la comptabilité était ob-
scure. Le comptable qui n'avait pas versé pouvait alléguer l
retard dans la confection des rôles, la détresse des contribuables; il pouvait en outre dissimuler ses recettes, grâce
au défaut de clarté dans la discussion des opérations. L
gouvernement ne savait pas comme aujourd'hui ce qui s
passe chaque jour dans les quelques mille caisses, grande
ou petites, composant la caisse générale de l'État.

« Une institution digne d'être mentionnée par l'histoire vin
s'ajouter à toutes celles dont nous venons de raconter l
création : ce fut la Banque de France. Les anciens établissements d'escompte avaient succombé au milieu des désordres de la révolution ; il n'était cependant pas possible qu
Paris se passât d'une banque. Dans tout centre commercia
où règne une certaine activité, il faut une monnaie commod
pour les payements, c'est-à-dire la monnaie de papier, e
un établissement qui escompte en grand les effets de commerce. Ces deux services se prêtent mutuellement secours
car les fonds déposés en échange des billets circulants, son
ceux-là même qu'on peut prêter au commerce par la voie d
l'escompte. Partout en effet où il y a un mouvement d'affaires tant soit peu considérable, une banque doit réussir s
elle n'escompte que du bon papier, et si elle n'escompte pa
plus de billets qu'il n'en faut ; en un mot, si elle propor-
tionne ses opérations aux besoins de la place où elle réside
C'est ce qu'il fallait faire à Paris, et ce qui devait réussir s
on le faisait bien. Cette nouvelle banque devait avoir, outr
ses affaires avec les particuliers, ses affaires avec le Tré
sor, et par conséquent autant de bénéfices à recueillir qu

e services à rendre. Le gouvernement suscita les princi-
aux banquiers de la capitale, à la tête desquels se plaça
I. Perregaux, financier dont le nom se rattache à tous les
rands services alors rendus à l'État, et on forma une as-
ociation de riches capitalistes pour la création d'une ban-
ue appelée Banque de France, la même qui existe aujour-
'hui. On lui constitua un capital de 30 millions; elle dut
tre gouvernée par quinze régents et un comité gouvernant
e trois personnes, comité remplacé depuis par un gouver-
eur. Elle devait, suivant les statuts, escompter les effets
le commerce répondant à des affaires légitimes et non col-
usoires, émettre des billets circulant comme monnaie, et
'interdire toutes les spéculations étrangères à l'escompte et
u commerce des métaux. Fidèle à ses statuts, elle est de-
enue le plus bel établissement de ce genre connu dans le
nonde. »

L'effet de ces nouvelles mesures ne tarda pas à se faire
entir.

« Au bout de dix mois, dit M. Thiers (1), de novembre
799 à septembre 1800, la France avait changé de face. Les
onds publics, expression vulgaire mais positive de l'état
les esprits, s'étaient élevés de 12 francs (taux réel auquel
e vendait une rente de 5 francs la veille du 18 brumaire) à
0 francs. Ils tendaient à s'élever à 50 francs.

« Les rentiers venaient de recevoir un semestre en argent,
hose qui ne s'était jamais vue depuis le commencement de
otre révolution. Ce phénomène financier avait produit un
grand effet, et ne paraissait pas une des moindres victoires
lu Premier Consul. Comment avait-il pu opérer ce prodige?

_____

(1) T. II, p. 133 et suiv.

C'était une énigme que le gros du public expliquait par cet
puissance singulière qu'on lui reconnaissait déjà de faire
qu'il voulait. Dès le premier mois de son administratio
une chose s'était répandue de toutes parts sur le rappo
quotidien de ceux qui avaient travaillé avec lui. On disa
que ce militaire, au-dessus duquel on ne mettait aucun g
néral dans le temps présent, et presque aucun dans l
temps passés, était de plus un administrateur consomm
un politique profond. Tous les hommes spéciaux dont il s'
tait entouré, qu'il avait écoutés avec attention, souve
éclairés eux-mêmes par la justesse et la promptitude de se
aperçus, qu'il avait en outre protégés contre des résistanc
de toutes espèces, ne sortaient d'auprès de lui que subju
gués, saisis d'admiration. . . . . Il n'y ava
qu'un mois qu'il s'était saisi des affaires, et déjà l'impressio
produite autour de lui par cet esprit puissant était général
et profonde. Le bon Roger-Ducos n'en revenait pas ; l'hu
moriste Sieyès (1), peu enclin à céder à la mode, surtou
quand il n'en était pas le favori, reconnaissait la supério
rité, l'universalité de ce génie de gouvernement, et lui ren
dait le plus pur des hommages en le laissant faire. Le gé
néral Bonaparte avait parmi ses admirateurs fort sincère
MM. de Talleyrand, Regnault de Saint-Jean-d'Angély
Rœderer, Boulay de la Meurthe, Defermon, Réal, Du
fresne (2), etc., qui répétaient partout qu'on n'avait jamai
vu ni une telle promptitude, ni une telle sûreté, ni une tell

(1) Roger-Ducos et Sieyès étaient les deux consuls qu'on avait ad
joints au général Bonaparte après le 18 brumaire. Ils furent rem
placés par Cambacérès et Lebrun.

(2) Directeur du Trésor, fonctionnaire aussi habile que dévoué,
que l'Empereur estimait beaucoup. Après M. Gaudin, c'était lui qu

étendue d'esprit, ni une activité aussi prodigieuse, et il est bien vrai que ce qu'il avait déjà accompli était immense et que la réalité, ce qui est rare, égalait cette fois toutes les inventions de la flatterie. »

Mais ce n'était pas l'administration seule des finances qu'il fallait tirer du chaos. Il y avait l'administration départementale et communale, celle de la justice, et là encore tout était à faire.

« Il y a en tous pays, dit M. Thiers (1), deux genres d'affaires à expédier : celles de l'État, qui sont le recrutement, l'impôt, les travaux d'utilité générale, l'application des lois ; celles des provinces et des communes, qui consistent dans la gestion des intérêts locaux de toute espèce. Si on livre un pays à lui-même, c'est-à-dire s'il n'est pas régi par une administration générale, à la fois intelligente et forte, les premières de ces affaires, celles de l'État, ne se font pas ; les secondes rencontrent dans l'intérêt ou provincial ou commercial, un principe de zèle, mais d'un zèle capricieux, inégal, injuste, rarement éclairé. Les administrations provinciales ou communales ne manquent assurément pas de goût pour s'occuper de ce qui les concerne particulièrement ; mais elles sont prodigues, vexatoires, toujours ennemies de la règle commune. Les singularités tyranniques du moyen âge n'ont pas eu en Europe une autre origine. Dès que l'autorité centrale se retire d'un pays, il n'est sorte de désordres auxquels les intérêts locaux ne soient prêts à se livrer, leur propre ruine comprise. En 1789, partout où les communes avaient joui de quelque liberté, elles étaient

avait secondé le plus utilement le Premier Consul dans toutes les mesures qu'il avait adoptées pour le rétablissement des finances.

(1) T. 1er, p. 149 et suiv.

en état de banqueroute. La plupart des villes libres d'Allemagne, quand elles ont été supprimées en 1803, étaient
complétement ruinées. Ainsi, sans une forte administration
générale, les affaires de l'État ne se font pas et les affaires
locales se font mal. »

« L'Assemblée constituante et la Convention nationale,
après avoir successivement annoncé l'organisation administrative de la France, avaient abouti à un état de choses qui
était l'anarchie même. Des administrations collectives à tous
les degrés, délibérant continuellement, n'agissant jamais,
ayant à leurs côtés des commissaires du gouvernement central chargés de solliciter auprès d'elles ou l'expédition des
affaires de l'État ou l'exécution des lois, mais privés du
pouvoir d'agir eux-mêmes, tel était au 18 brumaire le régime départemental et municipal en vigueur. Quant au régime municipal en particulier, on avait imaginé un genre de
municipalités cantonales qui ajoutaient encore à cette confusion administrative. On avait trouvé le nombre des communes trop grand, car il était de plus de quarante mille.
Assurément, la surveillance d'un tel nombre de petits gouvernements locaux, déjà fort difficile en elle-même, devenait
impossible pour des autorités constituées comme l'étaient
les autorités de ce temps. Les préfets y suffisent aujourd'hui,
avec l'aide des sous-préfets, à la condition de s'y appliquer
beaucoup. Mais qu'on suppose les préfets et les sous-préfets
de moins, et à leur place de petites assemblées délibérantes,
et l'on comprendra quel désordre devait régner dans une
telle administration. Ces quarante et quelques mille communes avaient donc été réduites à cinq mille municipalités
cantonales, composées de la réunion de plusieurs communes
en une seule. On avait cru, en réunissant ainsi plusieurs

communes sous un même gouvernement, leur donner un gouvernement d'abord, et puis les placer plus près de l'autorité centrale, plus à portée de sa surveillance. Il en était résulté bientôt une confusion plus affreuse que celle qu'on avait le désir de faire cesser. Ces cinq mille municipalités cantonales étaient trop nombreuses et trop éloignées de l'autorité centrale pour être aperçues d'elle, et, sans les avoir assez rapprochées du gouvernement, on les avait fâcheusement éloignées de la population qu'elles étaient destinées à régir. L'administration communale est faite pour être placée le plus près possible des lieux. Le magistrat qui constate les naissances, les morts, les mariages; qui veille à la police, à la salubrité de la cité; qui entretient la fontaine, l'église, l'hospice du village ou de la ville, doit résider dans la ville ou le village même, vivre enfin au milieu de ses concitoyens. Ces municipalités cantonales avaient donc abouti à un inutile déplacement de l'autorité domestique sans avoir porté les affaires locales assez près de l'œil du gouvernement pour qu'il pût les saisir. Ajoutez que rien ne se faisait bien alors, grâce au désordre des temps, et on comprendra ce que le vice de l'institution, aggravé par le vice des circonstances, devait entraîner de confusion.

« C'est pour une telle situation que le Premier Consul était, on peut le dire, un véritable envoyé de la Providence. Son esprit simple, juste, guidé par un caractère actif et résolu, devait le conduire à la vraie solution de ces difficultés. La constitution avait placé à la tête de l'État un pouvoir exécutif et un pouvoir législatif; le pouvoir exécutif, concentré à peu près dans un chef unique, et le pouvoir législatif, divisé en plusieurs assemblées délibérantes. Il était naturel de placer à chaque degré de l'échelle administrative un représentant du pouvoir exécutif spécialement chargé d'agir, et à ses côtés, pour le contrôler ou l'éclairer seulement, mais non pour agir à sa place, une petite assemblée délibérante, telle qu'un conseil de département, d'arrondissement ou de commune. On dut à cette idée simple, nette et féconde, la belle administration qui existe aujourd'hui en France. Le premier Consul voulut dans chaque département un préfet, chargé, non de solliciter auprès d'une administration collective l'expédition des affaires de l'État, mais de les faire lui-même ; chargé en même temps de gérer les affaires départementales, mais celles-ci d'accord avec un conseil de département et avec les ressources votées par ce conseil. Comme le système des municipalités cantonales était universellement condamné, et que M. Sieyès, l'auteur de toutes les circonscriptions de la France, avait dans la constitution nouvelle posé le principe de la circonscription par arrondissement, le Premier Consul voulut l'employer pour se passer des administrations de canton. D'abord l'administration communale fut replacée où elle doit être, c'est-à-dire dans la commune même, ville ou village ; et entre la commune et le département il fut créé un degré administratif intermédiaire, c'est-à-dire l'arrondissement. Entre le préfet et le maire, il dut y avoir le sous-préfet, chargé, sous la surveillance du préfet, de diriger un certain nombre de communes, soixante, quatre-vingts ou cent, plus ou moins, suivant l'importance du département. Enfin, dans la commune même, il dut y avoir un maire, pouvoir exécutif aussi, ayant à ses côtés son pouvoir délibérant dans le conseil municipal ; un maire, agent direct et dépendant de l'autorité générale pour l'expédition des affaires de l'État ; agent de la commune quant aux affaires locales, gérant les intérêts de celle-ci d'accord avec elle, sous la surveillance, toutefois, du préfet et du sous-préfet, par conséquent de l'État.

« Telle est cette admirable hiérarchie, à laquelle la France doit une administration incomparable pour l'énergie, la précision, la pureté des comptes, et qui est si excellente qu'elle suffit en six mois pour remettre l'ordre en France, sous l'impulsion, il est vrai, d'un génie unique, le Premier Consul, et avec une faveur des circonstances unique aussi, car on avait partout horreur du désordre et soif de l'ordre, dégoût des bavardages, goût des résultats prompts et décisifs.

« Restait la question du contentieux, c'est-à-dire la justice administrative, chargée de faire que le contribuable ne soit pas imposé au delà de ses facultés, que le riverain d'un ruisseau ou d'une rue ne soit plus exposé à des empiétements ; que les entrepreneurs des travaux de la ville ou de l'État trouvent un juge de leurs marchés avec la commune ou le gouvernement ; question difficile, les tribunaux ordinaires étant reconnus impropres à rendre ce genre de justice. Le principe d'une sage division des pouvoirs fut encore employé ici avec un grand avantage. Le préfet, le sous-préfet, le maire, chargés de l'action administrative, pouvaient être suspects de partialité, enclins à faire prévaloir leurs volontés, car le justiciable froissé a ordinairement à réclamer contre leurs propres actes. Les conseils de département, d'arrondissement, de commune, pouvaient et devaient paraître suspects aussi, car ils ont le plus souvent un intérêt contraire au réclamant. Rendre la justice, d'ailleurs, est un travail long et continuel ; or, on ne voulait plus ni des conseils de département ni des conseils communaux permanents. Le

Premier Consul les désirait une quinzaine de jours par an, tout juste le temps de leur soumettre les affaires, de prendre leur avis, de leur faire voter les dépenses. Il fallait, au contraire, un tribunal administratif siégeant sans interruption. On établit donc une justice spéciale, un tribunal de quatre ou cinq juges, siégeant à côté du préfet, jugeant avec lui; espèce de petit conseil d'État éclairant la justice du préfet, comme le conseil d'État éclaire et redresse celle des ministres, soumis, d'ailleurs, à la juridiction de ce conseil suprême par la voie des appels. Ce sont ces tribunaux qu'on nomme encore aujourd'hui conseils de préfecture et dont l'équité n'a jamais été contestée.

« Tel fut le gouvernement provincial et communal en France : un chef unique, préfet, sous-préfet ou maire, expédiant toutes les affaires; un conseil délibérant, conseil de département, d'arrondissement ou de commune, votant les dépenses locales; puis, un petit corps judiciaire placé à côté du préfet seulement pour rendre la justice administrative; gouvernement subordonné d'une manière absolue au gouvernement général pour les affaires de l'État, surveillé et dirigé, mais ayant les vues propres pour les affaires départementales et communales. L'ordre n'a pas cessé de régner, pas plus que la justice, depuis que cette belle et simple institution existe parmi nous, c'est-à-dire depuis plus d'un demi-siècle. Bien entendu que les mots d'ordre et de justice, comme tous les mots des langues humaines, n'ont qu'une valeur relative et veulent dire qu'il y a eu en France, sous le rapport administratif, aussi peu de désordre, aussi peu d'injustice, qu'il est possible de le souhaiter dans l'administration d'un grand État.

« L'organisation judiciaire ne fut pas moins bien imaginée.

Elle eut pour but de placer la justice plus près des justiciables et de leur assurer cependant, au-dessus de la justice locale, s'ils voulaient y recourir, une justice d'appel, éloignée, mais haut placée, et ayant des lumières, de l'impartialité, en raison de la hauteur de sa position.

« Nos premiers législateurs révolutionnaires, par l'aversion qu'inspiraient les parlements, avaient supprimé les tribunaux d'appel et placé un seul tribunal par département, présentant un premier degré de juridiction, un tribunal d'appel pour les départements voisins. L'appel avait lieu, non pas de tribunal inférieur à tribunal supérieur, mais de tribunal voisin à tribunal voisin. Au-dessous étaient les justices de paix ; au-dessus le tribunal de cassation. Le tribunal unique par département se trouvant trop éloigné des justiciables, on avait étendu la compétence des justices de paix de manière à dispenser les citoyens de se transporter trop souvent au chef-lieu. On avait aussi créé quatre ou cinq cents tribunaux correctionnels chargés de réprimer les petits délits. Le jury criminel siégeait au chef-lieu, près du tribunal central.

« Cette organisation judiciaire avait aussi peu réussi que les municipalités cantonales. Les justices de paix, dont on avait trop étendu la compétence, étaient au-dessous de leur tâche. La justice du premier degré se trouvait placée trop loin en résidant au chef-lieu ; la justice d'appel devenait à peu près illusoire, car l'appel ne se conçoit que lorsqu'il y a recours à des lumières supérieures. Les cours souveraines, comme autrefois les parlements, comme aujourd'hui les cours royales (1), réunissant dans leur sein des magistrats

______

(1) Écrit en 1845.

éminents, auprès d'elles un barreau renommé, présentent une supériorité de savoir à laquelle on peut être tenté de recourir ; mais appeler d'un tribunal de première instance à un autre tribunal de première instance, ne se conçoit pas. Les tribunaux de police correctionnelle étaient aussi trop nombreux et bornés, d'ailleurs, à un seul emploi. Il fallait, évidemment, réformer cette organisation judiciaire. Le Premier Consul, adoptant les idées de son collègue Cambacérès, auquel il prêta l'appui de son bon sens et de son courage, fit adopter l'organisation qui existe encore de nos jours.

« La circonscription d'arrondissement qu'on venait d'imaginer pour l'administration départementale, présentait une grande commodité pour l'administration judiciaire. Elle offrait un moyen de créer une première justice d'appel placée plus loin et plus haut. On créa donc un tribunal de première instance par arrondissement, formant un premier degré de juridiction ; puis, sans crainte de paraître rétablir les anciens parlements, on prit le parti de créer des tribunaux d'appel. Un par département, c'était trop comme nombre, trop peu comme importance et élévation de juridiction. On en créa vingt-neuf, ce qui leur donnait à peu près l'importance des anciens parlements, et ils furent placés dans les lieux qui avaient autrefois joui de la présence de ces cours souveraines. C'était un avantage à restituer aux localités qui en avaient été privées. C'étaient de vieux dépôts de traditions judiciaires dont les débris méritaient d'être recueillis. Les barreaux d'Aix, de Dijon, de Toulouse, de Bordeaux, de Rennes, de Paris, étaient des foyers de science et de talent qu'il fallait rallumer.

« Les tribunaux de première instance établis dans chaque arrondissement furent chargés en même temps de la police correctionnelle, ce qui leur procurait une double utilité et plaçait la justice civile et répressive au premier degré dans l'arrondissement. La justice criminelle, toujours confiée au jury, dut résider seule au chef-lieu du département, au moyen de juges se détachant des tribunaux d'appel et venant diriger le jury, en un mot, présider les assises. Cette partie n'a été complétée que plus tard.

« La justice de paix devait, par suite des dispositions précédentes, être ramenée à une compétence plus bornée. On voulait conserver, en la perfectionnant, cette justice du peuple, paternelle, expéditive et peu coûtéuse. Au-dessus de l'édifice judiciaire fut maintenu, avec quelques modifications et une juridiction répressive sur tous les magistrats, le tribunal de cassation, l'une des plus belles institutions de la révolution française, tribunal qui n'est pas destiné à juger une troisième fois ce que les tribunaux d'instance et d'appel ont jugé déjà deux fois, mais qui, laissant de côté le fond du litige, n'intervient que lorsqu'il y a un doute élevé sur le sens de la loi, détermine ce sens par une suite d'arrêts et ajoute ainsi à l'unité du texte émané de la législature l'unité d'interprétation émanant d'une juridiction suprême commune à tout le territoire.

« C'est donc de cette année 1800, année si féconde (1), que date notre organisation judiciaire. Elle a consisté depuis en près de deux mille juges de paix, magistrats populaires, rendant, à peu de frais, la justice au pauvre; en près de trois cents tribunaux de première instance, un par arrondissement, rendant la justice civile et correctionnelle au premier degré; en vingt-neuf tribunaux souverains rendant la justice en appel, et la justice criminelle par des juges dé-

(1) Voir la note II à la fin du volume.

tachés qui vont tenir des assises au chef-lieu de chaque département ; enfin, en un tribunal suprême placé au-dessus de toute la hiérarchie judiciaire, interprétant les lois et complétant l'unité de la législation par l'unité de la jurisprudence. »

Le Premier Consul apporta le plus grand soin dans le choix des magistrats qui allaient être appelés à faire partie du nouvel ordre judiciaire.

« Des noms honorables pris dans l'ancien barreau (1), dans l'ancienne magistrature, furent mêlés, autant que possible, à des noms nouveaux portés par des gens honnêtes. Quand il put orner ce personnel de noms éclatants, le Premier Consul n'y manqua pas, car il aimait l'éclat en toutes choses, et le moment était venu où l'on pouvait, sans trop de danger, faire des emprunts au passé. Un magistrat, du nom de d'Aguesseau, ouvrait la liste des nominations en qualité de président du tribunal d'appel de Paris (2). Ces fonctionnaires, à peine nommés, avaient ordre de partir à l'instant même pour aller prendre possession de leurs siéges et contribuer, chacun de leur côté, à l'œuvre de réorganisation dont le jeune général faisait son occupation constante, dont il voulait faire sa gloire, et qui, même après les plus prodigieuses victoires, est restée, en effet, sa gloire la plus solide. »

« Mais il y avait aussi d'autres efforts à faire dans cette société bouleversée, pour remettre chaque chose, non pas en un parfait état, comme on pouvait y aspirer avec le temps, mais seulement en un état supportable. On vient de voir ce qu'il avait fallu faire pour les finances et la justice ; il y avait

1) T. 1er, p. 165.
2) Cour impériale.

un service aussi important et tout aussi désorganisé que celui des finances, c'était celui des routes. Elles étaient devenues à peu près impraticables. On sait qu'il faut non pas quelques années, mais quelques mois seulement de négligence pour changer en fondrières ce sol artificiel que les hommes créent sur la terre pour y rouler leurs fardeaux. Or, il y avait environ douze ans qu'elles étaient presque abandonnées en France. Sous l'ancien régime, on avait pourvu à leur entretien au moyen des corvées, et depuis la révolution au moyen d'une somme portée au budget général, laquelle n'avait pas été plus exactement acquittée que les sommes destinées aux autres services. Le Directoire. voyant ce qui se passait, avait été conduit à l'idée d'une ressource spéciale qu'on ne pût pas aliéner, qui ne pût pas faire défaut, et, pour arriver à ce but, avait établi une taxe d'entretien et créé des barrières pour la percevoir. Cette taxe avait été affermée aux entrepreneurs des routes eux-mêmes qui, mal surveillés, fraudaient à la fois sur la perception de la taxe et sur l'emploi de ses produits (1). D'ailleurs, elle était insuffisante. Elle rapportait, au plus, 13 à 14 millions par an, et il en aurait fallu 30. Dans les trois années vi, vii, viii, on n'avait pas consacré aux routes au delà de 32 millions, et il en aurait fallu 100 au moins pour réparer les ravages que le temps avait produits et suffire à l'entretien annuel.

« Le Premier Consul, ajournant l'adoption d'un système complet, eut recours au moyen le plus simple, celui de subvenir aux besoins avec les fonds généraux de l'État. Il laissa exister la taxe, son mode et son emploi actuels, se

(1) L'auteur veut dire qu'ils recevaient l'argent et n'entretenaient pas les routes.

bornant à les mieux surveiller, et donna de suite 12 millions sur l'an ix, somme considérable pour le temps. Cette somme devait servir à réparer les principales chaussées allant du centre aux extrémités de la République : de Paris à Lille ; de Paris à Strasbourg ; de Paris à Marseille ; de Paris à Bordeaux ; de Paris à Brest. Il se proposait de transporter plus tard, de ces routes à d'autres, les fonds qu'il venait de leur consacrer ; d'augmenter ce fonds proportionnément à l'aisance croissante du Trésor et de l'employer, concurremment avec la taxe, jusqu'à ce qu'on eût remis la viabilité en France dans l'état où elle doit être en tout pays civilisé.

« Les canaux de Saint-Quentin, de l'Ourcq, entrepris vers la fin de l'ancien régime, ne présentaient partout que des fossés à moitié comblés, des montagnes à demi-percées, des ruines, en un mot, plutôt que des travaux d'art. Il y envoya sur-le-champ des ingénieurs, y alla lui-même et ordonna des plans définitifs pour signaler, par des ouvrages de haute utilité publique, les premiers moments de la paix prochainement attendue.

« Ce n'était pas seulement leur dégradation qui rendait les routes impraticables ; c'était aussi le brigandage qui les infestait dans un grand nombre de provinces. Les Chouans, les Vendéens, restés sans emploi depuis la fin de la guerre civile, et ayant contracté des goûts que la paix ne pouvait satisfaire, ravageaient les grandes routes de la Bretagne, de la Normandie et des environs de Paris. Les réfractaires qui avaient voulu échapper à la conscription, quelques soldats de l'armée de Ligurie, que la misère avait poussés à déserter, commettaient les mêmes brigandages sur les routes du Centre et du Midi. Georges Cadoudal, revenu d'Angleterre avec beaucoup d'argent, et caché aujourd'hui dans le

Morbihan, dirigeait secrètement cette nouvelle chouanerie. Il fallait, pour réprimer ce désordre, des colonnes nombreuses et des commissions militaires à leur suite. Le Premier Consul avait déjà formé quelques-unes de ces colonnes, mais les troupes lui manquaient. Tandis que le Directoire avait gardé trop de troupes en dedans, lui en avait gardé trop peu. Mais il disait, avec raison, que lorsqu'il aurait battu les ennemis du dehors, il viendrait bientôt à bout de ceux du dedans. — Patience, répondait-il aux gens qui lui parlaient avec effroi de ce genre de désordre; donnez-moi un mois ou deux, j'aurai alors conquis la paix, et je ferai une prompte et complète justice de ces coureurs de grandes routes. — La paix était alors, en toute chose, la condition indispensable du bien. En attendant, néanmoins, il s'appliquait à remédier aux désordres les plus urgents.

« On voit que de difficultés de tout genre le gouvernement avait à vaincre pour remettre l'ordre dans une société bouleversée; mais s'il avait des peines, la France l'en dédommageait par une adhésion, on peut dire unanime. Dans les premiers jours qui avaient suivi le 18 brumaire, on s'était jeté dans les bras du général Bonaparte, parce qu'on cherchait la force quelle qu'elle fût, et que, d'après les actes du jeune général en Italie, on espérait que cette force serait mise au service du bon sens et de la justice. Un seul doute restait encore : se maintiendrait-il plus longtemps que les gouvernements qui l'avaient précédé? Saurait-il gouverner aussi bien qu'il avait su combattre? Ferait-il cesser les troubles, les persécutions? Serait-il de tel ou tel parti? Les onze ou douze mois écoulés levaient ces doutes à vue d'œil. Son pouvoir se consolidait d'heure en heure; depuis Marengo surtout, la France et l'Europe pliaient sous son ascendant.

Quant à son génie politique, il n'y avait qu'une voix parmi ceux qui l'approchaient ; c'était un grand homme d'État au moins autant qu'un grand capitaine. Quant à la direction de son gouvernement, elle était aussi évidente que son génie. Il était de ce parti modéré qui ne voulait plus de persécution d'aucun genre ; qui, disposé à revenir sur plusieurs des choses que la révolution avait faites, ne voulait pas revenir sur toutes et, au contraire, était résolu à maintenir ses principaux résultats. Ces doutes levés, on venait à lui avec l'empressement de la joie et de la reconnaissance. »

Nous devons maintenant voir l'Empereur au Conseil d'État.

(1) « Le Conseil d'État était généralement composé, disait l'Empereur, de gens instruits, bons travailleurs et de bonne réputation. *Fermont* et *Boulay*, par exemple, sont certainement de braves et honnêtes gens. Malgré les immenses affaires litigieuses qu'ils ont gérées, et les gros émoluments dont ils jouissaient, on ne me surprendrait pas du tout en m'apprenant qu'aujourd'hui ils sont tout au plus au-dessus de l'aisance. »

« L'Empereur ajoutait qu'il employait indistinctement tous les conseillers d'État à tout avec avantage. En masse, c'était son véritable conseil, la pensée en délibération, comme les ministres étaient la pensée en exécution.

« Au Conseil d'État se préparaient les lois que l'Empereur présentait au Corps législatif, ce qui le rendait tout à fait un des éléments de la puissance législative. Là se rédigeaient les décrets de l'Empereur, les règlements d'administration publique ; là s'examinaient, se discutaient et se corrigeaient les projets de ses ministres.

(1) Toute cette partie du chapitre est extraite du *Mémorial*.

« Le Conseil d'État recevait l'appel et prononçait en dernier ressort sur tous les jugements administratifs ; accidentellement sur tous les autres tribunaux, même sur la Cour de cassation. Là s'examinaient aussi les plaintes contre les ministres ; les appels même de l'Empereur à l'Empereur mieux informé. Ainsi, le Conseil d'État, constamment présidé par l'Empereur, et souvent en opposition directe avec les ministres, se trouvait donc naturellement le refuge des intérêts ou des personnes lésés par quelque autorité que ce fût, et quiconque y a assisté sait avec quelle chaleur la cause des citoyens s'y trouvait défendue. Une commission de ce Conseil recevait toutes les pétitions et mettait sous les yeux du Souverain celles qui méritaient son attention.

« L'Empereur me demandait (1) si la discussion était bien libre au Conseil d'État, et si sa présence n'en gênait pas les délibérations ? Je lui citai une séance fort longue où il était resté constamment seul de son avis, et avait en conséquence succombé. Je fus assez heureux pour lui en rappeler tant bien que mal le sujet. Il y fut aussitôt. Il s'agissait d'une femme qui, sous le coup de la peine de mort, avait été trois fois acquittée par les cours impériales et dont la Cour de cassation réclamait encore la mise en jugement.

« L'Empereur voulait que cet heureux concours de la loi eût épuisée sa sévérité à l'égard de l'accusée, que cette heureuse fatalité de circonstances tournât à son profit. On lui disait qu'il avait la ressource de faire grâce, mais que la loi était inflexible et qu'il fallait qu'elle eût son cours. La discussion fut fort longue. M. *Muraire* parla beaucoup

____

(1) C'est M. de Las Cases qui parle.

et très-bien ; il entraîna tout le monde. L'Empereur, qui était constamment demeuré seul, se rendit en prononçant ces paroles remarquables : — « Messieurs, on prononce ici « à la majorité : je demeure seul, je dois céder ; mais je « déclare que, dans ma conscience, je ne cède qu'aux « formes. Vous m'avez réduit au silence mais non con- « vaincu. »

« Dans le monde, où l'on ne se doutait pas de ce que c'était que le Conseil d'État, on était persuadé que personne n'osait y prononcer une parole dans un sens différent de l'Empereur, et je surprenais fort dans les salons lorsque je racontais qu'un jour, dans une discussion assez animée, interrompu trois fois dans son opinion, l'Empereur, s'adressant à celui qui venait de lui couper assez impoliment la parole, lui dit avec vivacité : « — Monsieur, je n'ai point « fini ; je vous prie de me laisser continuer. Après tout, il « me semble qu'ici chacun a bien le droit de dire son opi- « nion. » — Sortie qui, malgré le lieu et le respect, fit rire tout le monde et l'Empereur lui-même. »

On peut citer encore, comme preuve de la liberté avec laquelle les conseillers d'État exprimaient leur opinion et la soutenaient, même contre l'Empereur, les deux anecdotes suivantes :

« — Le général Gassendy, chargé de la division de l'artillerie à l'administration de la guerre, appuyait un jour son opinion de raisonnements puisés dans les doctrines des économistes. Napoléon, qui aimait beaucoup ce conseiller, mais qui, en revanche, détestait les économistes, l'interrompit en s'écriant :

« — Mais, général, qui diable vous a rendu si sa- « vant? Où êtes-vous allé déterrer ces principes-là ?

« — Auprès de Votre Majesté, Sire !

« — Allons donc, que me dites-vous là ? moi qui ai tou-
« jours pensé que s'il existait une monarchie de granit, il
« suffirait des idées de MM. les économistes pour la ré-
« duire en poussière !!!... Allez, allez, mon cher général,
« vous vous serez endormi dans votre bureau, et vous aurez
« rêvé tout cela dans votre fauteuil. »

« Gassendy, d'un naturel très-vif, répliqua aussitôt :

« — Ah ! pardieu, oui ! s'endormir dans les bureaux !
« J'en défierais bien une marmotte, grâce au travail et au
« tourment que nous y donne nuit et jour Votre Majesté !

« — Eh bien ! à la bonne heure, s'écria gaiement Na-
« poléon : voilà de la franchise ! »

« Cette boutade excita un rire général, auquel l'Empereur
prit une bonne part. »

La seconde fois ce fut avec M. Daru.

« — A l'issue d'une séance qui avait été chaude, l'Empereur invita à dîner ceux des conseillers qui s'étaient montrés le plus opposés à son projet. Parmi eux se trouvait le
comte Daru, alors secrétaire général du ministère de la
guerre, qui, à toutes les époques de sa vie laborieuse (1),
sut conserver avec Napoléon toute l'indépendance de ses
opinions généreuses. Avant de se mettre à table, l'Empereur attira Daru dans une embrasure de fenêtre et recom-
mença avec lui la discussion. Il soutenait vivement ses
idées, Daru ne cédait rien des siennes ; mais le pauvre
conseiller, déjà exténué de fatigue et n'ayant plus de voix,
ne pouvait articuler que ces trois mots :

« — Sire, je persiste !... »

(1) L'Empereur disait : « — Daru, c'est le courage du lion et le tra-
« vail du bœuf. »

« Au moment du dîner, Napoléon présente **M.** Daru à l'Impératrice, qui, s'inquiétant de trouver la voix de son mari aussi très-altérée, lui en demande la cause :

« — Prends-t'en à ce diable d'homme, lui répond gaie-
« ment l'Empereur. Mais le voilà réduit au silence, et
« maintenant il faudra bien qu'il m'écoute sans répliquer. »

« Là-dessus, Napoléon reprend les arguments un à un, en ajoutant chaque fois :

« — Répondez, Daru, répondez donc, si vous pouvez ? »

« Celui-ci, poussé à bout, rassemble enfin ce qui lui reste de poumons, et, secouant la tête comme pour faire un dernier effort, il s'écrie d'une voix inintelligible à force d'enrouement :

« Sire, je persiste !... »

« Tous deux ne purent s'empêcher d'éclater de rire. Depuis, dans les fréquentes discussions qu'ils eurent ensemble au Conseil d'État, Napoléon, se rappelant cette scène, disait toujours au comte Daru :

« — Daru, vous savez que vous n'avez qu'un mot à dire : « *Persistez-vous*, oui ou non (1) ? »

« Toutefois, on pouvait s'apercevoir que les orateurs cherchaient à deviner quelle serait l'opinion de l'Empereur. On était heureux d'avoir rencontré juste, et embarrassé de se trouver dans un sens opposé ; on l'accusait de nous tendre des piéges pour mieux connaître notre pensée. Néanmoins, la question une fois lancée, l'amour-propre et la chaleur faisaient qu'on soutenait généralement sa véritable opinion, d'autant plus que l'Empereur excitait à la plus grande liberté. « Je ne me fâcherai point qu'on me contre-

____

(1) Mémoires sur le Conseil d'État.

« dise, disait-il, je cherche qu'on m'éclaire. Parlez hardi-
« ment, répétait-il souvent, quand on se rendait obscur ou
« que l'objet était délicat ; dites toute votre pensée : nous
« sommes ici entre nous, nous sommes en famille. »

« On m'a raconté que, sous le Consulat ou au commencement de l'Empire, l'Empereur eut à combattre dans un de
ses membres une différence d'opinion qui devint, par la
chaleur et l'obstination de celui-ci, une véritable affaire des
plus vives. Napoléon se contint, et se réduisit au silence ;
mais, à quelques jours de là, à une de ses audiences publiques, arrivé à son antagoniste : « — Vous êtes bien
« entêté, lui dit-il à demi sérieusement, et si je l'étais au-
« tant que vous !... Toutefois, vous avez tort de mettre la
« puissance à l'épreuve ! Vous ne devez pas méconnaître
« les infirmités humaines ! »

Une autre fois, il disait en particulier à un autre membre
qui l'avait également poussé à bout : « Ayez donc l'at-
« tention de ménager un peu mon humeur ; dernièrement,
« vous avez été bien loin ; vous m'avez réduit à me gratter
« la tempe, c'est un grand signe chez moi ; évitez doréna-
« vant de me pousser jusque-là. »

« Rien n'égalait l'intérêt que la présence et les paroles de
l'Empereur répandaient sur les séances du Conseil d'État. Il
le présidait régulièrement deux fois par semaine, lorsqu'il
se trouvait dans la capitale, et alors aucun de nous n'y eût
manqué pour tout au monde. Contre l'opinion commune,
il était si peu absolu et tellement facile avec son Conseil
d'État qu'il lui est arrivé plusieurs fois de remettre en discussion ou même d'annuler une décision prise, parce qu'un
des membres lui avait donné depuis, en particulier, des
raisons nouvelles. On a prétendu que son opinion person-

nelle à lui, Empereur, influait sur la majorité. Qu'on demande aux chefs de section, surtout !

« Je lui ai entendu un jour exprimer le vœu que tous les fonctionnaires et employés publics, même les militaires, formassent d'eux-mêmes le fonds de leurs pensions à venir par une légère retenue de leur salaire annuel. Il y attachait beaucoup de prix : « — De la sorte, disait-il, l'ave-
« nir de chacun ne sera plus un objet de sollicitation, une
« faveur ; ce sera un droit, une vraie propriété ; ce qui aura
« été retenu sera versé à la caisse d'amortissement, chargée
« de le faire valoir ; ce sera son propre bien qu'il suivra de
« ses yeux et qu'il retirera sans contestation lors de sa
« retraite. — » On lui objectait qu'il était des traitements, ceux des militaires surtout, qui ne pourraient admettre de retenue. « — Eh bien ! j'y suppléerai, répliquait l'Empe-
« reur, je les accroîtrai de toute la retenue. » — « Mais à
« quoi bon, alors, répondait-on ? Si l'on doit faire la même
« dépense, il n'y aura point d'économie, où seront les avan-
« tages ? « — Les avantages, disait l'Empereur, seront
« dans la différence entre le certain et l'incertain, entre
« l'intérêt du trésor, qui n'aura plus à se mêler de ces
« accidents, et la tranquillité des citoyens qui posséderont
« leur garantie. »

« L'Empereur défendit cette idée avec beaucoup de cha-leur. Il y revint plus d'une fois ; elle demeura, néanmoins, sans résultat (1). Une autre fois, il nous fit présenter (2) un projet de décret pour qu'à l'avenir les places, dans les

______

(1) Elle en a eu depuis, et c'est sur cette idée qu'est fondé encore aujourd'hui tout le système des pensions civiles et militaires que l'Empereur voulait faire adopter.

(2) M. de Las Cases était Conseiller d'État.

douanes, les perceptions, les droits réunis, etc., fussent données à des militaires blessés ou à des vétérans susceptibles de les exercer, à partir du simple soldat jusqu'aux rangs supérieurs. Et comme ce projet était reçu avec froideur, l'Empereur, suivant sa coutume, s'adressant à un des opposants, le somma d'aborder franchement la question et de dire toute sa pensée : « — Eh bien ! Sire, dit *M. Malouet*, « c'est que je crains que les citoyens ne se trouvent heurtés « de se voir préférer des militaires. — Monsieur, répartit « vivement l'Empereur, vous séparez deux choses qui « ne peuvent l'être. Les citoyens et les soldats, aujourd'hui, « ne font qu'un. Dans la crise où nous nous trouvons, la « conscription atteint tout le monde ; la carrière militaire « n'est plus une affaire de goût, c'est une affaire de force. « La plupart de ceux qui s'y trouvent ont perdu leur état « contre leur gré ; il est donc juste de leur en tenir compte. « — Mais, observait encore l'opposant, c'est qu'on pourrait « croire, par la rédaction du projet, que Votre Majesté ne « veut désormais donner la plus grande partie de ces places « qu'aux militaires ? — Mais c'est bien mon intention, Mon« sieur, dit l'Empereur ; il ne s'agit que de savoir si j'en « ai le droit et si je blesse la justice. Or, la Constitution « me donne la nomination à tous les emplois, et il me « semble qu'il est de toute justice que ce soient ceux qui « ont le plus souffert qui aient le plus de droits aux in« demnités. — Puis, haussant la voix : Messieurs, la « guerre n'est point un métier de roses : vous ne la con« naissez, sur vos bancs, que d'après la lecture des bulle« tins ou le récit de nos triomphes. Vous ne connaissez « pas nos bivouacs, nos marches forcées, nos privations « de tous genres, nos souffrances de toute espèce. Moi,

« je les connais parce que je les vois, et que, parfois, je
« les partage. »

« Mais, Sire, lui dit-on encore, Votre Majesté donnerait-
« elle ces places à un militaire qui ne saurait pas lire? —
« Pourquoi pas? — Mais comment pourrait-il remplir sa
« place, tenir les registres? — Eh bien! Monsieur, il ap-
« pellerait son voisin; il ferait venir ses parents, et le
« bienfait accordé à un se répandrait ainsi sur plusieurs.
« D'ailleurs je ne tiens point à votre objection; nous n'a-
« vons qu'à prescrire les conditions qu'il sera capable de
« remplir la place, etc. »

« J'ai entendu souvent l'Empereur improviser de la sorte,
ou faire discuter après impression une foule de projets qui
d'abord ne furent pas plus heureux. Voici qui peut du moins
donner une idée de l'activité et des travaux de son administration. On a calculé que le Gouvernement de Napoléon,
dans un espace de quatorze ans et cinq mois, présentait
soixante et un mille cent trente-neuf délibérations du Conseil
d'État sur des objets différents. »

Parmi les grands travaux qu'accomplit le conseil d'État
sous l'Empire, il faut citer avant tout le Code civil.

« Ce qu'on a appelé *codification* dans les temps modernes,
dit M. Poncelet (1), est une de ces entreprises qu'il faut des
siècles avant de pouvoir réaliser, et qui souvent même ne
peut être mise à exécution qu'autant qu'une révolution politique a aplani les obstacles qui s'opposaient à la réussite
de ce projet.

« Telle était la position de la France lorsque, en 1789, on

_____

(1) Motifs, rapports et opinions des orateurs qui ont coopéré à la
rédaction du Code civil. (Préface.)

songea, sinon pour la première fois, au moins d'une manière sérieuse et définitive, à faire jouir ce pays du bienfait d'une législation uniforme.

« Jusqu'à cette époque les tentatives partielles faites par quelques ordonnances de nos rois, pour arriver à ce résultat, n'avaient point obtenu un succès général et complet par les résistances que leur opposaient les parlements, conservateurs de priviléges de certaines provinces.

« Il y avait encore deux obstacles qu'il fallait franchir avant d'arriver à une législation civile uniforme, savoir : les nombreux vestiges du régime féodal qui couvraient encore la surface de la France, et dont les partisans étaient tous ceux dont ils servaient les intérêts, c'est-à-dire les hommes les plus puissants de la nation, et d'un autre côté cet esprit de routine, apanage si ordinaire et pourtant si funeste de la multitude, et qui pouvait lui faire apparaître comme redoutable tout changement à la législation, même celui qui se serait borné à la rendre uniforme sur tous les points.

« La célèbre journée du 18 brumaire vint placer à la tête du Gouvernement le seul homme dont l'impulsion pût achever ce que d'autres avaient vainement tenté. Napoléon aspirait à la double gloire du conquérant et du législateur. Il voulut doter son pays de ce Code civil qu'on lui promettait depuis tant d'années, et, à cet effet, par un arrêté rendu le 24 thermidor an VIII, sept mois après son élévation au consulat, il nomma une commission de quatre jurisconsultes (1) chargés de rédiger et de préparer au Gouvernement un projet de Code civil. Il ne voulut pas que ce projet si important, d'une aussi grande étendue, se composant de

____

(1) **MM.** Tronchet, Portalis, Bigot de Préameneu et Malleville.

matières si variées, fût renfermé dans le secret des délibérations du Conseil d'État. Il voulut, avant de provoquer celles-ci, avoir l'avis de toutes les cours judiciaires de France. En conséquence, le projet leur fut envoyé afin de l'examiner et de communiquer au Gouvernement toutes les observations qu'il pourrait leur suggérer. »

Dès que la Commission eut terminé son travail, elle le présenta au Conseil où il devait être examiné par toutes les sections réunies. Chacun des articles donna lieu aux discussions les plus vives et les plus approfondies.

« L'on sait, ajoute M. Poncelet, la part que prit à ces discussions l'âme de tous ces travaux, le génie qui présidait alors aux destinées de la France et dont la présence animait autant les jeunes guerriers que les vieux jurisconsultes, objet de l'admiration des uns et des autres. »

« Le premier Consul, assistant à chacune de ces séances (1), avait déployé, en les présidant, souvent une méthode, une clarté, une profondeur de sens qui étaient pour tout le monde un sujet de surprise. Habitué à diriger des armées, à gouverner des provinces conquises, on n'était pas étonné de le trouver administrateur, car cette qualité est indispensable à un grand général ; mais la qualité de législateur avait chez lui lieu de surprendre. Son éducation sous ce rapport avait été promptement faite. S'intéressant à tout parce qu'il comprenait tout, il avait demandé au Consul Cambacérès quelques livres de droit, et notamment les matériaux préparés dans la Convention pour la rédaction du nouveau Code civil. Il les avait dévorés, comme ces livres de controverse religieuse dont il s'était pourvu lorsqu'il s'occupait du Concordat. Bientôt classant dans sa tête les principes

____
(1). Thiers, t. iii, p. 299.

généraux du droit civil, joignant à ces quelques notions rapidement recueillies sa profonde connaissance de l'homme, sa parfaite netteté d'esprit, il s'était rendu capable de diriger ce travail si important, et il avait même fourni à la discussion une large part d'idées justes, neuves, profondes. Quelquefois une connaissance insuffisante de ces matières l'exposait à soutenir des idées étranges ; mais il se laissait bientôt ramener au vrai par les savants hommes qui l'entouraient, et il était leur maître à tous, quand il fallait tirer du conflit des opinions contraires la conclusion la plus naturelle et la plus raisonnable. Le plus grand service qu'il rendait, c'était d'apporter à l'achèvement de ce beau monument un esprit ferme, une volonté de travail soutenue, et par là de vaincre les deux grandes difficultés devant lesquelles on avait échoué jusqu'alors, la diversité infinie des opinions et l'impossibilité de travailler avec suite au milieu des agitations du temps. Quand la discussion, comme il arrivait souvent, avait été longue, il savait la résumer, la trancher d'un seul mot, et de plus il obligeait tout le monde de travailler en travaillant lui-même des journées entières. On imprimait et on publiait le procès-verbal de ces séances remarquables. Il ne restait malheureusement dans ces procès-verbaux, revus par Cambacérès, que la pensée quelquefois rectifiée, souvent décolorée, mais toujours frappante, du premier Consul. Le public en était saisi et s'habituait à le considérer comme l'unique auteur de ce qui se faisait de bon et de grand en France. Il prenait même une sorte de plaisir à voir législateur celui qu'il avait vu général, diplomate, administrateur, et constamment supérieur dans ces rôles si divers.

« A l'époque du Consulat et des discussions du Conseil

d'État, le jurisconsulte Treilhard, qui en faisait partie, ne pouvait comprendre la mémoire prodigieuse dont le Premier Consul faisait preuve dans ces discussions. Les articles du Code civil, après avoir été préparés dans les conférences particulières du Conseil d'État, étaient mis en délibération dans les séances ordinairement présidées par Napoléon. Celui-ci éclairait quelquefois les questions les plus obscures en citant à l'improviste des passages entiers du droit romain. Un matin que Napoléon avait mandé Treilhard pour lui faire part de ses idées sur un point de législation criminelle, celui-ci lui demanda comment il se faisait qu'il connût si parfaitement les lois, lui qui n'avait guère vécu que dans les camps? Napoléon répondit en souriant :

« N'étant encore que simple lieutenant d'artillerie à Auxonne, je fus mis aux arrêts pour un temps illimité, injustement, il est vrai, mais n'importe. Dans la chambre qui m'avait été donnée pour prison, il n'y avait pour tout mobilier qu'une vieille chaise, un vieux lit, une vieille armoire, et sur cette vieille armoire un vieux livre, plus poudreux, plus vermoulu que tout le reste. C'était le *Digeste* (1). N'ayant à ma disposition ni papier, ni crayon, ni livre, je regardai ce bouquin comme une bonne fortune. Il était si gros, les pages en étaient si jaunies, si chargées de notes marginales, écrites à la main, qu'eussé-je dû rester un siècle aux arrêts, j'aurais eu de la pâture pour tout ce temps. Je ne fus que dix jours privé de ma liberté ; mais quand je la recouvrai, j'étais saturé de tous vos légistes romains. Voilà d'où vient toute cette jurisprudence dont je vous inonde quelquefois au Conseil d'État (2). »

(1) Recueil de tous les actes de l'ancien Droit.
(2) Mémoires sur le Conseil d'État.

« Comme certains orateurs de son Conseil, — dit Thibeau-
deau, — Napoléon ne cherchait point à briller par la rondeur
de ses périodes, le choix de ses expressions et le soin de son
débit. Il parlait sans apprêt, sans embarras, sans prétention,
avec la liberté et sur le ton d'une conversation qui s'animait
naturellement suivant que l'exigeaient la matière, la contra-
riété des opinions et le point de maturité où la discussion
était parvenue. Il n'y fut jamais inférieur à aucun membre
du Conseil ; il égala quelquefois les plus habiles d'entre eux
par sa facilité à saisir le nœud des questions, par la justesse
de ses idées et la force de ses raisonnements. Il les surpassa souvent par le tour de ses phrases et l'originalité de
ses expressions. On n'avance rien qui ne soit prouvé par le
procès-verbal des discussions qui a été imprimé. »

Ce fut surtout dans la discussion relative à l'institution
de la Légion d'honneur que le Premier Consul déploya
à un degré extraordinaire ces qualités qui tant de fois
avaient fait l'admiration du Conseil. Ce qu'on croira difficilement aujourd'hui, c'est que nul projet n'excita plus d'opposition lorsqu'il fut proposé, et n'eut plus de peine à être
adopté.

« Le projet de la Légion d'honneur, dit M. Thiers, fut
fortement attaqué (1).

« On trouvait au Conseil d'État que l'institution de la Légion d'honneur blessait l'égalité, qu'elle recommençait l'aristocratie détruite ; qu'elle était un retour trop avoué à l'ancien
régime. Plusieurs membres attaquaient la Constitution,
objectaient qu'elle n'avait parlé que d'un système de récompenses militaires. Ils ajoutaient que l'institution se com-

____

(1) T. iii, p. 477.

prendrait mieux, soulèverait moins d'objections si elle avait pour but de récompenser exclusivement les actions de guerre ; que les actions de ce genre étaient si positives, si facilement appréciables, si généralement récompensées en tout pays, que personne ne trouverait à redire si on se bornait à cet objet clair et limité.

« Le Premier Consul répondit à ces objections avec la dialectique la plus rigoureuse :

« — Ces idées dit-il (1) en répondant au général Dumas (2), « pouvaient être bonnes au temps du régime féodal et de la « chevalerie, ou lorsque les Gaulois furent conquis par les « Francs. La nation était esclave ; les vainqueurs seuls « étaient libres ; ils étaient tout ; ils l'étaient comme mili- « taires. Alors la première qualité d'un général ou d'un « chef était la force corporelle. Ainsi Clovis, Charlemagne « étaient les hommes les plus forts, les plus adroits de « leurs armées ; ils valaient à eux seuls plusieurs soldats, « un bataillon ; c'est ce qui leur conciliait l'obéissance et le « respect. C'était conforme au système militaire du temps. « Les chevaliers se battaient corps à corps ; la force et « l'adresse décidaient de la victoire. Mais quand ce système « changea, quand on substitua les corps organisés, les « phalanges macédoniennes, les masses, au système militaire « des chevaliers, il en fut tout autrement. Ce ne fut plus « la force individuelle qui décida du sort des batailles, « mais le coup d'œil, la science ; on en peut voir la preuve « dans ce qui se passa aux batailles d'Azincourt, de

(1) *Mémoires* de Thibaudeau.

(2) C'était le général Dumas qui, le premier, avait demandé que la croix de la Légion d'honneur fût une récompense purement militaire, et qui défendait cette opinion avec le plus de vivacité.

« Crécy, de Poitiers. Le roi Jean et ses chevaliers suc-
« combèrent devant les phalanges gasconnes, comme les
« troupes de Darius devant les phalanges macédoniennes.
« Voilà pourquoi nulle puissance ne put arrêter la marche
« victorieuse des légions romaines.

« Le changement de système militaire, et non l'abolition
« du régime féodal, dut donc modifier les qualités néces-
« saires au général. D'ailleurs, le régime féodal fut aboli
« par les rois eux-mêmes pour se soustraire au joug d'une
« noblesse capricieuse et turbulente. Ils affranchirent les
« communes et eurent des bataillons formés de la nation.
« L'esprit militaire, au lieu d'être resserré dans quelques
« milliers de Francs, s'étendit à tous les Gaulois. Il ne
« s'affaiblit point par là, au contraire, il acquit de plus grandes
« forces. Il ne fut plus exclusif, fondé seulement sur la force
« individuelle et la violence, mais sur des qualités civiles.
« La découverte de la poudre à canon eut aussi une influence
« prodigieuse sur le changement du système militaire et
« sur toutes les conséquences qu'il entraîna. Depuis cette
« révolution, qu'est-ce qui a fait la force d'un général? Les
« qualités civiles, le coup d'œil, le calcul, l'esprit, les con-
« naissances administratives, l'éloquence, non pas celle du
« jurisconsulte, mais celle qui convient à la tête des armées,
« et enfin la connaissance des hommes ; tout cela est civil.
« Ce n'est pas maintenant un homme de cinq pieds dix pouces
« qui fera de grandes choses. S'il suffisait pour être général
« d'avoir de la force et de la bravoure, chaque soldat pour-
« rait prétendre au commandement. Le général qui fait de
« grandes choses est celui qui réunit les qualités civiles.
« C'est parce qu'il passe pour avoir le plus d'esprit que le
« soldat lui obéit et le respecte. Il faut l'entendre raisonner

« au bivouac ; il estime plus le général qui sait calculer que
« celui qui a le plus de bravoure. Ce n'est pas que le soldat
« n'estime pas la bravoure, il mépriserait le général qui
« n'en aurait pas. Mourad-Bey était l'homme le plus fort et
« le plus adroit parmi les Mamelucks, sans cela il n'aurait
« pas été bey. Quand il me vit, il ne concevait pas com-
« ment je pouvais commander à mes troupes. Il ne le com-
« prit que lorsqu'il connut notre système de guerre. Les
« Mamelucks se battaient comme les chevaliers, corps à
« corps et sans ordre ; c'est ce qui nous les a fait vaincre.
« Si l'on eût détruit les Mamelucks, affranchi l'Égypte et
« formé des bataillons de la nation, l'esprit militaire n'eût
« point été anéanti ; sa force au contraire eût été plus con-
« sidérable. Dans tous les pays la force cède aux qualités
« civiles. Les baïonnettes se baissent devant le prêtre qui
« parle au nom du ciel, et devant l'homme qui impose par
« sa science. J'ai prédit à des militaires qui avaient quel-
« ques scrupules que jamais le gouvernement militaire ne
« prendrait en France à moins que la nation ne fût abrutie
« par cinquante ans d'ignorance. Toutes les tentatives
« échoueront et leurs auteurs en seront victimes. Ce n'est
« pas comme général que je gouverne, mais parce que la
« nation croit que j'ai les qualités civiles propres au gou-
« vernement. Si elle n'avait pas cette opinion, le gouverne-
« ment ne se soutiendrait pas un mois. Je savais bien ce
« que je faisais, lorsque, général d'armée, je prenais la qua-
« lité de *membre de l'Institut*. J'étais sûr d'être compris
« même par le dernier tambour.

« Il ne faut pas raisonner des siècles de barbarie aux
« temps actuels. Nous sommes trente millions d'hommes
« réunis par les lumières, la propriété, le commerce. Trois

« ou quatre cent mille militaires ne font rien auprès de
« cette masse. Outre que le général ne commande que par les
« qualités civiles, dès qu'il n'est plus en fonctions, il rentre
« dans l'ordre civil. Les soldats eux-mêmes ne sont que les
« enfants des citoyens. L'armée, c'est la nation. Si l'on
« considérait le militaire, abstraction faite de ces rapports,
« on se convaincrait qu'il ne connaît point d'autre loi que
« la force, qu'il rapporte tout à lui, qu'il ne voit que lui.
« L'homme civil, au contraire, ne voit que le bien général.
« Le propre du militaire est de tout vouloir despotiquement ;
« celui de l'homme civil est de tout soumettre à la discus-
« sion, à la vérité, à la raison. Je n'hésite donc pas à
« penser, en fait de prééminence, qu'elle appartient incon-
« testablement au civil. Si l'on distinguait les honneurs
« en militaires et en civils, on établirait deux ordres, tandis
« qu'il n'y a qu'une nation. Si l'on ne décernait des honneurs
« qu'aux militaires, cette préférence serait encore pire, car
« dès lors la nation ne serait plus rien. »

« Ces principes soutenus, dit Thibaudeau, par une
force d'éloquence et de raisonnement peu commune,
étaient partagés par la grande majorité du Conseil, composée
d'hommes civils, et avaient un poids immense dans la
bouche du chef du Gouvernement, du premier général de
l'armée. Dumas ne fut pas tenté de répondre. Personne
ne prit la parole. On semblait craindre d'affaiblir l'impression produite par ce discours, et le Premier Consul leva
la séance pour laisser lui-même cette impression tout
entière. »

Mais on n'avait pas touché à la question la plus délicate,
l'utilité ou les inconvénients de l'institution.

La discussion fut reprise dans une des séances suivantes. Les adversaires du projet ne rejetaient pas tout système de récompenses et de distinctions : — les assemblées législatives en avaient décerné ; — mais ils regardaient le projet comme un Ordre et le trouvaient contraire à l'esprit d'égalité, caractère essentiel de la République française. Il échappa à quelques orateurs de citer les Grecs et les Romains. Berlier dit que l'Ordre proposé conduirait à l'aristocratie ; que les croix et les rubans n'étaient que les hochets de la monarchie (1). Suivant lui, les magistratures et les emplois devaient être dans la République les premières récompenses des services, des talents et des vertus.

Le Premier Consul, lui répondant, et répondant surtout à ceux qui avaient cité les peuples anciens, dit :

« On nous parle toujours des Romains ! Il est assez sin« gulier que, pour repousser les distinctions, on cite l'exem« ple du peuple chez lequel elles étaient le plus marquées. « Est-ce là connaître l'histoire ? Les Romains avaient des « patriciens, des chevaliers, des citoyens et des esclaves. « Ils avaient pour chaque chose des costumes divers, des « mœurs différentes. Ils décernaient en récompense toutes « sortes de distinctions, des noms qui rappelaient des ser« vices, des couronnes murales, le triomphe !

. . . .

« Je défie qu'on me montre une république ancienne ou « moderne dans laquelle il n'y ait pas eu de distinctions.

. . . .

(1) M. Berlier fut un des conseillers qui combattirent le plus vivement le projet. Quelque temps après le Premier Consul, en le décorant, lui dit ce joli mot : « — Citoyen Berlier, il faut punir les hommes par où ils ont péché. » M. Berlier est devenu plus tard comte de l'Empire.

« Il faut au soldat de la gloire, des distinctions, des
« récompenses. Les armées de la République ont fait de
« grandes choses parce qu'elles étaient composées de fils de
« laboureurs et de bons fermiers et non de la canaille;
« parce que les officiers avaient pris la place de ceux de
« l'ancien régime et aussi par sentiment d'honneur. C'est
« par le même principe que les armées de Louis XIV ont
« également fait de grandes choses. »

Les esprits n'étaient pas convaincus. Il était évident qu'ils
n'étaient pas préparés. On subissait l'ascendant du Premier Consul; mais on résistait au fond à une institution
qu'on regardait comme devant porter atteinte au principe
de l'égalité, comme s'il en était une qui ait consacré plus
complétement ce principe (1). Plusieurs membres, pré-
voyant les difficultés que rencontrerait le Gouvernement pour
faire adopter son projet par le Tribunat et le Corps législatif, proposèrent d'en ajourner la présentation à un temps
plus favorable. Cette proposition ne fut repoussée qu'à une
majorité de quatre voix. Le projet fut donc soumis au
Tribunat et au Corps législatif. Mais ceux qui avaient demandé l'ajournement n'avaient que trop bien prévu ce qui
arriverait. L'opposition fut si vive qu'on put croire un
instant à un rejet. Le Gouvernement finit par l'emporter;
mais il s'en fallut de beaucoup que ce fût à une majorité
telle qu'il pouvait, et nous ajouterons qu'il devait l'espérer,
si l'on songe au caractère et au but de l'institution qu'il
proposait d'établir.

(1) Le général Hoche écrivait à un de ses amis : « Mon ami, tout
ce que vous me dites est fort bien; mais permettez-moi de vous faire
observer que si les soldats étaient philosophes ils ne se battraient
pas. »

Au Conseil d'Etat il n'y eut que 14 voix pour l'adoption et 10 pour le rejet.

Au Tribunat, 56 contre 38.

Au Corps législatif, 166 contre 110.

Ce n'était que 158 voix sur 236, là où il semble qu'on aurait dû s'attendre à la presque unanimité.

Le Tribunat s'était distingué par sa violence dans la discussion. Ce fut une des premières causes de l'irritation du Premier Consul contre ce corps.

« Nulle institution, dit Thibaudeau, n'éprouva une opposition plus imposante. »

On peut dire, en effet, d'après ce résultat, que c'est au Premier Consul uniquement qu'elle est due.

C'est aussi au Conseil d'État et en présence de l'Empereur que furent discutés les premiers projets de loi relatifs à l'organisation de l'enseignement public en France.

Dès 1802, Napoléon n'avait cessé de s'occuper de cet objet si important. L'enseignement primaire, que la Convention avait essayé d'instituer, était nul. Napoléon obligea toutes les communes qui étaient en mesure de pourvoir à cette dépense à avoir un instituteur, à lui donner un traitement et un logement. On ne fit pas moins pour l'instruction secondaire. Trente-deux établissements, qu'on nomma lycées, furent substitués aux écoles centrales ouvertes au public sans être consacrées particulièrement à la jeunesse. C'était le premier pas vers la création de cette Université fondée définitivement par un décret, et qui est restée une des gloires de notre pays.

Mais, si merveilleuse que fût cette résurrection de la France opérée par le génie du Premier Consul, Napoléon croyait n'avoir rien fait tant qu'il n'aurait pas rendu à notre patrie son ancienne religion, car c'est à lui et à lui seul qu'est dû le rétablissement des autels. Pour bien apprécier les obstacles qu'il eut à vaincre, il faut savoir quel était, sous ce rapport, l'état de la France depuis quelques années. Les passages que l'on va lire sont extraits de l'éloquente introduction placée par M. le premier président Portalis en tête de l'ouvrage publié par son illustre père, et où se trouvent rapportées toutes les discussions qui eurent lieu au Conseil d'État sur ce grave sujet.

« Après avoir décrété, le 19 juillet 1792, la vente des palais épiscopaux, déclarés trop onéreux à entretenir; la confiscation de l'argenterie consacrée au culte pour subvenir aux frais de la guerre ; la fonte des cloches pour en faire de la monnaie, l'Église constitutionnelle eut son tour. On supprima, par décret du 7 septembre 1792, le casuel des curés. Un décret du 10 décembre 1792 déclara que les ministres catholiques n'étaient plus fonctionnaires publics.

« Mais ce n'était pas assez d'effacer jusqu'aux dernières traces de la religion catholique et d'avilir et de détruire le simulacre d'Église qu'ils avaient élevé de leurs mains ; les réformateurs ne croyaient avoir rien fait tant qu'ils n'auraient pas refoulé au fond des cœurs ce sentiment religieux inséparable de la conscience humaine, dans l'espoir insensé de l'éteindre ou de l'extirper.

« Cette odieuse entreprise fut ouvertement tentée. Le 5 octobre 1793 la religion chrétienne fut solennellement abolie.

« Dans la plupart des communes les églises furent fermées ; à Paris, on célébra avec scandale, dans l'église de Notre-Dame, la fête de la Raison. Chaumette conduisit lui-même, en procession, jusque dans le sein de la Convention nationale, les furieux qui venaient de profaner ce temple, et là, il demanda solennellement que l'ancienne métropole, dont le fanatisme était exilé, fût consacrée au culte de la *Liberté* et de la *Raison*.

« Conformément à ce vœu, la Convention décréta, dans sa séance du 20 brumaire an II (10 novembre 1793), que l'ancienne église métropolitaine serait désormais le temple de la *Raison*. On suspendit la séance, et les Membres de l'Assemblée, confondus avec le peuple, allèrent prendre possession du nouveau temple en chantant l'hymne de la liberté.

« Pour qu'il fût fait justice de tous les monuments de la superstition, la commune de Paris ordonna de brûler tous les bréviaires et missels, les anciens et nouveaux testaments; elle prescrivit de décapiter les statues des saints qui décoraient les églises; elle ordonna la profanation des tombes royales de Saint-Denis, et celle des tombeaux élevés dans les églises de Paris à ses plus notables citoyens ou aux grands de l'État. Le 22 brumaire an II (12 novembre 1793), elle en vint jusqu'à ordonner la démolition des clochers des églises qui, par leur élévation au-dessus du niveau des autres édifices, blessaient le principe de l'égalité.

« Peu de temps après la chute de Robespierre, la Convention décrétait, le 7 fructidor an II (24 août 1794), que le Gouvernement ne payerait plus les frais d'aucun culte ni les salaires de leurs ministres, et qu'aucun local ne serait alloué aux différentes sectes pour y célébrer leurs pratiques religieuses. Les églises, comme propriétés nationales, furent fermées, et, pendant que les théophilanthropes faisaient de vains efforts pour organiser le culte rêvé par Robespierre, le Gouvernement, pour donner un aliment à l'imagination du peuple, faisait célébrer des fêtes en l'honneur de la *Victoire*, de la *Liberté*, des *Vieillards*, de la *Jeunesse*, des *Époux* et de l'*Agriculture*.

« Tel était l'état déplorable des choses religieuses, en France, à l'époque mémorable du 18 brumaire.

« Le culte public était complétement aboli ; aucun signe extérieur ne rappelait l'alliance du ciel et de la terre.

« Aucune instruction religieuse n'était donnée à l'enfance ni à la jeunesse dans les écoles publiques ; les catholiques n'avaient pas de temple ; quelques prêtres disséminés sur la vaste étendue du territoire, se dérobant soigneusement à la surveillance d'une police hostile et ombrageuse, qui leur inspirait une juste défiance, étaient les uniques distributeurs de la parole sainte et des sacrements. Ils officiaient dans des chapelles privées ou dans des réduits secrets. Les campagnes étaient presque absolument privées du bienfait de leur ministère, et on avait peine à découvrir, dans les grandes villes, les traces demi effacées du catholicisme. Quelques prêtres constitutionnels, réunis à Paris, s'efforçaient vainement de faire jaillir quelques étincelles des cendres de leur Église écroulée. Ils partageaient à Paris avec les théophilanthropes quelques temples dépouillés, quelques autels profanés par les orgies dégoûtantes du culte insensé de la *Raison*.

« Voyons maintenant par quels moyens providentiels l'Église de France a été préservée d'une telle désolation.

« Bonaparte était né dans une contrée profondément catholique ; élevé dans une famille nourric dans les croyances nationales, auprès d'un oncle ecclésiastique, il conservait au fond de l'âme un sentiment religieux qui ne s'effaça jamais. Arrivé au commandement des armées, il sut résister à l'entraînement général. Dès le 19 février 1797, dans le traité de Tolentino, il stipulait que la religion catholique serait respectée dans les Légations abandonnées par le Pape, et il réservait aux prêtres français bannis un asile dans les couvents des États romains. Quand, à la fin de l'année 1799, il se trouva placé à la tête du gouvernement français, le cardinal Chiaramonte venait d'être élevé sur la chaire apostolique, dans le conclave réuni à Venise, sous la protection de l'Autriche.

« Le nouveau pontife était précisément cet évêque d'Imola qui avait proclamé solennellement dans une célèbre homélie, publiée le jour de Noël 1798, pendant l'occupation française, que la religion catholique, indépendante de toutes les révolutions politiques, compatible avec toutes les formes de gouvernement, était particulièrement favorable aux institutions démocratiques.

« Un des premiers actes des Consuls fut l'arrêté du 2 pluviose an VIII (21 janvier 1800), qui ordonnait que toutes les églises seraient rendues au culte, sans cesser pour cela d'être propriétés de l'État. Les prêtres *réfractaires* ou *non-assermentés*, emprisonnés ou déportés sous le Directoire, furent rendus à la liberté et à leurs fonctions, à la seule condition d'obéir aux lois du pays. Les fêtes civiques ne tardèrent pas à être supprimées, et des honneurs publics furent décernés à la mémoire du pape Pie VI, mort captif sur le sol français. C'était un retour évident au respect dû aux convictions religieuses ; mais il y avait encore loin de là au rétablissement du culte public. Les hommes qui avaient pris une part active aux œuvres de la révolution, étonnés du chemin qu'ils venaient de faire presque sans s'en douter, se révoltaient contre toute réaction dans les idées et toute réhabilitation du sentiment religieux, ils comprimaient l'opinion, et dominaient le monde légal et officiel. Un simple fait suffira pour donner la mesure de leur puissance et de leur audace.

« On était au mois de juin 1800. Paris retentissait encore des acclamations universelles qu'avait excitées, après deux jours d'inquiétude et d'anxiété, la nouvelle du succès prodigieux obtenu à Marengo par les armes françaises.

« Un ecclésiastique, dont la parole véhémente attirait les auditeurs, l'abbé Fournier, prêchait dans l'église de Saint-Roch, récemment rendue à l'exercice du culte catholique. Là, au pied du Calvaire, il évoque ce centenier romain qui, soudainement subjugué à l'aspect des prodiges sans nombre opérés autour de lui, se frappe la poitrine et proclame la divinité de Jésus-Christ. Au même instant, l'orateur transporte en Italie son auditoire, et lui montre un héros victorieux, subitement entraîné par un sentiment de reconnaissance au pied des autels du Dieu des armées, rendant grâces de son triomphe et appelant les bénédictions du ciel sur les soldats français et sur leur patrie.

« L'administration de Paris se laisse intimider (1) : le prédicateur est arrêté, on le traite d'aliéné ; au sortir de l'église, il est conduit à Charenton et revêtu du costume des insensés. L'abbé Fournier était le parent de l'abbé Émery ; les instances pressantes de plusieurs hommes influents et respectés, au nombre desquels était Portalis, suffirent à peine pour obtenir son élargissement après huit jours de détention. Au bout de quelques mois, l'abbé Fournier était appelé à l'épiscopat. Il devint aumônier de l'Empereur.

« C'est qu'il avait dit la vérité ; le 18 juin, quatre jours après la bataille de Marengo, Bonaparte assistait au *Te*

______

(1) On vient de voir que le Premier Consul était en Italie.

Deum solennel célébré dans la cathédrale de Milan, et il ne se dissimulait pas le désappointement et la rage des *athées de Paris*, comme il les nommait (1).

« Dès le lendemain, le Premier Consul annonçait au cardinal Martiniana, évêque de Verceil, son intention de rétablir la religion en France, et son désir d'entrer en négociations avec le Saint Père.

« Le 10 juillet suivant, le pape, rentré dans Rome, répondait favorablement à cette ouverture. Après de longues conférences tenues à ce sujet entre le Gouvernement français et le légat du Saint-Siége, une convention fut conclue et ratifiée en ces termes par une bulle du souverain pontife :

« ..... C'est avec la plus grande joie et la plus douce
« consolation que nous vous annonçons, ô Français, comme
« un effet de la bonté du Seigneur, l'heureux accomplis-
« sement de ce qui a été l'objet des sollicitudes de notre
« Très-Saint Père Pie VII, dès les premiers jours de son
« apostolat, celui de vos vœux les plus empressés, de vos
« désirs les plus ardents, je veux dire du rétablissement
« de la religion dans votre heureux pays, après tant de
« maux que vous avez éprouvés.

« Nous publions aujourd'hui, au nom du Souverain Pon-
« tife, les lettres apostoliques scellées en plomb, données
« pour la ratification solennelle de la convention conclue à
« Paris, entre Sa Sainteté et le Gouvernement de votre
« République.

(1) « Aujourd'hui, écrivait-il aux Consuls ses collègues, le 20 prairial (18 juin 1800), malgré ce qu'en pourront dire nos athées de Paris, je vais en grande cérémonie au *Te Deum* qu'on chante à la métropole de Milan. » (*Histoire du Consulat et de l'Empire*, de M. Thiers.)

« Si l'on compare le nouvel ordre établi en conséquence
« dans les choses ecclésiastiques au bouleversement qui
« existait auparavant, il n'est personne qui ne doive se ré-
« jouir de voir la religion rétablie dans un meilleur état.
« Elle semblait presque anéantie aux yeux de tout le monde :
« elle renaît merveilleusement, soutenue par les lois et pro-
« tégée par l'autorité suprême du Gouvernement. Le premier
« Consul de votre République, à qui vous devez principale-
« ment un aussi grand bienfait, qui a été destiné pour
« rendre à la France affligée l'ordre et la tranquillité,
« devenu comme le grand Constantin le protecteur de la
« Religion, laissera de lui, dans les monuments de l'Église
« de France, un éternel et glorieux souvenir. »

Nous devons parler maintenant de l'activité de l'Empereur.

« Jamais chef de gouvernement, dit M. Bignon, ne porta
les regards plus loin et sur plus de détails. Cette activité
s'étendait à tout ; elle ne tenait pas seulement à son caractère, elle prenait sa source dans le sentiment qu'il avait de
ses devoirs comme souverain, chargé des destinées de la
nation qui l'avait appelé à sa tête.

« — Croyez-moi, écrivait-il à un de ses ministres, j'ai de
« bonnes raisons pour ne pas m'endormir sur ce siége.
« Je connais la nation française ; elle me sait gré de mes
« longues veilles ; je les dois aux efforts que je lui demande,
« à l'exemple de tant d'hommes dont je n'entretiens l'acti-
« vité que par la mienne, dont je ne préviens les écarts que
« par ma surveillance. Il faut que cette surveillance soit
« de tous les instants, qu'elle s'étende à tous les détails.
« Je ne crains ni la fatigue ni l'ennui des longues routes ;
« elle m'offrent plus de choses à voir. »

« Et ce n'est pas seulement, ajoute M. Bignon, au Conseil

d'État ou à des conseils d'hommes choisis autour de lui que l'Empereur demande, sur des difficultés de diverses natures, des renseignements et des avis. Tantôt, occupé des travaux du Panthéon, il invite la première classe de l'Institut à lui faire connaître : « — Quels avantages ou quels inconvé- « nients il y aurait à faire en fonte les piliers de cet édifice, « et quel est le rapport de la ténacité de la fonte à l'espèce « de pierre qui a servi à la construction du monument? Ce « que coûterait la construction, soit en fonte, soit en pierre « de Tonnerre? Si l'élégance du bâtiment perdrait au ren- « forcement des piliers? Si le renforcement serait inutile en « construisant des piliers en fonte (1). » Tantôt, désirant améliorer la législation sur les banqueroutes, il pose lui-même dix questions sur lesquelles il charge le Ministre de l'Intérieur de consulter les Chambres de Commerce (24 juin 1806)... Entend-il des plaintes sur les règlements qui concernent les manufactures de Sèvres, il ordonne au ministre de réunir cinq ou six des principaux manufactu-riers de Paris, et de rédiger avec eux un travail qui lui sera soumis. Malgré la rigoureuse surveillance que chaque ministre exerçait sur ses subordonnés dans les dé-partements, l'Empereur, de temps à autre, ajoutait à cette surveillance par des missions extraordinaires d'auditeurs, de maîtres des requêtes et même de Conseillers d'État, char-gés de recueillir des informations sur des objets déterminés. Dans les instructions données à ces agents on remarque toujours le désir qu'avait l'Empereur d'empêcher les abus de pouvoir, soit de la part des autorités, soit de la part des entrepreneurs agissant pour le compte du Gouvernement. Les instructions dictées par lui (24 mai 1806) pres-

(1) Lettre du 19 février 1806.

crivaient de recevoir toutes les plaintes, d'entrer dans tous les détails propres à faire connaître si nulle injustice n'était commise envers les citoyens, nulle fraude envers le Gouvernement. »

« Au mois de juin 1806, il crut devoir porter à 600,000 quintaux l'approvisionnement de Paris. Il ordonnait, en outre, à l'hôtel des Invalides, à tous les hospices, de s'approvisionner pour un an. « — Cette précaution paraît néces- « saire, disait-il, parce qu'il est probable qu'après plusieurs « années d'une bonne récolte, on en aura l'année prochaine « une médiocre, qui sera vraisemblablement suivie d'une « mauvaise. Si le ministre confie l'achat à V..., il convient « de prendre tous les moyens pour être sûr que les culti- « vateurs seront payés » (24 mai 1806).

« Comme l'Empereur était très-jaloux de préserver les citoyens des écarts de ses agents, il mettait aussi un grand intérêt à défendre l'autorité subalterne contre l'oppression de l'autorité supérieure. Une lettre du 26 avril 1806 fait connaître ses doctrines sur ce point. Un nouveau maire ayant été nommé à D..., le préfet, au lieu de l'installer lui-même, avait chargé une commission de recevoir le serment de ce fonctionnaire. De là, un démêlé entre le préfet et l'adjoint de la mairie. « Le préfet, écrivit Napoléon, ne s'est « point comporté en cette circonstance avec l'esprit de con- « ciliation dont il est dans mes intentions que mes agents « usent entre eux. La subordination civile n'est point aveugle « et absolue; elle admet des raisonnements et des observa- « tions, quelle que puisse être la hiérarchie des autorités. « Quelle opinion a-t-il donc des égards qu'il doit à la capi- « tale du pays qu'il administre, puisqu'il dédaigne de se « rendre à l'hôtel de ville pour installer son maire? Si je

« m'étais trouvé à **D...** en cette circonstance, je me serais
« fait un plaisir de cette installation. Le préfet est un ma-
« gistrat populaire, mais le maire est plus particulièrement
« le magistrat de la ville. Les honneurs qu'on lui accorde
« lors de son installation sont une marque de considération
« pour la ville, et une fête communale. Je n'exige d'obéis-
« sance aveugle que dans le militaire. Les préfets ne sont
« que trop enclins à un gouvernement tranchant, contraire à
« mes principes et à l'esprit de l'organisation administra-
« tive. »

En ce qui concerne les travaux publics, nous devons
laisser parler encore MM. de Bourrienne et de Las-Cazes.

« En essayant de tracer le portrait de Bonaparte, dit
M. de Bourrienne (1), j'ai dû rappeler déjà son goût pour
les monuments ; car, sans ce trait caractéristique, il aurait
manqué quelque chose d'essentiel dans l'ensemble du portrait. Mais comme ce goût, ou plutôt cette passion, a tenu
une grande place dans la série de ses pensées et de ses projets de gloire, je crois devoir en parler avec plus de détails.
Je dois également faire observer que Bonaparte, malgré le
besoin qu'il éprouvait de faire de grandes choses, accueillait
également bien les projets d'amélioration d'une moindre
importance. Son génie voulait de grandes constructions pour
éterniser le souvenir de sa gloire ; mais, en même temps, sa
sagesse administrative savait apprécier tout ce qu'il y avait
de véritablement utile. On a eu bien rarement à lui reprocher d'avoir écarté sans examen un projet quel qu'il fût, et
cet examen n'était pas long ; son tact habituel lui faisait tout
de suite apercevoir les choses sous leur véritable aspect.

(1) T. ii. p. 68 et suivantes ; t. iv, p. 38 et suivantes.

« Dans les premiers temps du Consulat, les travaux se bornèrent à peu de chose. On commença par balayer de devant les Tuileries les ignobles échoppes qui encombraient la cour du palais. Mais lorsque après le 3 nivôse, mécontent de l'architecte des Tuileries, il l'eût remplacé par M. Fontaine, associé de M. Percier, il comprit tout ce que les talents réunis de deux architectes aussi habiles pourraient concevoir et exécuter pour les embellissements de sa capitale. En même temps qu'il donnait beaucoup d'occupation à ses architectes, il imprima une grande activité aux travaux des ponts et chaussées, car son incroyable activité avait quelque chose de communicatif qui électrisait tout ce qui l'entourait, et donnait une vive impulsion aux personnes employées par le Gouvernement.

« La plupart des monuments et des embellissements de Paris sont dus à des plans étudiés par des hommes de talent. Quelques-uns ont été seulement le résultat d'un hasard heureux ; j'en puis citer un exemple.

« Je me souviens qu'un jour j'étais debout devant la fenêtre du cabinet de Bonaparte donnant sur le jardin des Tuileries. Il venait de sortir, et je profitai de son absence pour me délasser un moment d'être assis. A peine était-il dehors qu'il rentre pour me demander un papier. Je ne l'attendais pas sitôt. « — Que faites-vous là, Bourrienne ?
« me dit-il ; je parie que vous regardez passer les dames sur
« la terrasse ? — Cela m'arrive quelquefois, il est vrai ; mais
« je vous assure, général, qu'en ce moment je n'y pensais
« pas. Je regardais cette vilaine rive gauche de la Seine qui
« m'offusque toujours par l'interruption de son quai, la mal-
« propreté qui y règne, les débordements qui, presque tous
« les hivers, empêchent les communications avec le fau-

« bourg Saint-Germain, et je me proposais de vous en
« parler. » Alors il s'approche de la fenêtre et regarde.
« Vous avez raison, c'est bien laid; c'est dégoûtant de voir
« laver du linge sale devant nos fenêtres. Allons, écrivez :
« *Le quai de l'École de natation sera achevé dans la cam-*
« *pagne prochaine.* Envoyez cela au Ministre de l'Inté-
« rieur. » Il sortit, et le quai fut achevé l'année suivante.

« Bonaparte donna son nom à ce quai, aux extrémités
duquel on inscrivit *Quai Bonaparte;* mais on continua à
l'appeler quai d'Orsay, tant il est difficile de changer les
habitudes. Peu à peu les chantiers disparurent; une caserne
s'éleva à l'angle de la rue Bellechasse, et l'on construisit plus
tard, pour le ministère des affaires étrangères, un hôtel
qui, en 1820, me parut destiné à devenir une ruine avant
d'avoir été achevé (1).

« MM. Percier et Fontaine, dont les noms sont insépara-
bles, avaient présenté à Bonaparte un plan relatif à l'agence-
ment du Louvre avec les Tuileries. Je l'ai vu bien déterminé
à le faire exécuter. D'abord il s'agissait de faire construire la
galerie parallèle à la galerie du bord de l'eau, appuyée au
pavillon Marsan; mais, de plus, on devait joindre les deux
galeries par une galerie transversale qui aurait masqué
le défaut de parallélisme qui existe entre la façade du Louvre et celle des Tuileries. Ainsi on aurait vu au-devant de
la façade des Tuileries un vaste carré régulier. Tous les bâtiments construits sur cet emplacement devaient être démolis;
l'aile transversale était destinée à recevoir les Archives et la
Bibliothèque. Le devis des dépenses s'élevait à 16 millions,

______

(1) Il l'a été depuis. Il est occupé aujourd'hui par le Conseil d'Etat
et la Cour des comptes.

ce qui, en terme d'architecte, voulait dire au moins vingt-quatre millions; c'est ce qui fit d'abord ajourner l'exécution. Plus tard, il renonça à ce plan, disant : « — Oui, sans doute, « l'irrégularité est choquante; mais, tout bien considéré, « jamais un bâtiment, quelque majestueux qu'il soit, ne « vaudra une vaste place entre le Louvre et les Tuileries. »

« Ce fut pendant la première année du Consulat qu'on commença à déblayer le quartier des Tuileries. L'hôtel de Brionne, qui donnait sur le Carrousel, et tous les autres bâtiments trop voisins des Tuileries disparurent; les sales constructions des Feuillans et des Capucines firent place aux rues spacieuses qui bordent le jardin des Tuileries et établissent une large communication avec les boulevards. Plus tard, la place Vendôme, veuve de la statue de Louis-le-Grand, vit s'élever une colonne magnifique, revêtue du bronze conquis sur les Autrichiens dans une campagne de trois mois. Des lieues entières de quais, construits sur l'une et l'autre rive de la Seine, retinrent ses eaux captives et opposèrent une digue à leurs désastreux débordements. La Halle (1) au blé, incendiée, fut reconstruite en fer, comme pour défier un nouvel incendie. Le pont d'Austerlitz, le pont d'Iéna, les ponts de Saint-Cloud et de Sèvres multiplièrent les relations entre les deux rives, ou rajeunirent avec magnificence celles qui existaient déjà. Le vieux Louvre fut achevé; la flèche des Invalides reparut dans les airs brillante d'or comme sous le règne du grand roi. L'inscription en l'honneur de Louis XIV fut de nouveau placée sur l'arc

______

(1) Nous ne devons pas oublier un mot de l'Empereur à ce sujet. Il avait de grands projets pour l'embellissement des halles et des marchés. Il avait coutume de dire que *la halle était le Louvre du peuple.* (*Mémorial.* t. 7, p. 401.)

triomphal du boulevard Saint-Denis, et, en même temps, un autre arc triomphal, dédié à la grande armée, s'éleva avec des proportions gigantesques en perspective de la demeure du souverain. Enfin, un palais de la Bourse, digne du commerce de la capitale, fut destiné à rappeler par ses formes et son étendue le Parthénon d'Athènes.

« Il s'en faut bien qu'il me soit possible de tout citer ici ; je ne donne que des souvenirs, sans avoir la prétention d'écrire l'histoire des monuments érigés sous les divers gouvernements de Napoléon. Ce que je puis dire, c'est qu'il aimait tellement ce qui est grand, qu'étant un jour au Louvre, et regardant le côté de Saint-Germain-l'Auxerrois, il fit de la main un geste très-significatif, et dit : « — Voilà où je ferai « une route impériale ; elle ira d'ici à la barrière du Trône. »

« Quant au palais du roi de Rome, qui devait s'élever en face du pont d'Iéna, à l'opposite du Champ-de-Mars, il se serait trouvé en quelque sorte isolé de Paris. Une suite de palais devait l'y rattacher ; ils auraient régné le long du quai, et étaient destinés à servir de fastueuses demeures aux ambassadeurs de tous les souverains de l'Europe. Il voulait que, dans Paris, toutes les rues nouvelles eussent quarante pieds de large avec des trottoirs ; en un mot, rien ne lui paraissait trop beau, trop majestueux pour embellir la capitale d'un pays dont il voulait faire le premier pays du monde. Une conquête n'était pas pour lui une œuvre achevée tant qu'il y manquait le monument destiné à en transmettre le souvenir à la postérité. De la gloire, toujours de la gloire, voilà ce qu'il voulait pour la France et pour lui. Combien de fois ne m'a-t-il pas dit, après m'avoir parlé de ses grands projets : « — Bourrienne, c'est pour la France que je fais cela ! Tout ce que « je veux, tout ce que je souhaite, le but de tous mes tra-

« vaux, c'est que mon nom soit indestructiblement lié au
« nom de la France ! »

« Paris, dit M. Bignon, n'est pas la seule ville, la France
même n'est pas le seul royaume qui porte des traces de la
passion de Napoléon pour les monuments grands et utiles.
En Belgique, en Hollande, en Piémont, dans le royaume
d'Italie, partout où il avait des palais impériaux, il fit exécuter de grandes choses. A Turin, un pont magnifique fut construit sur le Pô, à la place d'un vieux pont qui tombait en ruines.

« Que de choses entreprises et exécutées pendant un règne
si plein et si court ! Les communications étaient difficiles
entre Metz et Mayence. Aussitôt une magnifique chaussée
est jetée, comme par miracle, en ligne droite, au milieu
d'impraticables marais, à travers des forêts immenses. Des
bois s'y opposent, on les coupe ; des ravins profonds présentent des obstacles, on les comble, et bientôt une des plus
belles routes qu'il y ait en Europe est livrée à la circulation.
Un jour, se rendant en Belgique par Givet, Napoléon trouva
le bac brisé. Il n'était qu'à une portée de fusil de la forte-
resse de Charlemont, située sur la rive gauche, et fut obligé
d'attendre quelque temps. Vivement contrarié de ce retard,
il dicta le décret suivant :

« — Un pont sera établi sur la Meuse pour joindre le Pe-
« tit-Givet au Grand-Givet. Il sera terminé dans la cam-
« pagne prochaine. »

« Le pont fut construit dans le temps voulu, et la France
possède aujourd'hui un des plus beaux ponts que j'aie vus,
parce que Napoléon a attendu quelques instants sur les bords
de la Meuse.

« Dans les grands travaux des ponts et chaussées, il
eut surtout en vue d'aplanir les obstacles et les bar-

rières que la nature avait posés aux limites de l'ancienne
France, afin d'y mieux rattacher toutes les provinces qu'il
annexa successivement à l'Empire. Ainsi, une route unie
comme l'allée d'un jardin remplaça, dans la Savoie, les dangereux escarpements qu'il fallait gravir par les bois de
Bramant ; ainsi le passage du mont Cenis, sur le sommet
duquel il fit construire une caserne et voulut bâtir une ville,
ne fut plus qu'une promenade dans presque toutes les sai-
sons de l'année ; ainsi le Simplon fut obligé de courber la
tête sous la pioche et la mine des ingénieurs français, et
Napoléon put dire : *Il n'y a plus d'Alpes*, avec plus de
raison que Louis XIV disait : *Il n'y a plus de Pyrénées.* »

« Mais il faut écouter l'Empereur lui-même. Voici ce qu'il
disait en parlant de ses projets pour l'embellissement de
Paris (1) et l'on peut ajouter de la France tout entière :

« Si le ciel m'eût seulement donné vingt ans de trêve et
« un peu de loisir, on aurait cherché vainement l'ancien
« Paris ; il n'en fût pas resté de vestiges, et j'aurais changé
« la face de la France. Archimède promettait tout si on
« lui laissait poser le bout de son levier ; j'en eusse fait
« autant partout où l'on m'eût laissé poser mon énergie,
« ma persévérance et mes budgets.... Avec eux et les
« budgets on créerait le monde. J'aurais montré les diffé-
« rences d'un empereur constitutionnel à un roi de France.
« Les rois de France n'ont jamais rien eu d'administratif ni
« de municipal. Ils ne se sont jamais montrés que des grands
« seigneurs que ruinaient leurs gens d'affaires.

« On a trop le goût du provisoire et du gaspillage en
« France. Tout pour le moment et pour le caprice ; rien pour

_____
(1) *Mémorial*, t. v, p. 227-235.

« la durée. Il ne reste jamais rien. N'est-il pas indécent
« que Paris n'ait pas seulement un Théâtre-Français et un
« Opéra dignes de ces destinations ?

« J'ai souvent combattu les fêtes que la ville de Paris
« voulait me donner ; c'étaient des dîners, des bals, des feux
« d'artifice de quatre, six et huit cent mille francs, dont les
« préparatifs obstruaient les places pendant plusieurs jours,
« et qui coûtaient ensuite autant à défaire qu'ils avaient
« coûté à construire. Je prouvais qu'avec ces faux frais ils
« auraient fait des monuments durables et magnifiques....

« .....J'ai employé jusqu'à trente millions en égouts,
« dont personne ne me tiendra jamais compte. J'ai abattu
« pour dix-sept millions des maisons en face des Tuileries
« pour former le Caroussel et découvrir le Louvre. Ce que
« j'ai fait est immense ; ce que j'avais arrêté, ce que je
« projetais, l'était bien davantage.

« ...... Je condamnais Versailles dans sa création, mais,
« dans mes idées parfois gigantesques sur Paris, je rêvais
« d'en tirer parti et de n'en faire avec le temps qu'une
« espèce de faubourg, un site voisin, un point de vue de la
« grande capitale, et, pour l'approprier davantage à cet
« objet, j'avais conçu une singulière idée dont je m'étais
« même fait présenter le programme. De ces beaux bos-
« quets, je chassais toutes ces nymphes de mauvais goût,
« tous ces ornements à la Turcaret, et je les remplaçais
« par des panoramas en maçonnerie de toutes les capitales
« où nous étions entrés victorieux, de toutes les célèbres
« batailles qui avaient illustré nos armes. C'eût été autant
« de monuments éternels de nos triomphes et de notre gloire
« nationale posés à la porte de la capitale de l'Europe, la-

« quelle ne pouvait manquer d'être visitée par force du reste
« de l'univers. »

Nous devons au *Mémorial* le résumé suivant (1) des travaux ordonnés par l'Empereur, soit dans nos provinces,
soit dans les pays qui dépendaient de la France :

« Les travaux maritimes d'Anvers, quelque immenses
« qu'ils aient été, ne sont qu'une petite portion de ceux qu'on
« doit à Napoléon. Attaché comme membre du Conseil
« d'État à la section de marine (M. de Las-Cases), je possède
« *ex officio* la notice de ces travaux arrêtés, entrepris ou
« achevés ; on me saura gré, sans doute, d'en consigner ici
« la nomenclature que j'établis dans son ordre géogra-
« phique, allant du midi au nord.

« *Le fort Bayard*, qui devait agrandir et défendre le
mouillage de l'île d'Aix, duquel mouillage, à force de persévérance et d'audace, on était venu à bout de découvrir
pour les vaisseaux de ligne un passage hors de la vue de
l'ennemi entre Oléron et la terre pour atteindre les mouillages de la Gironde.

« *Travaux de Cherbourg*. — La digue commmencée
sous Louis XVI ayant éprouvé beaucoup d'altération sous
la révolution, elle a été réparée, et on a élevé la partie centrale de 9 pieds au-dessus des niveaux des plus hautes mers,
sur cent toises d'étendue, pour y établir une batterie de
vingt pièces du plus gros calibre, ce qui a été exécuté en
moins de deux ans, de 1802 à 1804, et avec un tel succès
que, bien que très-peu entretenu depuis 1813, cet ouvrage
s'est maintenu sans nulle dégradation dans la plus parfaite
solidité.

(1) *Mémorial*, t. vii, p. 155 à 174.

« On a élevé une grosse tour en pierres de taille de granit au centre et au dedans de la digue qu'elle soutient, et dont à son tour elle est recouverte. La masse volumineuse des fondations de cette tour, dont la construction en pleine mer offrait de si grandes difficultés, a été terminée à la fin de 1812, et élevée à la hauteur de six pieds au-dessus du niveau des plus hautes marées. La stabilité qu'elle a conservée depuis cette époque, bien qu'abandonnée sans nul entretien à la plus violente action des flots, est une garantie incontestable de la solidité de la défense projetée sur ce rocher artificiel, lorsque le moment sera venu de terminer l'ensemble du projet qui consistait à élever au premier étage une caserne propre à sa garnison, le magasin à poudre, citerne, etc., le tout surmonté d'une plate-forme voûtée à l'abri de la bombe, de manière à recevoir une batterie casematée de dix-neuf pièces de trente-six, et par-dessus celle-ci encore une seconde batterie, une seconde plate-forme propre à recevoir au besoin une batterie sur affût de côte, le tout servant de couronnement à la batterie centrale déjà existante sur la digue même, ce qui devait présenter à l'ennemi quatre rangs de batteries les unes au-dessus des autres.

« On a creusé dans le roc vif, en moins de huit ans, un port militaire propre à contenir quinze vaisseaux de guerre, le nombre proportionné de frégates, trois formes de constructions, etc., etc. Cet abri si nécessaire aux vaisseaux de ligne par l'état naturel de la rade de Cherbourg, trop ouverte à la violence des flots, a été creusé à trente pieds au-dessous des plus basses marées, afin de procurer aux vaisseaux de premier rang une station toujours sûre et exempte de tout danger. Quand ce port fut ouvert, en 1813, ses môles et ses digues étaient portés au dernier terme d'achèvement sur toute son étendue. A cette époque, il présenta à l'Impératrice Marie-Louise et à toute sa cour le spectacle magnifique et sublime de l'irruption soudaine de l'Océan, qui en prit possession par la simple rupture spontanée de l'immense batardeau qui en avait jusque-là contenu l'essor. Les vaisseaux du plus haut rang furent immédiatement admis dans son enceinte, et ils y ont toujours depuis joui d'une station commode, ainsi que de tous les moyens de radoub, de construction ou d'armement, en un mot, de toutes les facilités que pouvait prétendre une position aussi importante, que l'art et la marine doivent à Napoléon, et qui est considérée à juste titre comme l'un des grands monuments de son règne.

« Cette construction, dans l'idée de l'Empereur, n'était encore qu'un ouvrage avancé ; il avait fait ménager latéralement un espace propre à composer un second port ou arrière-port qui devait être creusé immédiatement et sans embarras, par des précautions prises d'avance ; il devait être propre à recevoir vingt-cinq autres vaisseaux de ligne, et en arrière encore de ces deux ports, sur leur longueur réunie, et dans une forme semi-circulaire, l'Empereur avait arrêté, en outre, la construction de trente formes recouvertes, calculées pour admettre autant de vaisseaux de ligne constamment en état de prendre la mer. Telle est l'immensité des travaux exécutés ou projetés sur le seul point de Cherbourg.

« *Nombreux travaux nécessités par la flottille destinée à l'invasion de l'Angleterre.* — Il fallait préparer des mouillages, combiner les appareillages, et ménager toutes les opérations offensives et défensives, ce qui nécessita sur plusieurs points des constructions de forts en maçonnerie et en bois, des quais, des creusements, des jetées, des barrages, des écluses, etc., etc.

« Boulogne fut choisi pour le centre du rassemblement ; Vimereux, Ambleteuse, Étaples, pour les ailes ou succursales. Boulogne fut mis à même de recueillir à lui seul plus de deux mille bâtiments de diverses espèces. Outre son port naturel, on y obtint un bassin artificiel à l'aide d'un barrage fermé au milieu par une écluse de vingt-quatre pieds de largeur. Ce bassin reçut huit ou neuf cents bâtiments toujours à flot et en constant état d'appareillage, et l'écluse, par la retenue qui la précède, eut l'avantage de procurer encore des chasses qui entretenaient le vrai port à une bonne profondeur, et débarrassaient son entrée des bancs de sable trop sujets à l'obstruer. Vimereux, Étaples, Ambleteuse, de leur côté, furent mis à même simultanément de recevoir un nombre analogue de bâtiments, environ mille à eux trois, et le tout s'exécuta dans l'espace de deux ans. »

« *Des réparations et améliorations locales importantes à tous les ports de la côte.* — Le Havre, où l'on a détruit, à l'aide d'une forte écluse de chasse, le banc de galets qui en obstruait l'entrée ; Saint-Valery, Dieppe, Calais, Gravelines, Dunkerque, dont on a désencombré le port et fait disparaître le marais qui couvrait la jetée ; Ostende qu'on avait destiné à recevoir une seconde flotille, et dont on assura la libre entrée par le dévasement de son chenal, etc., etc.

« *Les travaux de Flessingue.* — Cette ville étant tombée momentanément au pouvoir des Anglais qui, en l'évacuant, détruisirent tous les établissements militaires, l'Empereur profita de cet accident pour ordonner la reconstruction de tous les travaux sur une échelle beaucoup plus large. Appréciant l'importance de sa position géographique, il voulut qu'on recreusât et agrandît ce bassin ainsi que son entrée ; qu'on approfondît le chenal de manière à ce que le bassin pût admettre à l'avenir même les vaisseaux de quatre-vingts, et y laisser hiverner une escadre de vingt vaisseaux, toujours prête à mettre à la voile en une ou deux marées, ce qu'on devait obtenir à l'aide d'une idée fort ingénieuse fournie par le commandant maritime de la place : la simple retenue des eaux de la marée haute dans les fossés de la ville. L'acquisition de ce bassin devenait des plus précieuses, en ce qu'en appareillant en dehors de tous les embarras de l'Escaut, on se trouvait immédiatement rendu sur les côtes d'Angleterre ; ce qui devait, de toute nécessité, tenir les Anglais constamment en alarme et toujours en croisière ; tandis que, jusque-là, dès qu'ils savaient nos vaisseaux désarmés dans Flessingue, ou remontés à Anvers par l'approche de l'hiver, ils rentraient tranquillement chez eux, n'ayant plus rien à surveiller qu'au retour de la belle saison. Mais les fortifications de Flessingue devaient répondre à une pareille destination ; aussi on les multiplia sur plusieurs points, et, en reconstruisant certains magasins et établissements, il fut prescrit de les voûter à l'abri de la bombe et d'armer les sommités des batteries. Flessingue eût été hérissé de canons et fût devenu inattaquable.»

« *Anvers*. — L'Empereur dit qu'il avait beaucoup fait pour Anvers, mais que c'était encore peu auprès de ce qu'il comptait faire. Par mer, il en voulait faire un point d'attaque mortel à l'ennemi ; par terre, il voulait le rendre une ressource certaine en cas de grands désastres, un vrai port de salut national. Il voulait le rendre capable de recueilllir une armée entière dans la défaite, et de résister à un an de tranchée ouverte, intervalle pendant lequel une nation avait le temps de venir en masse la délivrer et reprendre l'offensive. Cinq à six places de la sorte, ajoutait-il, étaient d'ailleurs le système de défense nouveau qu'il avait le projet d'introduire à l'avenir. On admirait déjà beaucoup les travaux exécutés en si peu de temps à Anvers, les nombreux chantiers, les magasins, les grands bassins, etc., etc. Mais tout cela n'était encore rien, disait l'Empereur; ce n'était encore là que la ville commerçante; la ville militaire devait être sur la rive opposée; on avait déjà acheté le terrain; on l'avait payé à vil prix, et, par une spéculation adroite, on en eût revendu à un très-haut bénéfice à mesure que la jetée se serait élevée, ce qui eût contribué à diminuer d'autant la dépense totale. Les vaisseaux à trois ponts fussent entrés tout armés dans les bassins d'hiver. On eût construit des fermes couvertes pour retirer à sec les vaisseaux pendant la paix.

« ..... Cette ville, à près de vingt lieues de la mer, dont elle est séparée par une route sinueuse et très-difficile, semblait se refuser aux avantages désirables dans un arsenal maritime; il ne s'y trouvait que de faibles établissements de commerce. Une flotte qui y serait construite aurait beaucoup de peine à descendre ; elle aurait peu d'abris contre les coups de vent et les entreprises de l'ennemi ; elle serait inutile pendant près d'un tiers de l'année, l'approche de l'hiver la forçant de remonter et de chercher ensuite un abri hors du courant et des glaces du fleuve; car il n'y existait pas de bassins flottables. Mais toutes ces difficultés ne furent rien aux yeux de Napoléon. Dans son impatience de faire sentir aux Anglais le danger de l'Escaut, qu'ils avaient si souvent désigné eux-mêmes comme devant leur être si redoutable, il ordonna, et, en moins de huit années, Anvers se montra un arsenal maritime de première importance, et l'Escaut portait déjà une flotte considérable. Tout y fut pris à la fondation et fait à neuf ; les magasins de toute espèce, les quais, les chantiers, etc., etc. Un asile provisoire fut créé pour les vaisseaux contre les glaces du fleuve au Russel, tandis qu'on achevait de creuser dans la ville même deux grands bassins à flot convenables pour des vaisseaux de tous rangs complétement armés. Vingt cales de construction, sur un même alignement, furent élevées comme par enchantement, et vingt bâtiments posés à la fois sur ces chantiers offraient au voyageur qui arrivait par la tête de Flandre le spectacle imposant et singulier de vingt vaisseaux de ligne se présentant en forme d'escadron. Presque tout cela, cependant, n'était encore dans la pensée de Napoléon qu'un provisoire momentanément imprimé au commerce. Il avait l'intention d'établir un arsenal complet et bien plus grand en face d'Anvers, à la tête de Flandre, sur la rive opposée. Il avait eu d'abord le projet hardi de jeter un pont à travers ce fleuve difficile ; mais il finit par se décider pour des ponts volants très-ingénieux. L'Empereur, ai-je dit, avait sur Anvers les idées les plus gigantesques ; il en eût prolongé l'ensemble, les détails et les moyens jusqu'à la mer. Il disait qu'il voulait qu'Anvers finît par devenir à lui seul toute une province, un petit royaume. Il s'y était attaché comme à une de ses plus importantes créations. Il y fit plusieurs voyages, inspectant et discutant lui-même jusqu'aux plus petits détails.

« C'est une de ces occasions qui le mit un jour aux prises sur le terrain avec un capitaine ou lieutenant-colonel du génie (1) qui concourait modestement et obscurément aux

(1) Le capitaine depuis général Bernard, que l'Empereur fit son aide de camp, et qui a été ministre de la guerre en 1840.

fortifications de la place. A quelque temps de là, cet officier reçut inopinément une lettre d'avancement, sa nomination d'aide de camp de l'Empereur, et l'ordre de se rendre en service aux Tuileries. Le pauvre officier crut rêver, ou ne douta pas qu'on ne se fût trompé. Ses mœurs étaient si innocentes et ses liaisons si restreintes, que se rappelant m'avoir vu une fois à Anvers, il me prit pour une de ses ressources, et, en arrivant à Paris, vint me confier toute son ignorance de la cour et son embarras d'y paraître. Mais il était facile de le rassurer ; il entrait par la belle porte et se présentait avec un beau fonds. Cet officier est le général *Bernard*, dont cette circonstance mit les talents au grand jour, et qui, lors de nos catastrophes, a été accueilli par les États-Unis, qui l'ont placé à la tête de leurs travaux militaires.

« *Travaux de Hollande.* — A peine la Hollande fut-elle sous la main de Napoléon que son ardeur créatrice se porta sur toutes les branches de son économie politique. Il répara et accrut aussitôt les arsenaux de la Meuse, ceux de Rotterdam et d'Helvœtsluys. Les vaisseaux de guerre n'atteignaient Amsterdam ou n'en sortaient qu'à force d'argent, de temps et d'efforts ; il fallait les traîner vides et désarmés, sur des chameaux, à l'ouverture du Zuyderzée. C'étaient des opérations qui ne convenaient plus à la célérité et aux grands moyens du temps. L'Empereur résolut de transporter l'arsenal du Nord (celui d'Amsterdam) en dehors de tous ces grands embarras, et ordonna la création et l'amélioration du Niévendip où, en peu de temps, vingt-cinq vaisseaux pouvaient déjà hiverner en sûreté, et s'amarrer à des quais magnifiques. Ce point précieux fut placé sous la défense du système militaire du Helder, clef de la Hollande, dont l'étendue avait été calculée dans la pensée de l'Empereur de manière à faire du Niévendip l'Anvers du Zuyderzée.

« *Travaux du Véser de l'Ems et de l'Elbe.* — Dès que Napoléon eut réuni les pays de Brême, Hambourg et Lubeck à l'Empire, ses travaux et ses créations se répandirent avec sa domination. Il ordonna des ouvrages pour rendre l'Elbe accessible aux vaisseaux de ligne, et projeta de construire un arsenal maritime à Delszyt, à l'embouchure de l'Ems; mais ce qui l'occupa surtout, ce fut un système de canalisation à l'aide de l'Ems, du Véser et de l'Elbe, qui pût joindre la Hollande à la Baltique, ce qui nous eût permis désormais de communiquer en toute sûreté, et par une simple navigation intérieure, de Bordeaux et de la Méditerranée avec les puissances du Nord. Nous en eussions reçu à notre aise toutes les productions navales pour chacun de nos ports, et nous eussions pu faire déboucher contre elles, au besoin, nos flottilles de la Manche et de la Hollande.

« Si l'on considère que tous ces travaux s'exécutaient au milieu d'une guerre perpétuelle, et sans plus, et peut-être avec moins de charges qu'il n'en pèse aujourd'hui, après une longue paix, sur chacun des pays qui composèrent ce vaste Empire; si l'on considère, en outre, la masse de fortifications, la multitude de routes, de ponts, de canaux, d'édifices construits, creusés, élevés en même temps, on n'hésitera pas à prononcer que jamais homme sur la terre ne fit autant de choses en aussi peu de temps et en chargeant moins les peuples.

« *Travaux en Italie.* — L'Italie, dont il était le roi, eut aussi sa part dans ces magnifiques créations. Il brisa les Alpes en plusieurs points, sillonna les Apennins des plus belles routes, construisit un arsenal maritime à Gênes, fortifia Corfou de manière à en faire la clef de la Grèce, répara et agrandit le port de Venise, dont il voulait faire creuser les passes, et, qu'en attendant, on rendit propre à nos gros vaisseaux français à l'aide du système des chameaux de la Hollande. Napoléon, en outre, voulait faire encore un arsenal maritime à Raguse, un autre à Pala et Istrie, un autre à Ancône. Il voulait unir le golfe de Venise à celui de Gênes, à l'aide du Pô et d'un canal qui, partant d'Alexandrie, eût gagné Surome aux bases de l'Apennin, résultat immense qui, indépendamment de tous les grands projets du commerce, eût eu, sous le rapport militaire, l'avantage de mettre en communication directe et à l'abri de l'ennemi Venise et toutes les positions navales de l'Adriatique avec Toulon. Enfin Napoléon désencombrait Rome, restaurait un grand nombre d'anciens monuments des Romains, projetait le desséchement des marais Pontins. Quant à Rome, il disait que si elle était restée sous sa domination elle serait sortie de ses ruines. Il se proposait de la nettoyer de tous ses décombres, de restaurer tout ce qui eût été possible. Il ne doutait pas que le même esprit s'étendant dans tout le voisinage, il eût pu en être, en quelque sorte, autant d'Herculanum et de Pompéïa. »

Mais ce n'était pas assez pour l'Empereur d'ordonner. Il n'y a rien qui intéresse plus, quand on lit son histoire, que de voir avec quelle ardeur il suivait l'exécution de ces travaux entrepris par ses ordres, présent, pour ainsi dire partout, n'oubliant rien, voulant qu'on lui rendît compte jour par jour de tout ce qui se faisait, encourageant, surveillant, gourmandant, ne s'arrêtant jamais, ne permettant pas qu'on s'arrêtât autour de lui, et arrivant par là à ces merveilles accomplies en si peu de temps, alors que par leur nombre et leur grandeur on les croirait l'œuvre des siècles. Les lettres suivantes, choisies entre mille, peuvent donner une idée de l'impulsion qu'il communiqua à son administration, à ses inférieurs, à tous ceux qui de près ou de loin, à tous les degrés, étaient chargés de concourir à l'exécution des plans conçus par lui.

« — Je tiendrai, écrit-il à M. de Montalivet (1), un conseil de l'Intérieur pendant chaque semaine des mois de novembre, décembre, janvier et février, ce qui fera quatorze conseils. On commencera par y traiter les objets relatifs au commerce et aux manufactures. On traitera ensuite et successivement des différentes branches de votre ministère. Trois conseils pourront être consacrés aux affaires des ponts et chaussées et aux travaux publics; trois conseils placés à quinze jours d'intervalle, aux budgets de la ville de Paris et des villes qui ont plus d'un million de revenu; deux conseils placés aussi à quinze jours d'intervalle aux travaux des eaux minérales, des prisons, des maisons de mendicité; un conseil aux dettes des départements et aux budgets des centimes variables et fixes. Enfin, d'autres conseils seront employés aux changements dans les préfectures et sous-préfectures et dans les mairies des bonnes villes; aux affaires de la librairie, de l'instruction publique, des sciences et des arts et aux autres objets de votre département. Je vous prie de me faire un rapport sur la distribution et l'ordre des matières qui devront être traitées dans ces conseils. Quant aux finances, après avoir considéré le compte de chaque

____

(1) 15 décembre 1811; M. de Montalivet était Ministre de l'Intérieur.

administration, on considérera la législation et on proposera les changements convenables pour marcher vers le perfectionnement de chaque partie. »

Lettre du 23 septembre 1806. — « Il existe à la Bibliothèque beaucoup de pierres précieuses. Il faut les distribuer aux bons graveurs de Paris pour graver divers portraits. Cela encouragera l'industrie et donnera des travaux aux artistes. »

Lettre du 12 mars 1808. — « Mon intention est que les dépenses soient faites avec la plus grande activité, surtout pour la route de Paris à Mayence et de Cherbourg. La route du Mont-Cenis est d'une si grande importance qu'on ne doit rien négliger pour la rendre commode et sûre, non-seulement en réalité, mais pour l'*imagination.* »

Lettre du 21 mars 1808. — « Il n'a été rien fait au quai Napoléon en 1807 ; il faut qu'il soit achevé en 1808. J'ai ordonné la construction d'un quai qui irait du Corps législatif au pont d'Iéna. C'est un ouvrage qui doit être poussé avec vigueur. Faites-moi connaître ce qu'il peut y avoir à dire contre l'idée de faire le pont d'Iéna en fer comme le pont des Arts. Pourrait-on le faire faire par une compagnie ?

« J'ai signé le décret relatif à la vente des canaux. J'attache une grande importance à ce que les canaux Napoléon, de Bourgogne et du Nord soient poussés avec la plus grande activité. Ces canaux ont leurs ressources que j'estime à cinq ou six cent mille francs par an. J'ai affecté deux millions par année aux dépenses de chacun d'eux.

« J'ai destiné pour les travaux de Paris un fonds de dix millions, dont deux millions doivent être dépensés cette année.

« Parmi les travaux de Paris, je désirerais faire construire un pont devant les Invalides, puisqu'il ne nuirait point à la navigation. Un pont qui, comme celui des Arts, coûterait 600,000 francs, rendrait bien son argent. On en ferait vendre les actions. »

Lettre du **28** *mai* 1808, (de Bayonne). — « Je prévois que j'établirai la préfecture des Apennins à la Spezzia. Faites-moi connaître s'il y a une communication de la Spezzia à Lucques, et de la Spezzia à Livourne. Il faut s'occuper sérieusement de la communication de la Spezzia avec Parme. Envoyez-moi les projets avant le 1er juillet. Mon projet est de faire de la Spezzia un autre *Toulon.* »

Lettres du **25** *avril ou* 23 *juin* 1808. — « Dépense-t-on tout l'argent que j'ai accordé. Les travaux de Paris ne vont pas : on n'a point encore pris les fonds à la caisse d'amortissement. Les prêts que j'ai autorisés sur les vins de Bordeaux ne marchent pas davantage, puisque les fonds sont toujours là. — Où en est la Bourse? Qu'a-t-on fait de l'Arc de triomphe? Et la Gare aux vins, et les Greniers d'abondance, et la Madeleine? Passerai-je sur le pont d'Iéna à mon retour? Voilà pour Paris. Dépensera-t-on cette année trois millions au canal de l'Escaut au Rhin? trois millions au canal de Bourgogne? trois millions au canal Napoléon? Les travaux ordonnés à Paris sur l'emprunt de huit millions marchent-ils? Je pensais que tout cela était en mouvement; lorsque j'y repasserai rien ne sera commencé...... Je voulais dépenser trois millions, et on n'aura pas dépensé 600 mille francs. J'ai accordé un million pour la route des Landes, et on n'y travaille pas. Il faut commencer le canal de Troyes. — Dans la Sarre et la Moselle on a travaillé pour avancer la route; dans le département du Mont-Tonnerre on n'a rien fait. — On a commencé la campagne au mois d'août. Les beaux mois de l'été ont été perdus en procès-verbaux, en chicanes, en paperasses ; cette manière de faire est par trop ridicule. J'ai accordé deux millions pour cette route : on ne fait pas ce que je veux. Soit faute de l'administration, soit faute des comités, on perd trois ou quatre mois à résoudre les difficultés qui se présentent. Il faut pourtant trouver moyen d'arriver à un résultat. Vous ne m'avez pas rendu compte si l'eau du canal de l'Ourcq est arrivée à Paris et si elle jaillit à la fontaine des Innocents. Vous ne m'avez pas fait connaître si ce que j'ai désiré pour conduire l'eau de l'Ourcq sur les Tuileries peut s'entreprendre cette année. Mon intention est de m'en servir pour embellir le jardin des Tuileries par des cours d'eau et des cascades, et les Champs-Élysées et leurs environs par d'immenses pièces d'eau sur lesquelles il puisse y avoir des bateaux de toute espèce.

« — Je veux avoir un pont sur pilotis à Huningue ; les fonds sont faits, où sont les travaux ?

« — Les travaux de Sèvres sont suspendus : les ouvriers se plaignent de n'être pas payés ; pourquoi ?

« — Trois mille ouvriers ont été congédiés au canal du Nord. Pourquoi et *surtout pourquoi pas payés ?*

« — Quel est l'ingénieur qui dirige les travaux de Perrache à Lyon ? Mon intention est que trois mille personnes y soient employées, et pour le moment, les ateliers de l'Ile en occupent à peine cent cinquante.

« Les marchands de vin de Paris, que j'ai vus et interrogés, prétendent que leurs intérêts ont été mal défendus devant vous. Apportez demain au Conseil tout ce qui est relatif à la gare aux vins et à l'établissement d'un entrepôt sur le quai Saint-Bernard.

« — Je tiens que les quatre choses les plus essentielles pour Paris sont les eaux de l'Ourcq, les abattoirs, les nouveaux marchés des halles et la halle aux vins... Pourquoi met-on si peu d'activité à la construction des abattoirs ? Trois cent mille francs au plus ont été dépensés jusqu'à ce jour, quand j'ai fait pour ces ouvrages un fonds de deux millions six cent mille francs.

« — Pour les greniers d'abondance, sur un million deux cent mille francs que j'ai accordés on n'en a dépensé que cent trente mille. Cent soixante-dix ouvriers seulement y sont occupés ; il faudrait quadrupler le nombre.

« — La coupole de la halle aux grains se terminera-t-elle cette année ?

« — Quand le Panthéon sera-t-il achevé ?

« — Il n'a été dépensé que cent cinquante mille francs à la Bourse. Nulle part les crédits ne seront épuisés.

« — Les mêmes retards, la même insuffisance d'ouvriers se font remarquer aux marchés Saint-Jean, de la place Maubert, de Saint-Martin et de Saint-Germain. Là aussi, on n'a employé qu'une modique somme, quatre cent mille francs, tandis qu'un fonds de deux millions cinq cent mille francs est disponible pour ces travaux.

« — Comment se fait-il que les travaux d'Anvers ne puissent être commencés que le 15 mai ?

« — Pourquoi le pont de Bordeaux n'avance-t-il pas ? Je ferai des fonds pour les années suivantes.

« — Pourquoi ne travaille-t-on pas à la machine de Marly, au pont de Maisons et à celui de Sèvres ?

« — Pourquoi les écluses du **Perrey**, au **Havre**, et celles du fond du bassin ne jouent-elles pas avec les nouvelles écluses de chasse. On assure que si on creusait une retenue d'eau, au lieu de quinze mille toises cubes d'eau que l'on a maintenant, on pourrait en avoir quarante mille. J'accorderai tout ce qu'on voudra, excepté du temps; c'est la seule chose que je ne puisse donner (1). »

Au sujet de ces lettres, dont le style a dû frapper si vivement le lecteur, n'y a-t-il pas lieu de rappeler ici ce qu'a dit **M.** Thiers, lorsqu'après avoir parlé de Napoléon comme capitaine, comme législateur, comme administrateur, il en parle comme écrivain :

« Cependant le siècle avait un écrivain immortel, immortel comme César : c'était le souverain lui-même, grand écrivain, parce qu'il était grand esprit, orateur inspiré dans ses proclamations, chantre de ses propres exploits dans ses bulletins, démonstrateur puissant dans une multitude de notes émanées de lui, d'articles insérés au *Moniteur*, de lettres écrites à ses agents, qui, sans doute, paraîtront un jour, et qui surprendront le monde autant que l'ont surpris ses actions. Coloré quand il peignait, clair, précis, véhément, impérieux quand il démontrait, il était toujours simple comme le comportait le rôle sérieux qu'il tenait de la Providence, mais quelquefois un peu déclamateur, par un reste d'habitude particulière à tous les enfants de la révolution française. Singulière destinée de cet homme prodigieux d'être le plus grand écrivain de son temps, tandis qu'il en était le plus grand capitaine, le plus grand législateur, le plus grand administrateur ! »

(1) Voir la note iii à la fin du volume.

Pour accomplir tant de travaux, l'Empereur avait besoin du concours de tous les hommes distingués que la France comptait alors dans son sein. Il lui fallait des savants, des artistes dignes de le comprendre et d'être associés par lui à ses projets. Il le savait; aussi le voit-on, dès son avénement au pouvoir, constamment occupé à rechercher les gens de mérite en tous genres. Il s'en entoure et se mêle à eux en quelque sorte, s'appliquant sans cesse par ses encouragements et ses récompenses à exciter leur émulation et féconder leur génie. Il aurait voulu que son règne fût aussi glorieux par les sciences et les lettres qu'il l'a été par la guerre. S'il n'a pas rendu à la France des Racine et des Corneille, on peut dire que les sciences du moins ont jeté sous son règne le même éclat que les lettres au siècle de Louis XIV. C'est sous lui en effet que se sont illustrés les La Grange, les Laplace, les Chaptal, les Monge, les Berthollet, les Fourcroy, les Cuvier. C'était là qu'étaient les grandes supériorités. Elles l'emportaient tellement même, en quelque genre que ce fût, que l'Empereur, lorsqu'il réorganisa l'Institut, dût donner à la classe des *sciences* le pas sur la classe de littérature qui autrefois avait eu le premier rang sous le nom d'Académie française.

« Napoléon, dit M. de Bourrienne (1), rejeta l'ancienne

(1) Ce fut dans le même dessein, dit M. Bignon, de rendre les sciences un instrument actif du bonheur social, que le Premier Consul, saisissant le galvanisme dès sa naissance, fonda un prix sur la meilleure expérience qui serait faite sur ce fluide jusqu'alors inconnu (*); et un grand prix de soixante mille francs (**) pour

(*) Il suffira de dire pour faire comprendre l'importance de cette découverte que la télégraphie électrique est une de ses applications.

(**) Le prix fut mérité par sir Humphrey Davy, le célèbre inventeur de la lampe

dénomination d'Académie, malgré le désir de Suard et de l'abbé Morellet, qui avaient à cet égard séduit l'esprit de Lucien. Il divisa l'Institut en quatre classes sans leur donner le rang qu'elles avaient autrefois comme Académies. Il plaça en première ligne la classe des sciences, et seulement en

l'homme qui, en faisant faire un pas considérable au galvanisme et à l'électricité, se placerait dans cette science sur la ligne de Franklin et de Volta (***). Le même esprit qui voulait ravir à la nature ses secrets et ses mystères demandait à la mécanique également, par la fondation d'un prix (arrêté des 11 juillet 1801 et 3 août 1802), de nouvelles machines propres à filer et carder la laine.

employée par les mineurs, et grâce à laquelle on n'a plus à redouter ces explosions qui produisaient autrefois de si horribles catastrophes dans les mines. On sait que cette lampe a été appelée lampe Davy. Quant aux travaux sur le galvanisme, M. Davy étant Anglais, on n'osait proposer à l'Empereur de lui faire décerner la récompense promise. Mais l'Empereur voyait avant tout les intérêts de la science, qui sont ceux de l'humanité, et M. Davy, par ses ordres, reçut cette récompense.

(***) « D'après l'invitation du général Bonaparte, Volta vint à Paris en 1801. Il y répéta ses expériences sur l'électricité par contact devant une commission de l'Institut. Le Premier Consul voulut assister en personne à la séance dans laquelle les commissaires rendirent un compte détaillé de ces grands phénomènes. Leurs conclusions étaient à peine lues qu'il proposa de décerner à Volta une médaille d'or destinée à consacrer la reconnaissance des savants français.

« Les usages ou même les règlements académiques ne permettaient guère de donner suite à cette demande, mais les règlements sont faits pour des circonstances ordinaires et le professeur de Pavie venait de se placer hors ligne. On vota donc la médaille par acclamation; et comme Bonaparte ne faisait rien à demi, le savant voyageur reçut le même jour sur les fonds de l'État une somme de 2,000 écus pour ses frais de route. La fondation d'un prix de 60,000 francs en faveur de celui qui imprimerait aux sciences de l'électricité ou du magnétisme une impulsion comparable à celle que la première reçut des mains de Franklin et de Volta n'est pas le signe le moins caractéristique de l'enthousiasme que le grand capitaine avait éprouvé. Cette impression fut durable. Le professeur de Pavie était devenu pour Napoléon le type du génie. Aussi le vit-on coup sur coup décoré de la Légion d'honneur et de la Couronne de fer, nommé membre de la Consulte italienne, élevé à la dignité de comte et de sénateur du royaume Lombard. Quand l'Institut italien se présentait au palais, si Volta, par hasard, ne se trouvait pas sur les premiers rangs, les brusque questions : « Où est

deuxième ligne l'Académie française. Je dois convenir que, dans l'état où se trouvait la littérature comparée à l'état des sciences, il n'avait pas tort. M. de Châteaubriand ne faisait encore qu'apparaître sur les confins du monde littéraire, et, quoique les lettres françaises comptassent de grands talents, tels que Laharpe, qui mourut sous le Consulat, Ducis, Bernardin de Saint-Pierre, Chénier et M. Lemercier, on ne pouvait les comparer aux La Grange, aux Laplace, aux Monge, aux Fourcroy, aux Berthollet, aux Cuvier dont les travaux ont si prodigieusement reculé les bornes des connaissances humaines. Personne ne murmura donc de voir la classe des sciences prendre le pas à l'Institut sur sa sœur aînée. On ne pouvait attribuer de prévention à l'Empereur. La preuve, d'ailleurs, qu'il n'en avait aucune, est dans ce mot célèbre qu'il prononça lors de la discussion sur la réorganisation de l'enseignement. « Les sciences, dit-il, « sont une belle application de l'esprit humain, mais les « lettres sont l'esprit humain tout entier. »

Voici un autre trait qui se rapporte à l'époque de l'expédition d'Égypte :

« Son regard ne s'arrêtait pas même, dès lors, à la sphère

« Volta ? Est-il malade ? — Pourquoi n'est-il pas venu ? » montraient avec trop d'évidence, peut-être, qu'aux yeux du souverain les autres membres, malgré tout leur savoir, étaient loin de marcher au même rang que Volta.

« Je ne saurais consentir, disait Napoléon, en 1804, à la retraite de Volta. — Si ses « fonctions de professeur le fatiguent, il faut les réduire. Qu'il n'ait, s'il le faut, « qu'une leçon à faire *par an*; mais l'université de Pavie serait frappée au cœur le « jour où je permettrais qu'un nom aussi illustre disparût de la liste de ses membres. « D'ailleurs un bon général doit mourir au champ d'honneur. »

« Le bon général trouva l'argument irrésistible, et la jeunesse italienne, dont il était l'idole, put jouir encore quelques années de ses admirables leçons. »

(Éloge de Volta, prononcé à l'Académie des sciences par M. Arago, le 26 juillet 1831.)

déjà si haute des sciences (1). Averti par ces instincts su-
blimes qui sont, comme le disait M. Royer-Collard, la portion
divine de l'art de gouverner, il sentait aussi la beauté des
lettres, et n'attendit pas d'être maître de la France pour apprécier la grandeur de leur rôle dans la vie des âmes et des
sociétés humaines. Vivement ému des grands souvenirs à
l'aspect des lieux qui les rappelaient, il essayait un jour, au
fond de l'Égypte, de lire, à l'aide de Fourrier, dans un petit
Lucain, tiré de sa poche, le parallèle de Pompée et de
César, et comme l'explication marchait un peu lente et em--
barrassée, « — Que Garat et Arnault sont heureux, dit-il, de
lire cela couramment dans l'original! » — Ne croyez pas,
dit Fourrier, que ces Messieurs les lisent plus couramment
que nous. — « *Comment*, dit Napoléon, *on ne sait donc
plus le latin en France? J'y mettrai bon ordre!* »

Ce que Napoléon reprochait aux hommes de lettres de son
temps, c'était d'être trop souvent des *phraseurs*, comme il
disait, et l'on doit convenir que ce reproche était mérité.

« Il aimait beaucoup, dit Bourrienne, le roman de *Paul et
Virginie*, parce qu'il l'avait lu dans son enfance; mais je me
souviens qu'ayant un jour essayé de lire les *Études de la
Nature*, du même auteur (2), au bout d'un quart d'heure,
il jeta ce livre avec dépit, en me disant : — « C'est vide; il
« n'y a rien là dedans; ce sont des rêveries de songe-creux! »
Il aimait mieux entendre les savants que les philosophes
raisonner sur les merveilles de la nature, et, après sa
boutade contre Bernardin de Saint-Pierre, il ajoutait : « Je
ferai La Grange sénateur : c'est une tête, cela! »

(1) Discours de M. Guizot, en réponse au discours de M. Biot, à
l'Académie française (1858).

(2) T. v, p. 223.

L'Empereur ne voulait pas seulement que l'Institut eût de l'éclat, il voulait que ce fût un corps utile. « Il nous a demandé aujourd'hui, dit M. de Las-Cases dans le *Mémorial*, si l'on avait calculé la quantité d'eau fluviale de notre Europe, et assigné la proportion de chaque vallée et de chaque versant. Il regrettait fort de n'avoir pas proposé cette série de questions à l'Institut. — « C'était là mon grand système, « disait-il. Dès qu'il me venait une idée que je croyais utile, « curieuse ou intéressante, à mes levers ou dans mes com- « munications familières, je proposais des questions ana- « logues à mes membres de l'Institut, en leur demandant de « me les résoudre. La solution en était lancée dans le public ; « elle y était analysée, combattue, adoptée ou repoussée ; « il n'est rien qu'on n'obtienne de la sorte ; c'est la grande « voie du progrès dans une grande nation douée de beau- « coup d'esprit et de lumières. »

A son retour d'Italie, après la campagne de 1796, alors que l'Europe ne retentissait que du bruit de son nom, les membres de l'Institut avaient voulu avoir le général Bonaparte pour collègue, et l'avaient nommé à l'unanimité membre de la Section de mécanique dans la Classe des sciences. Voici la lettre de remercîment que Bonaparte écrivit à Camus, président de la section :

« Citoyen président, — Le suffrage des hommes distingués qui composent l'Institut m'honore.

« Je sais bien qu'avant d'être leur égal je serai longtemps leur écolier.

« S'il était une manière plus expressive de faire connaître l'estime que j'ai pour eux, je m'en servirais.

« Les vraies conquêtes, les seules qui ne donnent aucun regret, sont celles que l'on fait sur l'ignorance.

« L'occupation la plus honorable comme la plus utile pour
les nations est de contribuer à l'extension des idées humaines.

« La vraie puissance de la France doit consister désormais
à ne pas permettre qu'il existe une seule idée nouvelle qui
ne lui appartienne.

« BONAPARTE. »

Après l'élection on vit qu'en acceptant le titre de membre
de l'Institut, il avait entendu en remplir toutes les obliga-
tions. Personne ne prenait une part plus active aux travaux
de la section à laquelle il appartenait.

« Quand il n'avait pas été au Conseil d'État, dit le duc de
Rovigo (1), il allait à l'Institut, où je l'ai quelquefois accompagné. Cette Société s'assemblait alors au Louvre. Il se
rendait à la séance par la galerie du Muséum, et, lorsqu'elle
était finie, il retenait quelquefois un ou deux membres, s'asseyait sur une table et entamait une conversation qui se
prolongeait souvent fort avant dans la nuit. En général,
quand il rencontrait quelqu'un qui lui convenait le temps
coulait sans qu'il s'en aperçût! Lorsqu'il parut pour la première fois, en 1797, dans sa classe, composée seulement de
cinquante membres (2), il pouvait se considérer, disait-il,
comme le dixième. La Grange, Laplace, Monge en étaient
la tête. C'était un spectacle assez remarquable, ajoutait-il,
et qui occupait fort les cercles, que le jeune général de l'armée d'Italie, dans les rangs de l'Institut, discutant en public
avec ses collègues des objets très-profonds et fort méta-

(1) *Mémoires,* T. 1er, p. 439.
(2) *Mémoires,* T. ii, p. 325.

physiques. On l'appela alors le *Géomètre des batailles*, le *Mécanicien de la victoire*, etc. »

Si Napoléon, élevé au trône, cessa de participer directement aux travaux de ses anciens collègues, il ne continua pas moins d'y donner toute son attention, de les encourager et de les exciter. En 1808, il ordonna qu'il lui fût fait un rapport sur l'état et les progrès des sciences, des lettres et des arts depuis 1789. Les membres de l'Institut vinrent lui présenter ce rapport. C'était M. Cuvier, président, qui avait été chargé de composer le discours.

« Sire, lui dit-il, le ministère honorable, que les ordres de Votre Majesté Impériale nous appellent à remplir, nous intimide également, soit que nous considérions l'étendue des sciences dont nous venons de tracer l'histoire, ou le nombre et l'ardeur de ceux qui les cultivent, ou la rapidité des progrès qu'elles ont faits dans ces dernières années.

« En effet, la crainte d'avoir commis un oubli injuste pourrait-elle jamais être plus pénible que dans cette occasion solennelle où le génie demande à connaître, à honorer le génie, où le héros qui a porté la gloire militaire et politique au delà de toutes les bornes que lui assignaient les exemples de l'histoire et les élans les plus hardis de l'imagination, veut rapprocher de lui et couronner de ses mains toutes les sortes de gloire, encourager tous les genres de talent, ordonner l'exécution de tous les travaux utiles ?

« De tous les moyens d'émulation, le principal, Sire, sera toujours la bienveillance honorable que vous daignez accorder à nos efforts, et l'espérance que quelques-uns de nos travaux seront cités dans l'histoire de votre règne parmi tant de merveilles dont votre génie nous a entourés. Voilà désormais le seul objet de désir qui puisse rester à ceux qui ont le bonheur d'être vos contemporains. Les établissements que vous avez fondés ou relevés leur assurent une existence honorable. Votre munificence ne leur laisse point d'inquiétude pour leur vieillesse ; elle leur offre de toutes parts des moyens de travail et d'expansion. Quel aiguillon leur manquerait-il donc sous un prince qui daigne s'intéresser à leurs recherches, les rapprocher de lui, et récompenser leurs succès de son approbation personnelle ! (1) »

On peut juger par ces paroles des liens qui s'étaient formés entre Napoléon et l'Institut ; aussi pendant les cent jours, au retour de l'ile d'Elbe, l'Institut unissant sa voix aux acclamations populaires, s'empressa-t-il de venir aux Tuileries présenter l'adresse suivante à l'Empereur :

Sire, les sciences que vous cultiviez, les lettres que vous encouragiez, les arts que vous protégiez ont été en deuil depuis votre départ !...

Nous appelions avec toute la France un libérateur ; Dieu nous l'a envoyé !

Vous êtes venu au secours de la nation inquiète sur tous ses intérêts, blessée dans ses plus chers sentiments, offensée dans sa dignité, et la route que vous avez parcourue des bords de la Méditerranée jusqu'à la capitale a offert l'image d'un long triomphe.

Une dynastie abandonnée par le peuple français il y a plus de vingt ans s'est éloignée devant le monarque que le vœu du peuple français avait appelé au trône par la toute-puissance de ses suffrages trois fois réitérés.

Un des témoignages les plus éclatants de l'importance que l'Empereur attachait au progrès des lumières, est assurément la création de l'*Institut d'Égypte*.

«.Le 21 août 1798, dit M. de Bourrienne (2), Bonaparte

(1) Février 1808.
(2) *Mémoir.*, t. II, p. 68 et suivantes. — T. IV, p. 38.

créa au Caire un Institut des sciences et des arts pour la propagation et le progrès des lumières en Egypte, et l'étude de tout ce qui se rapportait aux faits naturels, industriels et historiques de cette ancienne contrée. En fondant cet Institut, il désira donner une preuve de ses idées de civilisation ; cela n'excluait pas l'utile. Les motifs énoncés dans la création de cet Institut ; l'énumération de ses travaux imprimés par son ordre ; les procès-verbaux de ses séances attestent l'étendue des vues de Napoléon. Ce corps savant avait pour objet dans son travail tout ce qui pouvait être utile à l'Égypte, à la France, à l'humanité (1). »

Bonaparte, en sortant d'une école qu'il venait de visiter, disait aux élèves, dont quelques-uns avaient été interrogés par lui : — « *Jeunes gens, chaque heure de temps perdu est une chance de malheur pour l'avenir !* » Cette sentence remarquable, continue Bourrienne, était en quelque sorte la règle de sa conduite, car jamais aucun homme peut-être n'a mieux compris la valeur du temps ; aussi on peut dire que ses loisirs mêmes étaient encore un travail. J'en eus la preuve, surtout pendant notre traversée (d'Égypte). Si l'activité de son esprit ne trouvait pas à s'exercer suffisamment sur des choses positives, il y suppléait, soit en donnant l'essor à son imagination, soit en écoutant la conversation des hommes instruits attachés à l'expédition ; car Bonaparte savait écouter, et c'est peut-être le seul homme que l'ennui n'ait jamais atteint un seul instant. A bord de l'*Orient* (2), il se plaisait à causer fréquemment avec Monge et Berthollet : ces entretiens roulaient le plus habituellement sur les mathématiques, la chimie et la religion. Le général Caffarelli,

(1) Voir la note iv à la fin du volume.
(2) Le vaisseau amiral.

dont la conversation, nourrie de faits, était en même temps vive, spirituelle et gaie, était un de ceux avec lesquels il s'entretenait le plus volontiers. Quelque amitié qu'il témoignât à Berthollet, il était facile de voir qu'il lui préférait Monge, et cela parce que Monge, doué d'une imagination plus vive, avait une propension vers les idées religieuses qui s'harmoniait avec les idées de Bonaparte. L'imagination froide de Berthollet, son esprit constamment tourné à l'analyse et aux abstractions, penchaient vers un matérialisme qui a toujours souverainement déplu au général.

« Quelquefois Bonaparte causait avec l'amiral Brueys; c'était presque toujours pour s'instruire des différentes manœuvres, et rien n'étonnait plus l'amiral que la sagacité de ses questions. Il passait la plus grande partie de son temps dans sa chambre sur un lit garni aux quatre pieds de petits boulets mobiles qui lui rendaient moins sensible le malaise causé par le roulis, malaise qu'il éprouvait presque constamment. J'étais presque toujours avec lui dans sa chambre à lui faire la lecture de quelqu'un des ouvrages favoris dont il avait composé sa bibliothèque de campagne. Il invitait chaque jour plusieurs personnes à dîner avec lui, sans compter Brueys, les colonels, et sa maison ordinaire, qui mangeaient toujours à la table du général en chef. Un de ses plus grands plaisirs c'était, après le dîner, de désigner trois ou quatre personnes pour soutenir une proposition, et autant pour la combattre. Ces discussions avaient un but; le général y trouvait à étudier l'esprit de ceux qu'il avait intérêt à bien connaître, afin de leur confier ensuite les fonctions auxquelles ils montraient le plus d'aptitude par la nature de leur esprit. Il donnait toujours lui-même le texte de la discussion. »

Nous avons cité tout à l'heure quelques-uns des discours où l'Institut aimait, sous l'Empire, à associer la gloire de Napoléon à la sienne.

Il est difficile que la protection accordée par un souverain aux efforts de l'intelligence soit louée en termes plus éclatants; mais si l'on veut apprécier toute la justesse et la spontanéité de ces louanges, il faut les entendre se prolonger encore lorsqu'elles ne s'inspirent plus que du souvenir de celui à qui elles s'adressent. On la trouverait en effet dans tous ces discours prononcés depuis plus de trente ans, soit en séance publique à l'Académie pour la réception d'un autre membre, soit en toute autre circonstance solennelle. Nous disons *tous* ces discours, car il n'en est pas un peut-être qui fasse exception.

Il semble, en les lisant, que ce qui en devait être la matière n'en ait été que le prétexte, tandis que le véritable objet était l'éloge de l'Empereur.

D'autres gouvernements ont succédé; les orateurs sont le plus souvent des hommes qui, à des titres divers, ont pris part à la direction nouvelle du pays. Mais l'admiration est toujours et partout la même.

Ce sont autant d'hommages rendus librement au génie et à la mémoire de l'Empereur.

« (1) Aux grandes et nobles qualités que vous avez reconnues dans Napoléon, disait M. Alexandre Duval à M. Dupaty lorsqu'il le reçut à l'Académie, vous n'avez pas oublié quelle était sa passion pour les lettres et surtout pour la littérature dramatique; il l'a prouvé aux temps de ses plus

----

(1) Discours prononcé à l'Académie, le 10 novembre 1836, le jour de la réception de M. Dupaty.

grands succès et même aux temps de ses revers. C'est à l'intérêt seul qu'il y prenait que l'on doit la renaissance du théâtre après la révolution de 1789. A qui devait-on ce retour du public vers notre vieille littérature si ce n'est à l'intérêt qu'il portait aux nouvelles compositions qu'il voulait connaître avant le public? De là le plaisir qu'il semblait prendre aux entretiens des gens de lettres. Il discutait avec eux les beautés ou les défauts de leurs ouvrages; il assistait aux premières représentations, soit dans ses châteaux, soit à Paris. Un tel intérêt, manifesté par le premier homme de l'État, s'il ne crée pas le génie, porte au moins à le découvrir, à le développer. Napoléon connaissait le cœur humain; il savait que la considération, de nobles encouragements donnés à propos (1), excitaient la reconnaissance des gens de lettres, et que leur reconnaissance ouvrait les routes de la gloire. Si Napoléon, parmi les guerriers, voulait surpasser Louis XIV, qu'il surpassait en effet par son courage

(1) Il encourageait même ceux qui s'étaient faits ses ennemis. Parmi ceux-là il faut citer Chénier, à qui il serait injuste de refuser du talent, mais qui n'en avait pas assez pour se faire pardonner les écarts d'un esprit orgueilleux et difficile. Ses tragédies n'avaient fait tant de bruit au commencement de la révolution que parce que l'auteur s'adressait aux passions politiques du moment : on n'en pourrait supporter la lecture aujourd'hui. Sous le Consulat et l'Empire, il s'était jeté dans l'opposition, on ne sait pourquoi. Il écrivait les pièces de vers les plus violentes, qu'il faisait courir en manuscrit. Tombé dans l'indigence, il ne laissa pas de s'adresser à l'Empereur. Il lui écrivit une lettre assez touchante, où il lui exposait sa situation. L'Empereur lui accorda une pension de 8,000 francs. Il le chargea en outre de continuer l'histoire de France de Millot, attachant à ce travail une indemnité régulière. Enfin, vers les derniers temps de la vie de Chénier, ayant appris qu'il était malade et ne recevait pas tous les soins désirables, il lui envoya une somme de 6,000 francs sur sa cassette.

et ses victoires, il voulait être encore Louis XIV pour les hommes de lettres de son siècle qu'il honorait de ses faveurs. »

L'Empereur aimait surtout la tragédie. « La haute tra- « gédie, disait-il un jour à l'un de ses couchers à Saint- « Cloud, est l'école des grands hommes ; elle doit être celle « des rois et des peuples (1) ; c'est le point le plus élevé au- « quel un poëte puisse parvenir. Peut-être doit-elle être pla- « cée plus haut encore que l'histoire. C'est le devoir des sou- « verains de l'encourager et de la répandre. Il n'est pas né- « cessaire d'être poëte pour la juger ; il suffit de connaître les « hommes et les choses, d'avoir de l'élévation et d'être homme « d'État. Et s'animant par degré : La tragédie échauffe « l'âme ; elle élève le cœur ; elle peut, elle doit créer des « héros !... Si Corneille eût vécu je l'aurais fait prince ! »

On vient de voir par le passage du discours de M. Dupaty que nous avons rapporté, que l'Empereur ne se contentait pas d'être le spectateur des ouvrages qui se représentaient sous son règne ; souvent il voulait que les auteurs les lui communiquassent avant de les produire à la scène. Il en discutait le plan avec eux ; il leur indiquait des changements, des corrections, des scènes mêmes tout entières dont ils n'avaient pas eu l'idée, et qui n'étaient pas celles qui réussissaient le moins. M. Scribe, dans son discours de

---

(1) Ce dernier mot n'était pas un terme vague dans la bouche de l'Empereur. Il voulait rendre l'accès du théâtre-Français plus facile au peuple.

« Le Théâtre-Français doit être soutenu, disait-il, parce qu'il fait « partie de la gloire nationale. On devrait réduire, le dimanche, à « vingt sous les places de parterre, afin que le peuple pût en jouir. « On ne doit pas se régler toujours sur ce qui a existé précédemment, « comme s'il était impossible de faire mieux. »

réception à l'Académie française, où il remplaçait Arnault, raconte à ce sujet et de la manière la plus spirituelle, il n'est pas besoin de le dire, une anecdote très-piquante. Le ton de l'honorable académicien n'est pas celui de l'Empereur, mais c'est celui qui convenait au genre de cette anecdote et à la circonstance dans laquelle le discours a été prononcé.

« Rendu à ses travaux littéraires, dit-il en parlant de son prédécesseur, M. Arnault donna successivement la tragédie d'*Oscar* et celle des *Vénitiens*, dont le cinquième acte est un des plus beaux du théâtre moderne. Disons cependant, en historien fidèle, que M. Arnault n'est pas le seul auteur de ce cinquième acte. Dans l'origine il avait donné à son ouvrage un dénoûment heureux. Montcassin, son héros, ne mourait pas. Il était sauvé du supplice par son rival. Ce dénoûment ne plut pas à un membre de l'Institut que M. Arnault avait connu en Italie, et à qui il faisait lecture de sa tragédie. Ce membre de l'Institut, c'était le général Bonaparte qui avait en littérature des idées aussi arrêtées qu'en politique. Il détestait Voltaire; il avait le malheur de ne pas aimer beaucoup Racine (1) ; mais il aurait fait Corneille premier ministre. Il était pour les dénoûments éner-

______

(1) Nous ne pouvons nous empêcher de faire remarquer ici que l'honorable académicien se trompe. L'Empereur n'aimait pas les tragédies de Voltaire, mais il a toujours montré pour Racine la plus haute admiration.

« L'Empereur, dit M. de Las-Cases, est ravi de Racine; il y trouve « de vraies délices. Il admire éminemment Corneille et fait fort « peu de cas de Voltaire, « plein, dit-il, de boursouflure et de clinquant, « ne connaissant ni les hommes, ni les choses, ni le mouvement des « passions.

giques et voulait que, même au théâtre, toutes les difficultés fussent enlevées à la baïonnette. Le cinquième acte des *Vénitiens* ne lui paraissait pas attaqué franchement ; il le trouvait affaibli et gâté par le bonheur des deux amants. — *Si leur malheur eût été irréparable*, disait-il à **M.** Arnault, *l'émotion qu'ils m'ont causée m'eût poursuivie jusqu'au soir, jusqu'au lendemain. Il faut que le héros meure !!! Il faut le tuer ! Tuez-le !!!*

« Montcassin fut donc mis à mort par ordre de Napoléon, à la grande satisfaction du public qui, par ses applaudissements, confirma la sentence. Il est inutile de dire que la tragédie des *Vénitiens* fut dédiée au général Bonaparte. C'était justice. »

On ne peut douter que le goût de l'Empereur pour la tragédie et ce sentiment qui le portait à en apprécier les beautés d'une manière à la fois si juste et si élevée, n'aient contribué à développer chez le plus grand artiste qui ait illustré la scène française ce talent qu'ont admiré tous ses contemporains. Nous voulons parler de Talma. L'Empereur l'avait connu dans sa jeunesse. Il l'honorait d'une amitié particulière et l'admit toujours dans sa familiarité. Talma a dit souvent que c'était à ses conseils qu'il devait la supériorité à laquelle il était parvenu. Par les observations suivantes que lui fit un jour l'Empereur on peut juger s'il disait vrai ; c'était quelques jours après l'avénement à l'empire.

« ... L'Empereur a lu *Phèdre* et *Athalie* en s'extasiant toujours
« davantage sur Racine.

« Il nous a lu (à Sainte-Hélène) *Britannicus*, et a payé à cet ouvrage
« un juste tribut d'admiration. »

« L'artiste, dit la *Biographie des Contemporains* (1), ne croyant plus pouvoir se permettre de visiter l'Empereur, s'était abstenu de paraître aux Tuileries comme il en avait l'habitude auparavant. Mais un chambellan vint le chercher de la part de Napoléon le jour même où les autorités allaient complimenter l'Empereur sur son élévation au trône. Talma était là depuis longtemps ayant avec Napoléon, sur l'art dramatique, un entretien qu'à tout instant on venait interrompre en annonçant l'arrivée de quelques députations. Il voulait se retirer. « — Non, non ! lui dit Napoléon, res-« tez. » Puis s'adressant au chambellan de service : « C'est bien, qu'elles attendent ; continuons, » et il reprit la conversation. Après quelques observations faites avec la force et la justesse de raisonnement qu'il apportait dans toutes ses discussions, il reprocha à Talma son exagération dans le rôle de Néron (2). Il lui conseillait d'être plus simple. « Lorsque des personnes constituées en dignité, lui « disait-il, soit qu'elles doivent leur élévation à leur nais-« sance ou à leurs talents, sont agitées par les passions, « quelle que soit la vivacité avec laquelle elles les ressentent, « leur langage n'est ni moins vrai ni moins naturel. Par « exemple, en ce moment, nous parlons comme on parle dans « la conversation ; eh bien nous faisons de l'histoire. Tenez, « venez souvent chez moi, qu'y verrez-vous ? des princes « qui ont perdu leurs États ; d'anciens rois à qui la guerre a « enlevé le rang suprême ; de grands généraux qui deman-« dent ou espèrent des couronnes. Il y a autour de moi des « ambitions déçues, des rivalités ardentes, des catastrophes,

(1) Article *Talma*.
(2) De la tragédie de *Britannicus*, de Racine.

« comme aussi des douleurs cachées au fond des cœurs ; des
« afflictions qui éclatent au dehors. Certes, voilà bien la
« tragédie ; mon palais en est plein, et moi-même je suis
« assurément le plus tragique des personnages du temps.
« Eh bien ! nous voyez-vous lever les bras en l'air, étudier
« nos gestes, prendre des attitudes, affecter des airs de
« grandeur ? Nous entendez-vous pousser des cris ! Non
« sans doute. Nous parlons naturellement, comme chacun
« parle quand il est inspiré par un intérêt ou une passion.
« Ainsi faisaient avant moi tous ces personnages qui ont
« occupé la scène du monde. Voilà des exemples à méditer. »

Quels conseils ! Par les souvenirs qui s'attachent à son
nom nous pouvons juger si Talma en avait profité. Mais
s'il est rare de trouver un pareil élève n'est-il pas plus rare
de rencontrer un pareil maître ?

L'Empereur n'a pas seulement encouragé les sciences et
les lettres, il aimait aussi les arts et les protégeait également.

« Il les sentait comme un Italien, dit M. Thiers. Il savait
ce qu'ils ajoutent à la splendeur d'un empire et l'effet moral qu'ils produisent sur l'imagination des hommes. »

Aussi est-il le premier de nos généraux qui a fait stipuler
dans les traités de paix, comme l'une des conditions de la
victoire, la cession de statues, de tableaux ou de manuscrits
précieux.

« Il ne se borna pas là, ajoute l'historien, en parlant de
l'armistice conclu avec le grand-duc de Parme, il exigea
vingt tableaux, au choix des commissaires français, pour
être transportés à Paris. Les envoyés du duc, trop heureux
de désarmer à ce prix la colère du général, consentirent à
tout, et se hâtèrent d'exécuter les conditions de l'armistice.

Cependant ils offraient un million pour sauver le tableau de St-Jérôme (1). Bonaparte dit à l'armée, dans la proclamation où il rendait compte du traité. « Ce million, nous l'aurions bientôt dépensé ; un chef-d'œuvre est éternel, il ornera notre patrie. » — Le million fut refusé, et on eut le St-Jérôme.

C'est ainsi que nos musées furent enrichis successivement de tous les chefs-d'œuvre de l'Italie, et qu'ils possédèrent ces merveilles de l'art grec qui avaient été la conquête de l'ancienne Rome : l'*Apollon du Belvédère*, la *Vénus de Médicis*, le *Laocoon*, la *Diane chasseresse*, le *Gladiateur*, le *Vase Borghèse*, les *Chevaux de Venise*, etc.

De grands talents ont fait de l'époque impériale une époque remarquable dans l'histoire des arts. Il ne faut pas oublier que c'est sous le règne de l'Empereur qu'ont brillé les David, les Gros, les Girodet, les Guérin, les Prudhon, les Méhul, les Lesueur, les Cherubini, etc. Les deux faits que nous allons raconter prouvent jusqu'à quel point l'Empereur a su en honorant ces artistes si éminents apprécier leurs chefs-d'œuvre. Il s'agit de David et de Lesueur.

« L'Empereur avait voulu connaître David, dit la *Biographie universelle*. A son retour d'Italie, dans tout l'éclat de sa gloire naissante, invité à dîner chez M. Lagarde, secrétaire du Directoire, il n'accepta qu'à la condition que David s'y trouverait. La conversation s'étant engagée entre le général et le peintre, David dit à Bonaparte : « — Je vous « peindrai l'épée à la main sur le champ de bataille. — Non, « dit le général, ce n'est plus avec l'épée que l'on gagne des

(1) La communion de saint Jérôme, du Dominicain, considéré comme l'un des quatre plus beaux tableaux qui existent.

« batailles. Peignez-moi calme sur un cheval fougueux.... »
Cette idée a été exécutée plus tard (1). A partir de ce moment, David fut constamment favorisé de la bienveillance
particulière du grand homme, et eut avec lui de fréquentes
entrevues. Napoléon le nomma son premier peintre, et lui
commanda à la fois quatre grands tableaux pour décorer la
salle du trône. Ces tableaux étaient : *la Distribution des
aigles*, *le Couronnement* (2), *l'Intronisation dans l'é-
glise Notre-Dame* et *l'Entrée de l'Empereur à l'Hôtel-de-
Ville de Paris*. Les deux premiers ont seuls été exécutés.
On sait que le second excita une admiration très-vive. Il
renferme en effet de grandes beautés. C'est à l'occasion de
ce tableau que l'Empereur donna à David une marque de
satisfaction notable. Après avoir considéré quelque temps
en silence ce tableau, qu'il était venu voir suivi d'un nombreux cortége, il dit : « Cela est beau, cela est grand !
« L'Impératrice est bien ; son attitude est à la fois simple
« et pleine de noblesse ; cela sent toute la grandeur d'un
« pareil moment..... » Puis, faisant deux pas en arrière :
« Monsieur David, dit-il en se découvrant, je vous salue ! »
A l'époque de son mariage avec Marie-Louise, David fut
au nombre de ceux qui reçurent des marques de la munificence impériale. Il eut, pour sa part, un équipage superbe
qui le mit en état de paraître avec une dignité presque
princière aux fêtes qui accompagnèrent cet événement.

L'Empereur rendit le même honneur à Lesueur.

Lesueur était un homme simple qui se contentait d'écrire
de beaux ouvrages, mais qui ignorait l'art de les faire
réussir par l'intrigue.

(1) Le tableau est au musée de Versailles.
(2) Ces deux tableaux sont également au musée de Versailles.

L'Empereur rendit le même honneur à Lesueur.

Napoléon avait entendu une de ses compositions religieuses et en avait été frappé. Il se fit son protecteur, et ce fut grâce à lui que l'opéra des *Bardes*, présenté depuis huit ans à la direction de l'Opéra, qui s'était toujours refusé à le jouer, fut enfin mis en scène. Il ne fallut rien moins qu'un ordre exprès de l'Empereur pour triompher des dispositions malveillantes de l'administration (1). Ici nous laissons parler M. Raoul Rochette, secrétaire perpétuel de l'Académie des Beaux-Arts, et qui, dans son éloge de Lesueur, prononcé à l'Institut après la mort de ce grand artiste, a raconté ce qui se passa à la première représentation avec la facilité élégante qu'il apportait dans ces sortes de récits que personne n'a su rendre plus agréables que lui.

« Ce fut au mois de juillet 1804, dit-il (2), que *les Bardes*

(1) C'est ici le lieu de rappeler la lettre que l'Empereur écrivit au Ministre de l'Intérieur au sujet de deux ouvrages représentés à l'Académie Impériale de musique, et qui étaient si médiocres qu'il avait fallu les retirer presqu'aussitôt La chute avait été éclatante. Cette lettre était très-vive. — « Voulez-vous, disait l'Empereur au mi-« nistre, que la postérité puisse dire que les arts ont dégénéré « sous mon règne. Vous êtes chargé des beaux arts, c'est à vous à « surveiller cela. Comment se fait-il que la représentation de ces « deux ouvrages ait été autorisée ? Vous ne devez laisser paraître « à l'Académie Impériale de musique que des œuvres dignes de « notre première scène lyrique. » Ayant appris quelque temps après qu'on avait représenté un nouvel opéra avec un succès mérité, il ordonna qu'on témoignât sa satisfaction aux auteurs et qu'ils fussent récompensés. On doit remarquer que c'était pendant l'expédition de Russie, et au moment où il allait entrer à Moscou, que l'Empereur écrivit cette lettre.

(2) Éloge de Lesueur lu à l'Académie des Beaux-Arts, dans la séance publique du 5 octobre 1839.

15

« furent joués pour la première fois. Napoléon assistait
« à cette représentation qui devait être un triomphe
« pour le musicien, et qui était déjà une victoire pour
« l'Empereur. Trois actes avaient été joués, et le succès
« marchait toujours croissant. — « *Allez dire à Lesueur*
« *que je veux le voir*, » dit l'Empereur à l'un des grands
« officiers de sa maison. On courut après Lesueur qu'on
« ne trouvait nulle part ; on le rencontre enfin, mais dans
« un état et dans un costume qui ne lui permettaient pas
« de se présenter aux yeux de l'Empereur ; harassé de fa-
« tigue, après deux jours et deux nuits passés sans repos
« et dirigeant encore, du fond d'une coulisse, ses chœurs,
« qu'il animait du geste et de la voix. Il s'excuse de se
« rendre à l'invitation qui lui est faite ; mais cette invitation
« devient un ordre : — « *Je sais*, dit Napoléon, *ce que c'est*
« *qu'un jour de bataille ; je ne regarderai pas plus à son*
« *habit que je ne fais ce jour-là à celui de mes généraux.*
« *Qu'il vienne ! je veux lui parler.* » Il n'y avait point à
« résister. Lesueur quitte son poste et s'achemine tout
« ému vers la loge impériale. Cette loge s'ouvre pour lui.
« En le voyant, l'Empereur se lève, et de ce ton qu'on ne
« peut rendre, de cet air qu'il faut avoir vu, surtout
« dans un moment pareil : — « *Monsieur Lesueur* ,
« dit-il, *je vous salue. Venez assister à votre triomphe ;*
« *vos deux premiers actes sont beaux, mais le troi-*
« *sième est incomparable !* » — Lesueur était trop
« ému pour répondre ; mais le public, qui suivait de l'œil
« tout ce qui se passait dans cette loge et qui, sans rien en-
« tendre, comprenait tout ce qui s'y disait, avait pris la
« parole pour le musicien et éclatait en applaudissements.
« De tous côtés se faisaient entendre les cris de *Vive l'Em-*

« *pereur ! Vive Lesueur !* Cependant Lesueur, confus, vou-
« lait se retirer ; l'Empereur l'en empêcha : « *Non*, lui dit-il,
« JE NE VEUX PAS QUE VOUS VOUS EN ALLIEZ ; *il faut que vous*
« *jouissiez de votre triomphe,* » et ,le ramenant sur le devant
« de la loge, il le fit asseoir *à sa propre place*, à côté de l'Im-
« pératrice, où il le retint pendant près d'un quart d'heure,
« en vue du public qui battait des mains. Le lendemain
« matin, le général Duroc se rendit chez Lesueur et lui
« remit, de la part de Napoléon, la décoration de la Légion
« d'honneur, le brevet de Directeur de la Chapelle et une
« tabatière d'or avec ces mots gravés : *L'Empereur des*
« *Français à l'auteur des* BARDES. Il n'y avait que Napo-
« léon qui pût dicter cette inscription, qui valait seule tout
« le reste. »

Napoléon savait que Lesueur n'était pas riche ; Duroc
avait, par son ordre, mis vingt mille francs en billets de
banque dans la tabatière (1).

« Heureux le temps, ajoute M. Raoul Rochette, heureux
« le pays où le souverain et l'artiste se sont ainsi trouvés

---

(1) Napoléon ne songeait pas seulement à la gloire des artistes ; il
songeait à leur position et à leurs besoins. C'est ainsi qu'il accorda à
Monsigny, l'auteur du *Déserteur*, le chef-d'œuvre de notre seconde
scène lyrique, et au moment où il y pensait le moins, une pension de
6,000 francs. Monsigny était vieux et oublié. Il était presque dans l'indigence. A peine savait-on dans le public s'il existait encore. Napoléon étant un jour au spectacle vit le *Déserteur*. Il en fut si
content qu'il demanda à M. Picard, qui était dans sa loge, de qui
était cette musique. Apprenant que son auteur avait été entièrement
ruiné par la Révolution, et qu'il n'avait pour lui et sa famille qu'une
faible pension que lui faisaient les comédiens de l'Opéra-Comique, il
lui en accorda une de 6,000 francs, et le nomma chevalier de la Légion d'honneur. (*Mém. sur l'Impératrice Joséphine et ses contemporains.*)

« en présence de tout un peuple unis et rapprochés par
« un sentiment commun, celui de la gloire. C'est de cette
« manière, c'est au grand jour, c'est par la voix d'un grand
« homme que les arts veulent être honorés ; c'est cet astre
« vivifiant de la gloire qui fait éclore les talents : c'est à
« cette splendeur de la puissance et du génie qu'ils brillent
« de tout leur éclat ! »

NOTE 1 (p. 139).

Nous reproduisons une de ces lettres écrites du camp par l'Empereur; c'est celle qu'il adressa le 12 octobre 1806 au roi de Prusse.
Napoléon était déjà maître de toutes les communications et des
magasins de l'ennemi. Toutes les chances de la victoire étaient
dans ses mains, cependant il voulut faire un dernier appel à la
paix.

Du camp d'Iéna, 12 octobre 1806.

Au roi de Prusse.

Monsieur mon frère, je n'ai reçu que le 7 la lettre de V. M.,
du 25 septembre. Je suis fâché qu'on lui ait fait signer cette espèce
de pamphlet; je ne lui réponds que pour protester que jamais je
ne lui attribuerai les choses qui y sont contenues; toutes sont
contraires à son caractère et à l'honneur de tous deux. Je plains
et dédaigne les rédacteurs d'un pareil ouvrage. J'ai reçu immédiatement après la note de son ministre, du 1er octobre. Elle m'a
donné rendez-vous le 8. En bon chevalier, je lui ai tenu parole;
je suis au milieu de la Saxe. Qu'elle m'en croie, j'ai des forces
telles que toutes ses forces ne peuvent balancer longtemps la victoire. Mais pourquoi répandre tant de sang? Dans quel but? Je
tiendrai à V. M. le même langage que j'ai tenu à l'Empereur
Alexandre deux jours avant la bataille d'Austerlitz. Fasse le ciel
que des hommes vendus ou fanatisés, plus les ennemis d'elle et
de son règne qu'ils ne sont les miens et ceux de ma nation, ne lui
donnent pas les mêmes conseils pour la faire arriver au même
résultat !

Sire, j'ai été ami de V. M. depuis six ans. Je ne veux point profiter de cette espèce de vertige qui anime ses conseils, et qui lui à fait commettre des erreurs politiques dont l'Europe est encore tout étonnée, et des erreurs militaires de l'énormité desquelles l'Europe ne tardera pas à retentir. Si elle m'eût demandé des choses possibles, par sa note, je les lui eusse accordées; elle a demandé mon déshonneur, elle devait être certaine de ma réponse. La guerre est donc faite entre nous, l'alliance rompue pour jamais. Mais pourquoi faire égorger nos sujets? Je ne prise point une victoire qui sera achetée par la vie d'un bon nombre de mes enfants. Si j'étais à mon début dans la carrière militaire, et si je pouvais craindre les hasards des combats, ce langage serait tout à fait déplacé. Sire, Votre Majesté sera vaincue : elle aura compromis le repos de ses jours, l'existence de ses sujets sans l'ombre d'un prétexte. Elle est aujourd'hui intacte, et peut traiter avec moi d'une manière conforme à son rang ; elle traitera avant un mois dans une situation différente. Elle s'est laissé aller à des irritations qu'on a calculées et préparées avec art; elle m'a dit qu'elle m'avait souvent rendu des services; eh bien! je veux lui donner la plus grande preuve du souvenir que j'en ai; elle est maîtresse de sauver à ses sujets les ravages et les malheurs de la guerre; à peine commencée, elle peut la terminer, et elle fera une chose dont l'Europe lui saura gré. Si elle écoute les furibonds qui, il y a quatorze ans, voulaient prendre Paris, et qui aujourd'hui l'ont embarquée dans une guerre, et immédiatement après dans des plans offensifs également inconcevables, elle fera à son peuple un mal que le reste de sa vie ne pourra guérir. Sire, je n'ai rien à gagner contre V. M.; je ne veux rien et n'ai rien voulu d'elle. La guerre actuelle est une guerre impolitique. Je sens que peut-être j'irrite dans cette lettre une certaine susceptibilité naturelle à tout souverain; mais les circonstances ne demandent aucun ménagement; je lui dis les choses comme je les pense; et d'ailleurs que V. M. me permette de le lui dire, ce n'est pas pour l'Europe une grande découverte d'apprendre que la France est du triple plus populeuse et aussi brave et aguerrie que les

États de V. M. Je ne lui ai donné aucun sujet réel de guerre.
Quelle ordonne à cet essaim de malveillants et d'inconsidérés de
se taire à l'aspect de son trône dans le respect qui lui est dû, et
qu'elle rende la tranquillité à elle et à ses États. Si elle ne retrouve
plus jamais en moi un allié, elle retrouvera un homme désireux
de ne faire que des guerres indispensables à la politique de ses
peuples, et de ne point répandre le sang dans une lutte avec des
souverains qui n'ont avec moi aucune opposition d'industrie, de
commerce et de politique. Je prie V. M. de ne voir dans cette
lettre que le désir que j'ai d'épargner le sang des hommes, et
d'éviter à une nation qui, géographiquement, ne saurait être l'ennemie de la mienne, l'amer repentir d'avoir trop écouté des sentiments éphémères qui s'excitent et se calment avec tant de facilité
parmi les peuples.

Sur ce, je prie Dieu, Monsieur mon frère, qu'il vous ait en sa
sainte et digne garde.

De Votre Majesté le bon frère ,

NAPOLÉON.

Le 12 octobre 1806

L'état-major du roi de Prusse avait empêché que cette lettre ne
lui parvînt en temps utile.

Deux jours après, les Prussiens étaient battus à Iéna et l'Empereur entrait triomphant à Berlin.

NOTE II (p. 175).

L'Empereur, dit M. de Las-Cases, a dicté à Sainte-Hélène une note où il a tracé le résumé rapide des institutions dont il a doté la France et des éléments de richesse qu'il y a créés. Les papiers ministériels anglais parlaient des grands trésors que Napoléon devait posséder, et qu'il tenait sans doute cachés. Voici ce qu'il répondait :

« Vous voulez connaître les trésors de Napoléon ? Vous dites qu'ils
« sont immenses. Ils sont immenses, il est vrai ; mais ils sont exposés
« au grand jour. Les voici : le beau bassin d'Anvers, celui de Fles-
« singue, capable de contenir les plus nombreuses escadres et de
« les préserver des glaces de la mer ; les ouvrages hydrauliques
« de Dunkerque, du Havre, de Nice ; le gigantesque bassin de
« Cherbourg ; les ouvrages maritimes de Venise ; les belles routes
« d'Anvers à Amsterdam, de Mayence à Metz, de Bordeaux à
« Bayonne : les passages du Simplon, du Mont-Cenis, du Mont-
« Genèvre, de la Corniche, qui ouvrent les Alpes dans quatre di-
« rections ; dans cela seul vous trouveriez plus de huit cent mil-
« lions. Ces passages surpassent en hardiesse, en grandeur et en
« effort de l'art tous les travaux des Romains. Les routes des
« Pyrénées aux Alpes, de Parme à la Spezzia, de Savone au Pié-
« mont ; les ponts d'Iéna, d'Austerlitz, des Arts, de Sèvres, de
« Tours, de Roanne, de Lyon, de Turin, de l'Isère, de la Du-
« rance, de Bordeaux, de Rouen, etc. ; le canal qui joint le Rhin
« au Rhône par le Doubs, unissant les mers de Hollande avec la
« Méditerranée ; celui qui unit l'Escaut à la Somme, joignant

« Amsterdam à Paris; celui qui joint la Rance à la Villaine; le
« canal d'Arles, celui de Pavie, celui du Rhin; le désséchement
« des marais de Bourgoin, du Cotentin, de Rochefort; le réta-
« blissement de la plupart des églises démolies pendant la révolu-
« tion, l'élévation de nouvelles; la construction d'un grand nom-
« bre d'établissements d'industrie pour l'extirpation de la mendi-
« cité; la construction du Louvre, des greniers publics, de la
« Banque, du canal de l'Ourcq; la distribution des eaux dans la
« ville de Paris; les nombreux égouts, les quais, les embellisse-
« ments et les monuments de cette grande capitale; les travaux
« pour l'embellissement de Rome; le rétablissement des manufac-
« tures de Lyon; la création de plusieurs centaines de manufactu-
« res de coton, de filature et de tissage qui emploient plusieurs
« millions d'ouvriers; des fonds accumulés pour créer plus de
« quatre cents manufactures de sucre de betterave, pour la con-
« sommation d'une partie de la France, qui auraient fourni le
« sucre au même prix que celui des Indes si elles eussent conti-
« nué à être encouragées seulement encore quatre ans; la substi-
« tution du pastel à l'indigo, qu'on fût venu à bout de se procu-
« rer en France à la même perfection et à aussi bon marché que
« cette production des colonies; le nombre des manufactures
« pour toute espèce d'objets d'art, etc., etc.; cinquante millions
« employés à réparer et à embellir les palais de la couronne;
« soixante millions d'ameublements placés dans les palais de la
« couronne en France, en Hollande, à Turin, à Rome; soixante
« millions de diamants de la Couronne, tous achetés avec l'argent
« de Napoléon; *le Régent* même, le seul qui restât des anciens
« diamants de la couronne de France, ayant été retiré par lui des
« mains des juifs de Berlin, auxquels il avait été engagé pour
« trois millions; le musée Napoléon estimé plus de quatre cent
« millions; et ne contenant que des objets légitimement acquis,
« ou par de l'argent ou par des conditions de traités de paix con-
« nus de tout le monde, en vertu desquels ces chefs-d'œuvre
« furent donnés en commutation de cession de territoire ou de

« contributions ; plusieurs millions amassés pour l'encouragement
« de l'agriculture, qui est l'intérêt premier de la France ; l'insti-
« tution des courses de chevaux ; l'introduction des mérinos, etc.

« Voilà qui forme un trésor de plusieurs milliards qui durera des
« siècles ?

NOTE III (p. 233).

Napoléon a fait connaître lui-même les résultats immenses ob-
tenus pendant cette période mémorable. Voici l'exposé de la situation qu'il adressa au Corps législatif le 22 novembre 1801.

« C'est avec une vive satisfaction que le gouvernement offre à
la nation le tableau de la situation de la France pendant l'année
qui vient de s'écouler. Tout au dedans et au dehors a pris une
face nouvelle, et, de quelque côté que se portent les regards,
s'ouvre une longue perspective d'espérance et de bonheur.

« Dans l'ouest et dans le midi, les restes des brigands infestaient
les routes et désolaient les campagnes, invisibles à la force armée
qui les poursuivait, ou protégés contre elle par la terreur même
qu'ils inspiraient à leurs victimes jusqu'au sein des tribunaux.
Si quelquefois ils y étaient traduits, leur audace glaçait d'effroi
les accusateurs et les témoins, les jurés et les juges. Des mains
de la justice, ces monstres impunis s'élançaient à de nouveaux
forfaits.

« Il fallait contre ce fléau destructeur de toute société d'autres
armes que les formes lentes et graduées avec lesquelles la vin-
dicte publique poursuit des coupables isolés qui se cachent dans
le silence et dans l'ombre.

« Des tribunaux spéciaux ont été créés, dont l'action plus rapide
et plus sûre pût les atteindre et les frapper. De grands coupables
ont été saisis ; les témoins ont cessé d'être muets ; les juges ont
obéi à leur conscience et la société a été vengée. Ceux qui ont
échappé à la justice fuient désormais de repaires en repaires ; et,
chaque jour, la République vomit de son sein cette dernière
écume des vagues qui l'ont si longtemps agitée.

« Cependant l'innocence n'a eu rien à redouter ; la sécurité des citoyens n'a point été alarmée des mesures destinées à punir leurs oppresseurs ; et les sinistres présages dont on avait voulu épouvanter la liberté ne se sont réalisés que contre le crime.

« Du mois de floréal an 9 jusqu'au 1er vendémiaire an 10, sept cent vingt-quatre jugements ont été prononcés par les tribunaux spéciaux ; dix-neuf seulement ont été rejetés par le tribunal de cassation, à raison d'incompétence. On ne peut donc leur reprocher ni excès de pouvoir, ni invasion de la justice ordinaire.

« Le gouvernement, dès les premiers jours de son installation, proclama la liberté des consciences. Cet acte solennel porta le calme dans des âmes que des rigueurs imprudentes avaient effarouchées. Il a depuis annoncé la fin des dissensions religieuses ; et, en effet, des mesures ont été concertées avec le souverain pontife de l'Église catholique pour réunir dans les mêmes sentiments ceux qui professent une commune croyance. En même temps un magistrat, chargé de tout ce qui concerne les cultes, s'est occupé des droits de tous. Il a recueilli dans des conférences avec des ministres luthériens et calvinistes les lumières nécessaires pour préparer les règlements qui assureront à tous la liberté qui leur appartient, et la publicité que l'intérêt de l'ordre social permet de leur accorder.

« Des mesures égales pourvoiront à l'entretien de tous les cultes ; rien ne sera laissé à la disposition arbitraire de leurs ministres, et le trésor public n'en sentira point de surcharge.

« Si quelques citoyens avaient été alarmés par de vaines rumeurs qu'ils se rassurent : le gouvernement a tout fait pour rapprocher les esprits ; mais il n'a rien fait qui pût blesser les principes et l'indépendance des opinions.

« La paix continentale fixa ce qui restait encore d'inquiétude et de craintes vagues dans les esprits ; déjà heureux de tout le bonheur qu'ils attendaient encore, les citoyens se reposèrent au sein de la constitution, et y attachèrent toute leur destinée.

« Des administrateurs éclairés et fidèles ont bien secondé cette disposition des esprits ; presque partout l'action de l'autorité transmise par eux, n'a rencontré qu'empressement, amour et reconnaissance.

« Nous jouirons de la paix; mais la guerre laissera un fardeau qui pèsera longtemps sur nos finances. Acquitter des dépenses qui n'ont pu être prévues ni calculées, récompenser les services de nos défenseurs, ranimer les travaux dans nos arsenaux et dans nos ports, rendre une marine à la France; recréer tout ce que la guerre a détruit, tout ce que le temps a consumé; porter enfin tous nos établissements au point où les demandent la grandeur et la sûreté de la République; tout cela ne peut se faire qu'avec un accroissement de revenus. Les revenus s'accroîtront d'eux-mêmes avec la paix; le gouvernement les ménagera avec la plus sévère économie; mais si l'accroissement naturel des revenus, si l'économie la plus sévère ne peuvent suffire, la nation jugera les besoins, et le gouvernement proposera les ressources que les circonstances rendront nécessaires.

« L'action des régies a été concentrée; et de là plus d'énergie et d'ensemble dans l'administration, plus de célérité dans les informations et dans les résultats.

« Des mesures ont été prises pour accélérer encore les versements dans les caisses publiques, pour assurer plus de régularité dans l'acquittement des dépenses, pour en rendre la comptabilité plus simple et plus active.

« L'art des faussaires a fait des progrès alarmants pour la société. Avec des pièces fausses, on établissait des fournitures qui n'avaient jamais été faites; on en établissait sur des pièces achetées à Paris; et avec ces titres on trompait les liquidateurs, et on dévorait la fortune publique. Pour prévenir désormais ces abus et ces crimes, le gouvernement a voulu que les liquidations faites dans les bureaux des ministres fussent soumises à une nouvelle épreuve, et ne constituassent la République débitrice qu'après qu'elles auraient été vérifiées par un conseil d'administration.

« Le ministre des finances est rendu tout entier aux travaux qu'exigent la perception des revenus et le système de nos contributions.

« Un autre veille immédiatement sur le dépôt de la fortune publique, et sa responsabilité personnelle en garantit l'inviolabilité.

« La caisse d'amortissement a reçu une organisation plus complète. Un seul homme en dirige les mouvements ; mais quatre administrateurs en surveillent les détails ; conseils et, s'il le fallait, censeurs de l'agent qu'ils doivent seconder.

« La propriété la plus précieuse de la République, les forêts nationales ont été confiées à une administration qui, tout entière à cet objet unique, y portera des yeux plus exercés, des connaissances plus positives et une surveillance plus sévère.

« L'instruction publique a fait quelques pas à Paris et dans un petit nombre de départements ; dans presque tous les autres, elle est languissante et nulle. Si nous ne sortons pas de la route tracée, bientôt il n'y aura de lumières que sur quelques points, et ailleurs ignorance et barbarie.

« Un système d'instruction publique plus concentré a fixé les pensées du gouvernement. Des écoles primaires affectées à une ou plusieurs communes, si les circonstances locales permettent cette association, offriront partout aux enfants des citoyens, ces connaissances élémentaires sans lesquelles l'homme n'est guère qu'un agent aveugle et dépendant de tout ce qui l'environne.

« Les instituteurs y auront un traitement fixe, fourni par les communes, et un traitement variable, formé de rétributions convenues avec les parents qui seront en état de les supporter.

« Quelques fonctions utiles pourront être assignées à ces instituteurs si elles peuvent se concilier avec leur fonction première et nécessaire.

« Dans des écoles secondaires, s'enseigneront les éléments des langues anciennes, de la géographie, de l'histoire et du calcul.

« Ces écoles se formeront ou par des entreprises particulières avouées de l'administration publique ou par le concours des communes.

« Elles seront encouragées par des concessions d'édifices publics ; par des places gratuites dans les écoles supérieures accordées aux élèves qui se seront le plus distingués, et enfin par des gratifications accordées à un nombre déterminé de professeurs qui auront fourni le plus d'élèves aux écoles supérieures.

« Trente écoles, sous le nom de *lycées*, seront formés et entretenues aux frais de la République, dans les villes principales qui, par leur situation et les mœurs de leurs habitants, seront plus favorables à l'étude des lettres et des sciences.

« Là seront enseignées les langues savantes, la géographie, l'histoire, la logique, la physique, la géométrie, les mathématiques ; dans quelques-unes, les langues modernes dont l'usage sera indiqué par leur situation.

« Six mille élèves de la patrie seront distribués dans ces trente établissements, entretenus et instruits aux dépens de la République.

« Trois mille seront des enfants de militaires ou de fonctionnaires qui auront bien servi l'État.

« Trois mille autres seront choisis dans les écoles secondaires, d'après des examens et des concours déterminés, et dans un nombre proportionné à la population des départements qui devront les fournir.

« Les élèves des départements réunis seront appelés dans les lycées de l'intérieur, s'y formeront à nos habitudes et à nos mœurs, s'y nourriront de nos maximes, et reporteront dans leurs familles l'amour de nos institutions et de nos lois.

« D'autres élèves y seront reçus, entretenus et instruits aux frais de leurs parents.

« Six millions seront destinés chaque année à la formation et à l'entretien de ces établissements, à l'entretien et à l'instruction des élèves de la patrie, au traitement des professeurs, au traitement des directeurs et des agents comptables.

« Les écoles spéciales formeront le dernier degré d'instruction publique. Il en est qui sont déjà constituées, et qui conserveront leur organisation ; d'autres seront établies dans les lieux que les convenances indiqueront, et pour les professions auxquelles elles seront nécessaires.

« Tel est en raccourci le système qui a paru au gouvernement réunir le plus d'avantages, le plus de chances de succès, et que, dans cette session, il proposera au Corps législatif, réduit en projet de la loi. Sa surveillance peut suffire à trente établissements ; un plus grand nombre échapperait à ses soins et à ses regards, mais surtout un plus grand nombre ne trouverait aujourd'hui ni ces professeurs distingués qui font la réputation des écoles, ni des directeurs capables d'y maintenir une sévère discipline, ni des conseils assez éclairés pour en diriger l'administration.

« Trente lycées, sagement distribués sur le territoire de la République, en embrasseront toute l'étendue par leurs rapports, répandront sur toutes ses parties l'éclat de leurs lumières et de leurs succès, frapperont jusqu'aux regards de l'étranger, et seront pour eux ce qu'étaient naguère pour nous quelques écoles d'Allemagne et d'Angleterre, ce que furent quelques universités fameuses qui, vues dans le lointain, commandaient l'admiration et le respect de l'Europe.

« Le Code civil fut annoncé l'année dernière aux délibérations du Corps législatif ; mais le travail s'accrut sous la main des rédacteurs ; les tribunaux furent appelés à le perfectionner ; et, enrichi de leurs observations, il est soumis dans le Conseil d'État à une sévère discussion.

« Toutes les parties qui le composent seront successivement présentées à la sanction des législateurs : ainsi cet important ouvrage aura subi toutes les épreuves, et sera le résultat de toutes les lumières.

« Les ateliers se multiplient dans les maisons d'arrêt et de détention, et le travail en bannit l'oisiveté qui corrompt encore ceux qui étaient déjà corrompus. Dans nombre de départements il n'y a plus de mendicité.

« Les hospices sortent peu à peu de cet état de détresse qui faisait la honte de la nation et la douleur du gouvernement. Déjà la bienfaisance particulière les enrichit de ses offrandes, et atteste le retour de ces sentiments fraternels que des lois imprudentes et de longs malheurs semblaient avoir bannis pour toujours.

« Sur toutes les grandes communications, les routes ont été ou seront bientôt réparées. Le produit de la taxe d'entretien éprouve partout des accroissements progressifs. Le plus intéressant de tous les canaux est creusé aux dépens du trésor public, et d'autres seront bientôt créés par l'industrie particulière.

« Les lettres et les arts ont reçu tout ce que les circonstances ont permis de leur donner d'encouragement et de secours.

« Des projets ont été conçus pour l'embellissement de Paris, et déjà quelques-uns s'exécutent. Une association particulière, formée par le zèle bien plus que par l'intérêt, lui construit des ponts qui ouvriront des communications utiles et nécessaires. Une autre association lui donnera un canal et des eaux salubres, qui manquent encore à cette capitale.

« Les départements ne seront point négligés. De tous côtés on recherche quels travaux sont nécessaires pour les orner ou les féconder. Des collections de tableaux sont destinées à former des muséum dans les villes principales ; leur vue inspirera aux jeunes citoyens le goût des arts, et ils arrêteront la curiosité des voyageurs.

« Au moment où la paix générale va rendre aux arts et au commerce toute leur activité, le devoir le plus cher au gouvernement est d'éclairer leur route, d'encourager leurs travaux, d'écarter tout ce qui pourrait arrêter leur essor. Il appellera sur ces grands intérêts toutes les lumières ; il réclamera tous les conseils de l'expérience ; il fixera auprès de lui, pour les consulter, les hommes qui, par des connaissances positives, par une probité sévère, par des vues désintéressées, seront dignes de sa confiance et de l'estime du public.

« Heureux si le génie national seconde son ardeur et son zèle ; si, par ses soins, la prospérité de la République égale un jour ses triomphes et sa gloire !

NOTE IV (p. 242).

On peut juger par le récit suivant des difficultés à travers lesquelles Bonaparte conduisit en Égypte les savants qu'il avait attachés à son expédition :

« L'Empereur disait qu'aucune armée dans le monde n'était
« moins propre à l'expédition d'Égypte que celle qu'il y conduisit :
« c'était celle d'Italie. Il serait difficile de rendre le dégoût, le mé-
« contentement, la mélancolie, le désespoir de cette armée lors
« des premiers moments en Égypte. L'Empereur avait vu
« deux dragons sortir des rangs, et courir à toute course se pré-
« cipiter dans le Nil. Bertrand avait vu les généraux les plus dis-
« tingués, Lannes, Murat, jeter, dans des moments de rage, leurs
« chapeaux bordés sur le sable, et les fouler aux pieds en pré-
« sence des soldats. L'Empereur expliquait ces sentiments à
« merveille. Cette armée avait rempli sa carrière, disait-il ; tous
« les individus en étaient gorgés de richesses, de grades, de
« jouissances et de considération ; ils n'étaient plus propres aux dé-
« serts ni aux fatigues de l'Égypte. Aussi, continuait-il, si elle se
« fût trouvée dans d'autres mains que les miennes, il serait difficile
« de déterminer les excès dont elle se fût rendue coupable. »

« Les Hébreux, ajoute l'Empereur dans ses *Mémoires* (1), dans le
désert de *l'Egarement*, regrettaient les marmites d'Égypte, pleines
de viande, d'oignons et de toutes sortes de légumes dont ils pouvaient manger tout leur saoûl, disaient-ils. Les Français ne ces-
saient d'appeler à grands cris les délices de l'Italie. Depuis quinze

---

(1) *Campagne d'Égypte et de Syrie par le* général Bertrand.

jours leur mécontentement avait été en augmentant. Ils comparaient ce peuple barbare qu'ils ne pouvaient pas entendre, les demeures de ces misérables fellahs, aussi abrutis que leurs buffles, ces arides plaines découvertes et sans ombre, ce Nil, chétif ruisseau qui charriait une eau sale et bourbeuse, enfin ces horibles hommes du désert, si laids, si féroces, et leurs femmes plus sales encore, aux plaines fleuries et abondantes de la Lombardie, au peuple sociable, doux et éclairé des États vénitiens. Il se plaignaient d'être dans un pays où ils ne pouvaient se procurer ni pain ni vin. On leur répondait que, loin d'être misérable, ce pays était le plus riche du monde; qu'ils auraient du pain, du vin, aussitôt qu'ils seraient au Caire; que le pays où ils étaient avait été le grenier de Rome, et était encore celui de Constantinople. Rien ne pouvait calmer les imaginations effarouchées. Quand les *Francs* racontaient les beautés et l'opulence du Caire, les soldats répondaient tristement : « Vous nous avez dit la même chose de Damanhour. Le Caire sera « peut-être deux ou trois fois plus grand, mais ce sera un ramas- « sis de cabanes dépourvues de tout ce qui peut rendre la vie « supportable. » Napoléon s'approchait souvent de ses soldats; il leur disait : « *Que ce Nil qui répondait si peu, dans ce moment* « *à sa réputation, commençait à grossir, et que bientôt il justifie-* « *rait tout ce qu'ils en avaient ouï raconter; qu'ils campaient* « *sur des monceaux de blé, et que, sous peu de jours, ils auraient* « *des moulins et des fours; que cette terre si nue, si monotone,* « *si triste, sur laquelle ils marchaient avec tant de difficulté,* « *serait bientôt couverte de moissons et de riches cultures, qui* « *leur représenteraient l'abondance et la fertilité des rives du Pô;* « *qu'ils avaient des lentilles, des fèves, des poules, des pigeons;* « *que leurs plaintes étaient exagérées; que la chaleur était exces-* « *sive sans doute, mais serait supportable quand ils se trouve-* « *raient en repos et seraient organisés; que, pendant les campa-* « *gnes d'Italie, les marches, au mois de juillet et d'août, étaient* « *aussi bien fatigantes.* » Mais ces discours ne produisaient qu'un effet passager. Les généraux et les officiers murmuraient plus haut que les soldats. Ce genre de guerre était encore plus pénible pour eux, et contrastait davantage avec les commodités des palais et des casinos d'Italie.

« L'armée était frappée d'une mélancolie vague que rien ne pouvait surmonter; elle était attaquée du spleen. Plusieurs soldats se jetèrent dans le Nil pour y trouver une mort prompte. Tous les jours, après que les bivouacs étaient établis, le premier besoin des hommes était de se baigner. En sortant du Nil, les soldats commençaient à faire de la politique, à s'exaspérer, à se lamenter sur la fâcheuse position des choses. « *Que sommes-nous venus faire* « *ici? Le Directoire nous a déportés !...* » Quelquefois ils s'apitoyaient sur leur chef, qui bivouaquait constamment sur les bords du Nil, étant privé de tout comme le dernier soldat. Le dîner de l'état-major consistait souvent en un plat de lentilles. « *C'est de* « *de lui dont on voulait se défaire,* disaient-ils ; *mais, au lieu de* « *nous conduire ici, que ne nous faisait-il un signal : nous eus-* « *sions chassé ses ennemis du palais, comme nous avons chassé* « *les Clichiens.* » S'étant aperçus que partout où il y avait quelques traces d'antiquités, les savants s'y arrêtaient et faisaient des fouilles, ils supposèrent que c'étaient eux qui, pour chercher des antiquités, avaient conseillé l'expédition. Cela les indisposa contre eux. Ils appelaient les ânes des savants. Caffarelli était à la tête de la Commission. Ce brave général avait une jambe de bois. Il se donnait beaucoup de mouvement. Il parcourait les rangs pour prêcher le soldat. Il ne parlait que de la beauté du pays, des grands résultats de cette conquête. Quelquefois, après l'avoir entendu les soldats murmuraient ; mais la gaieté française reprenait le dessus. « *Pardi,* lui dit un jour un grenadier, *vous vous moquez* « *de cela, général, vous qui avez un pied en France ! !* » Ce mot, répété de bivouac en bivouac, fit rire tout le camp. Jamais cependant le soldat ne manqua aux membres de la Commission des arts, qu'au fond il respectait; et, ce premier mouvement passé, Caffarelli et les savants furent l'objet de leur estime. L'industrie française venait aussi à l'aide des circonstances. Les uns broyaient le blé pour se procurer de la farine, les autres en faisaient d'abord rôtir le grain dans une poêle, et, ainsi rôti, le faisaient bouillir, et en obtenaient une nourriture saine et satisfaisante.

NOTE V.

La vie de l'Empereur à Saint-Hélène n'était pas moins laborieuse qu'à Paris ou au milieu des camps. Nous croyons devoir citer à ce sujet une note qui achèvera de le faire connaître. Cette note est tirée du *Mémorial*.

« L'Empereur, depuis quelques jours, a une grande ferveur de travail. Toutes ses matinées se sont passées à des recherches sur l'Égypte dans les auteurs anciens. Nous avons parcouru de concert Hérodote, Pline, Strabon, etc., etc., ne prenant guère d'autre interruption que l'instant du déjeuner sur sa petite table. Le temps demeurait toujours mauvais, et l'Empereur a dicté littéralement durant ces deux jours entiers.

« A dîner, il nous disait qu'il se trouvait beaucoup mieux, et nous lui avons fait observer, à ce sujet, que depuis quelque temps néanmoins il ne sortait plus, et travaillait huit, dix, douze heures par jour. « — C'est cela même, disait-il, le travail est mon élé-
« ment; je suis né et construit pour le travail. J'ai connu les li-
« mites de mes jambes, j'ai connu les limites de mes yeux; je
« n'ai jamais pu connaître celles de mon travail. Aussi j'ai manqué
« de tuer ce pauvre Menneval (1); j'ai été obligé de le faire relever,
« et de le mettre en convalescence auprès de Marie Louise, chez
« laquelle son emploi n'était plus qu'une véritable sinécure. »

« L'Empereur ajoutait que s'il était en Europe, et tranquille, son plaisir serait d'écrire l'histoire. Il se plaignait de la manière pitoyable dont il la voyait traitée partout. Les recherches qu'il

(1) Le secrétaire de l'Empereur.

faisait chaque jour le lui démontraient, disait-il, au delà de tout ce qu'il avait pu soupçonner.

« Nous n'avions pas de bonne histoire et nous n'avions pu en avoir. La plupart des peuples de l'Europe étaient dans le même cas que nous. Les moines et les privilégiés, c'est-à-dire les gens à abus, les ennemis de la vérité et des lumières, avaient seuls exercé ce monopole : ils nous avaient raconté tout ce qu'ils avaient voulu, tout ce qui leur avait plu, ou mieux encore, tout ce qui était dans leur intérêt, leurs passions ou leurs vues !

« Il avait, disait-il, conçu le projet de redresser tout cela autant qu'il était possible. Ainsi il eût nommé des commissaires de l'Institut, ou des savants indiqués par l'opinion publique, pour revoir, critiquer et reproduire nos annales. Il eût voulu aussi, accompagner les classiques dont on nourrit notre jeunesse de commentaires propres à les mettre en harmonie avec nos institutions modernes. « Un bon programme, le concours et « des récompenses, et l'on eût, disait-il, tout obtenu; rien ne ré- « sistait à une pareille voie. »

« Il répétait, ce que je crois avoir déjà dit, que son intention avait été de faire écrire les derniers règnes de notre monarchie sur les pièces mêmes tirées des archives de nos relations extérieures. Il était encore une foule de manuscrits antiques et modernes de la Bibliothèque impériale qu'il voulait faire imprimer, en les coordonnant en corps de doctrine, soit dans les sciences, soit dans la morale, la littérature et les arts.

« Il avait encore, assurait-il, beaucoup d'autres plans de la sorte. Et quelle époque sa présenta jamais aussi favorable pour de pareilles idées et leur accomplissement ! Quand retrouvera-t-on, dans la même personne, le génie pour les concevoir, la puissance pour les exécuter ?

« Pour obvier, sans blesser même la liberté de la presse, au déluge de mauvais ouvrages dont le public était inondé, il demandait quel inconvénient eût pu présenter un tribunal d'opinion composé de membres de l'Institut, de membres de l'Université et de

délégués du gouvernement, qui eussent considéré les ouvrages
sous le triple rapport de la science, des mœurs et de la politique.
Ils en eussent fait la critique, et eussent assigné le degré de leur
mérite. « C'eût été, disait-il, le flambeau du public ; la garantie,
« la fortune de bons ouvrages ; la ruine, le découragement des
« mauvais ; l'aiguillon des talents, la palme des auteurs. »

TABLE DES MATIÈRES.

Paris, Impr. de Paul Dupont, rue de Grenelle-Saint-Honoré, 45.

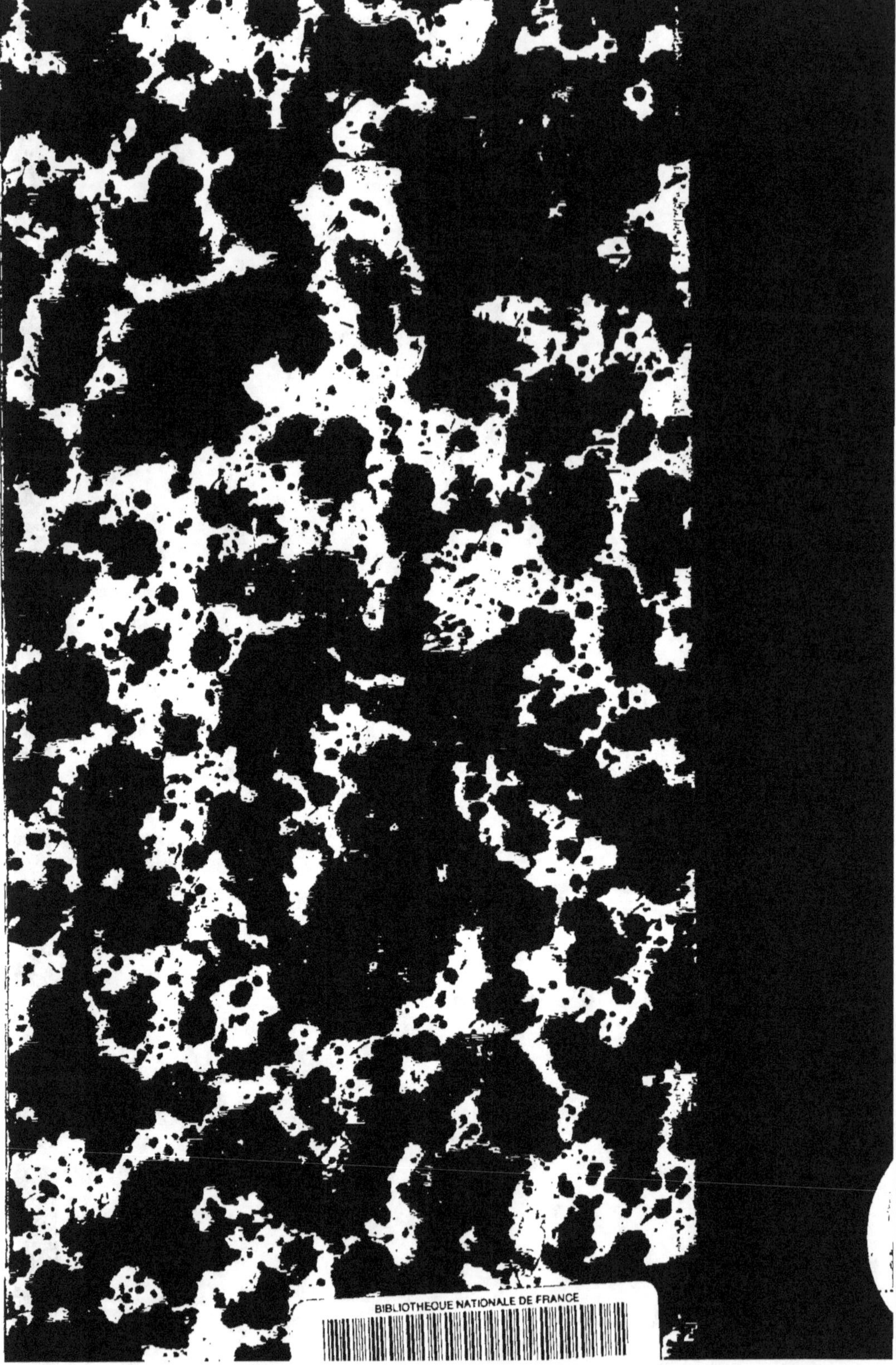

BIBLIOTHEQUE NATIONALE DE FRANCE